海归高管
对中国企业转型创新的影响研究

THE RESEARCH ON THE INFLUENCE OF RETURNEE EXECUTIVES ON THE TRANSFORMATION AND INNOVATION OF CHINESE ENTERPRISES

文雯 ◎ 著

本书受到北京外国语大学双一流建设经费资助

图书在版编目（CIP）数据

海归高管对中国企业转型创新的影响研究／文雯著．
—北京：中国经济出版社，2019.12
ISBN 978-7-5136-5911-6

Ⅰ.①海… Ⅱ.①文… Ⅲ.①人才—影响—企业管理—研究—中国 Ⅳ.①F279.23

中国版本图书馆 CIP 数据核字（2019）第 206001 号

责任编辑	牛慧珍
责任印制	马小宾
封面设计	任燕飞

出版发行	中国经济出版社
印 刷 者	北京九州迅驰传媒文化有限公司
经 销 者	各地新华书店
开　　本	710mm×1000mm　1/16
印　　张	14.75
字　　数	230 千字
版　　次	2019 年 12 月第 1 版
印　　次	2019 年 12 月第 1 次
定　　价	68.00 元

广告经营许可证　京西工商广字第 8179 号

中国经济出版社 网址 www.economyph.com 社址 北京市东城区安定门外大街 58 号 邮编 100011
本版图书如存在印装质量问题，请与本社销售中心联系调换（联系电话：010-57512564）

版权所有　盗版必究（举报电话：010-57512600）
国家版权局反盗版举报中心（举报电话：12390）　　服务热线：010-57512564

前言 PREFACE

  创新是经济增长和可持续发展的重要源泉和关键动力，也是企业不断发展、提升核心竞争能力、谋求超额利润的重要手段。十九大报告指出："创新是引领发展的第一动力，是建设现代化经济体系的战略支撑。"虽然中国已经成为世界第二大经济体，中国企业和证券市场扩张迅速，但是创新能力不足始终是中国经济发展的软肋。在中国经济稳步进入"新常态"之后，提高国家自主创新水平是引领中国经济可持续发展的关键动力。如何激励企业创新以增强中国经济增长的驱动力，成为我国当前亟待解决的重大现实课题。

  人才是经济社会发展的第一生产力，吸引具备专业知识的人才是改善中国人才结构和提升企业家才能的关键途径。自二十世纪九十年代起，中国政府开始出台吸引海归人才的政策措施，为海归人才回国就业、创业提供完善的制度保障和优厚的经费支持。进入新千年后，国家引进海归人才的政策更加丰富，支持力度也不断加强，特别是2008年颁布的"千人计划"，彰显了我国不遗余力地吸引高层次人才的决心。随着中国经济的纵深发展以及海归人才引进政策力度的不断加强，高层次留学人才回国就业创业人数不断攀升，中国已经由"智力流失期"逐渐过渡到"智力回流期"。随着中国企业国际化进程的加快和"一带一路"倡议的提出，海归高管因其国际化视野备受中国企业青睐，在中国资本市场中崭露头角。

  与本土成长起来的高管相比，海归高管可能具备以下特点：第一，海归高管接受海外文化的长期熏陶，对个人主义价值观的认同感更强，追求个性的解放和自由，在思维方式和行为决策中可能更为激进和风险偏好；第二，海归高管拥有海外学习和工作经历，掌握先进的科学文化知识和管理经验，对国际化经营的理念和商业知识有着更为深刻的理解，能够洞悉国际市场需求；第三，海归高管拥有国际化的社会网络资源，具有海外市场的资源配置和整合能力，熟悉国际性的商业规则和运作手段；第四，海归高管拥有较为出色的语言能力，能够克服跨文化沟通和交流的障碍，对于不同环境的适应能力较强。以上价值观念和认知模式上的特点可能对海归高管的行为选择造成影响，使得他们与本土成长起来的高管相比具有较大差异。同时，中国资本市场发展迅猛且瞬息万变，久居海外的高管对国内市场环境和消费需求了解不足，对国内复杂的人际关系和商业规则较难适应。因此，海归高管是能够如愿在我国现代化建设中发挥积极作用，还是面临"水土不服"的困境、止步不前？本书采用规范研究和实证研究相结合的方法，研究海归高管对中国企业创新和战略转型的影响。

本书主要包括九章。第一章为导论，介绍中国高端人才紧缺以及海归人才引进政策的宏观制度背景，并根据研究背景提出研究视角和核心议题，并对核心概念进行界定、对研究方法进行说明。第二章为制度背景与理论基础，通过回顾我国海归人才引进政策的具体实践，以及国家宏观人才强国战略的现实背景，分析企业聘用海归高管的动因及现状，并对本研究中运用的高阶梯队理论、委托代理理论、行为经济学理论和信号传递理论等进行阐释。第三章为文献综述，重点针对高管背景特征领域的研究进行综述。第四章至第八章为本书的核心部分，通过实证研究方法考察海归高管对中国企业创新产出、风险承担水平、社会责任履行、信息披露质量以及价值创造能力的影响及其作用机理。第九章为本研究的结论和展望部分。

本研究为海归高管在中国企业转型创新过程中所发挥的作用提供了经验证据，丰富和拓展了高阶梯队理论领域的研究成果。同时，为中国海归人才引进政策的实施提供了一定的决策参考，对中国企业选聘合适的高管人才、提升企业的创新能力具有一定的借鉴意义。

目录 CONTENTS

第 1 章 导 论 / 1

  1.1 研究背景 / 1

  1.2 研究目标 / 4

  1.3 核心概念界定 / 6

  1.4 研究方法 / 7

  1.5 研究意义 / 8

  1.6 章节安排 / 12

第 2 章 制度背景与理论基础 / 15

  2.1 制度背景 / 15

    2.1.1 高层次海归人才引进政策情况介绍 / 15

    2.1.2 上市公司聘用海归高管的动因分析 / 20

    2.1.3 上市公司聘用海归高管的现状分析 / 22

  2.2 理论基础 / 25

    2.2.1 委托代理理论 / 25

    2.2.2 高阶梯队理论 / 26

    2.2.3 行为经济学理论 / 28

    2.2.4 信号传递理论 / 29

第3章 文献综述 / 31

3.1 高管背景特征 / 31
3.1.1 高管性别特征 / 31
3.1.2 高管年龄特征 / 32
3.1.3 高管职业经历 / 32
3.1.4 高管海外背景 / 37
3.1.5 高管其他特征 / 39

3.2 企业创新 / 39

3.3 企业风险承担 / 45
3.3.1 企业风险承担的内涵 / 45
3.3.2 企业风险承担的度量 / 46
3.3.3 企业风险承担的影响因素 / 48

3.4 企业社会责任 / 53

3.5 股价崩盘风险 / 53

3.6 企业价值 / 54

3.7 文献评述 / 55

第4章 海归高管与企业创新 / 58

4.1 引言 / 58

4.2 理论分析与研究假设 / 61

4.3 研究设计 / 63
4.3.1 数据来源及样本选择 / 63
4.3.2 模型设计与变量定义 / 64

4.4 实证结果分析 / 66
4.4.1 描述性统计 / 66
4.4.2 相关性分析 / 68
4.4.3 单变量测试 / 69
4.4.4 回归结果分析 / 69
4.4.5 稳健性检验 / 72

4.5 拓展性研究 / 81

    4.5.1 高管海外背景获取国的经济发展程度 / 81

    4.5.2 高管海外背景获取国的投资者法律保护程度 / 82

    4.5.3 高管海外学习背景与海外工作背景 / 84

    4.5.4 高管海外学习背景的学历特征 / 85

    4.5.5 海归高管的职位特征 / 87

    4.5.6 创新型行业与非创新型行业 / 88

    4.5.7 国有企业与非国有企业 / 92

4.6 本章小结 / 95

第5章 海归高管与企业风险承担 / 96

5.1 引言 / 96

5.2 理论分析与研究假设 / 98

5.3 研究设计 / 101

    5.3.1 数据来源及样本选择 / 101

    5.3.2 模型设计与变量定义 / 101

5.4 实证结果分析 / 107

    5.4.1 描述性统计 / 107

    5.4.2 相关性分析 / 109

    5.4.3 回归结果分析 / 110

    5.4.4 稳健性检验 / 115

5.5 拓展性研究 / 118

    5.5.1 高管海外学习背景与工作背景 / 119

    5.5.2 高管海外学习背景的学历特征 / 120

    5.5.3 海归高管的职位特征 / 122

    5.5.4 高管海外背景与过度自信 / 124

5.6 本章小结 / 128

第6章 海归高管与企业社会责任 / 131

6.1 引言 / 131

6.2 理论分析与研究假设 / 132

6.3 研究设计 / 135

    6.3.1 数据与样本选择 / 135

    6.3.2 模型设定 / 137

6.4 实证结果分析 / 140

    6.4.1 描述性统计 / 140

    6.4.2 相关性分析 / 143

    6.4.3 回归结果分析 / 144

    6.4.4 稳健性检验 / 147

6.5 本章小结 / 149

第7章 海归高管与股价崩盘风险 / 152

7.1 引言 / 152

7.2 理论分析与研究假设 / 155

7.3 研究设计 / 156

    7.3.1 数据来源及样本选择 / 156

    7.3.2 模型设计与变量定义 / 157

7.4 实证结果分析 / 160

    7.4.1 描述性统计 / 160

    7.4.2 相关性分析 / 161

    7.4.3 回归结果分析 / 162

    7.4.4 稳健性检验 / 164

7.5 拓展性研究 / 166

    7.5.1 海归高管对股价崩盘的影响机制探究 / 166

    7.5.2 高管海外学习背景与海外工作背景 / 167

7.6 本章小结 / 169

第8章 海归高管与企业价值创造／170
   8.1 引言／170
   8.2 研究假设／172
   8.3 研究设计／173
      8.3.1 数据来源及样本选择／173
      8.3.2 模型设计与变量定义／173
   8.4 实证结果分析／175
      8.4.1 描述性统计／175
      8.4.2 相关性分析／177
      8.4.3 单变量测试／178
      8.4.4 回归结果分析／179
      8.4.5 稳健性检验／184
   8.5 拓展性研究／186
   8.6 本章小结／187

第9章 总结与展望／189
   9.1 研究总结／189
   9.2 政策建议／193
   9.3 研究展望／194

附　录／197

参考文献／199

重要术语索引表／220

后　记／222

第1章 导　论

十九大报告指出"创新是引领发展的第一动力，是建设现代化经济体系的战略支撑"，因此，从微观视角探寻中国企业转型创新的影响因素无疑对推动整体经济的健康发展有着重要的现实意义。人才是国家实施创新驱动战略的关键资源，劳动力市场的发展滞后和高端人才的短缺仍是影响中国经济纵深发展的关键障碍。中国经济的巨大发展机遇与能够引导中国企业不断发展的管理人才短缺之间的不平衡性问题较为严重。本章将首先介绍中国高端人才紧缺以及海归人才引进政策的宏观制度背景，并根据研究背景提出本书的视角和核心议题；其次，对本书的核心概念进行界定，对研究方法进行说明；再次，阐述本书的主要研究思路，对章节安排进行介绍；最后，阐述本研究的理论意义和实践意义。

1.1　研究背景

中国自二十世纪七十年代开始实施改革开放的伟大战略以来，实体经济和资本市场迅速融入全球经济大潮中，迎来了飞速的发展。在取得骄人的发展成绩时，我们仍需清醒地认识到中国仍然是世界上最大的发展中国家，劳动力市场的发展滞后和高端人才的短缺仍是影响我国经济纵深发展的关键障碍。高端人才流失给中国经济社会发展带来很大负面影响，中国经济的巨大发展机遇与能够引导中国企业不断发展的管理人才短缺之间的不平衡性问题在未来一段时期内只会更为严峻。

人才是经济社会发展的第一生产力，特别是在党中央提出国家中长期人才发展规划纲要之后。吸引具备专业知识的人才是改善中国人才结构和提升企业家才能的关键途径。自二十世纪九十年代起，中国政府开始出台吸引海归人才的政策措施，为海归人才回国就业、创业提供完善的制度保障和优厚的经费支持。进入新千年后，国家引进海归人才的政策更加丰富，支持力度也不断加强，特别是2008年颁布的"海外高层次人才引进计划"（简称"千人计划"）的启动，力求"打造国际上最权威的、最具影响力的国家引才聚才品牌"[①]，彰显了我国不遗余力地吸引高层次人才的决心。随着中国经济的纵深发展以及海归人才引进政策力度的不断加强，高层次留学人才回国就业创业人数不断攀升，中国已经由"智力流失期"逐渐过渡到"智力回流期"（代昀昊和孔东民，2017）。随着中国企业国际化进程的加快和中国政府对企业"走出去"的政策支持，具有海外背景的高管（以下简称"海归高管"）因其国际化视野备受中国企业青睐，在中国资本市场中崭露头角。特别是"一带一路"倡议提出后，中国企业对国际化人才的需求更为迫切。根据手工搜集的数据，截至2016年，已有598家中国上市公司聘用了海归高管，占当年A股上市公司总数的19.9%，且这些海归高管绝大多数拥有发达国家的留学背景或工作经验。

自高阶梯队理论（Upper Echelon Theory）提出以来，管理者背景特征成为学术界研究企业经营决策行为的关注重点。传统的经济学理论均假设管理者是同质的[②]，管理者均能遵循理性人假设做出效用或价值最大化决策。但在现实经济生活中，面对复杂而变化的经营环境，管理者的异质性特征无疑是影响企业决策的重要因素（Bertrand & Schoar, 2003）。高阶梯队理论认为管理者只是有限理性的，受到个人视野和选择性知觉的局限，管理者的认知模式和价值观念会影响到个人的行为选择，并最终作用于企业战略决策和绩效（Hambrick & Mason, 1984）。高管占据企业重要的综合管理岗位，优秀的高管团队能够带领企业锐意进取，是企业获取持续竞争力的重要动力，因而选聘经验丰富、决策能力优异的高管是企业制定合适战略决策的前提条件。中国企业股权集中度较高的现状使得高管个人特质对企业决策的影响被进一步放大，基于中国特殊情境的高管背景特征研究有助于理解中国本土的公司治理问题。

---

① 资料来源："千人计划"官方网站 http://www.1000plan.org/
② 委托代理理论、信息不对称理论和市场择时理论等均隐含假设高管是追求效用最大化的理性决策主体。

与本土成长起来的高管相比，海归高管可能具备以下特点：第一，海归高管接受海外文化的长期熏陶，对个人主义价值观的认同感更强，追求个性的解放和自由，在思维方式和行为决策中可能更为激进和风险偏好；第二，海归高管拥有海外学习和工作经历，掌握先进的科学文化知识和管理经验，对国际化经营的理念和商业知识有着更为深刻的理解，能够洞悉国际市场需求；第三，海归高管拥有国际化的社会网络资源，具有海外市场的资源配置和整合能力，熟悉国际性的商业规则和运作手段；第四，海归高管拥有较为出色的语言能力，能够克服跨文化沟通和交流障碍，对于不同环境的适应能力较强。以上价值观念和认知模式上的特点可能对海归高管的行为选择造成影响，使得他们与本土成长起来的高管相比具有较大差异。但是，中国资本市场发展迅猛且瞬息万变，久居海外的高管对国内市场环境和消费需求了解不足，对国内复杂的人际关系和商业规则较难适应。因此，海归高管是能够如愿在我国现代化建设中发挥积极作用？还是面临"水土不服"的困境而止步不前？以上问题仍有待实证检验。本书主要考察海归高管对我国企业转型创新的影响。

创新是经济发展和可持续增长的重要源泉和关键动力（Solow，1957），也是企业不断发展、提升核心竞争能力、谋求超额利润的重要手段（Porter，1992）。创新活动具有较高不确定性和失败风险，创新活动的投入较多且调整成本很高，对于企业创新的投入意愿能够在一定程度上反映管理者的风险承担意愿和企业的风险承担水平。自改革开放战略实施以来，中国经济发展取得了举世瞩目的成就，但是由于整体自主创新能力较弱，经济增长的持续性难以为继，经济增长的质量令人担忧（温军和冯根福，2012）。2014年，李克强总理提出"大众创业、万众创新"，以简政放权的改革为市场主体释放更多空间。在中国经济稳步进入"新常态"之后，提高国家自主创新水平更是引领中国经济可持续发展的关键动力。如何激励企业创新从而增强中国经济增长的驱动力，成为我国当前亟待解决的现实课题。

风险承担也是企业的重要决策之一，但是企业应如何合理承担风险直到近年来才引发学术界的重视。风险承担从总体上反映了企业在追逐高利润过程中愿意支付代价的意愿和倾向，刻画了高管在经营决策中的风险偏好（Lumpkin & Dess，1996）。企业主动地、合理地承担风险不仅有助于企业获得较高的投资回报率，提升经营业绩与企业价值，实现股东财富的最大化；也有利于提高社会生产率，促进资本积累与技术进步，促进整个经济社会的可持续发展。高管是企业风险活动的直接决策者，他们对于风险的承受态度和应对能力对企业风险承担决策具有至关重要的影响。

企业社会责任（Corporate Social Responsibility）是指企业在创造利润、促进股东财富最大化之外，还要进一步承担对利益相关者的责任（Davis，1973；Mcwilliams，2001）。企业与利益相关者建立相互信任的合作关系有助于企业获取竞争优势（Jones & Wicks，1999），如果企业对利益相关者的合理要求不闻不问，则必将危害企业的可持续发展（Donaldson & Dunfee，1999）。企业社会责任自20世纪90年代以来引起了世界范围内的极大关注。中国企业社会责任的履行情况虽有所改善，但总体水平仍堪忧。如何增强中国企业社会责任的履行意愿、提升中国企业的社会责任履行质量是中国企业转型升级过程中值得深入探讨的话题。

目前，鲜有文献考察海归高管对中国企业创新及转型战略的影响，包括企业创新决策、风险承担意愿、社会责任表现、股价崩盘风险、企业价值等方面，这也为本书的研究提供了契机和探索空间。海外经历是人力资本的一种具体表现形式，拥有海外经历的高管具备国际化的视野和较为前卫的思维观念，他们接受海外文化的长期熏陶，风险承担意识可能更强。海归高管掌握更加前沿的科学文化知识和企业管理经验，在海外的人脉资源积累使得他们拥有国际化的社会网络资源，具备出色的风险应对和资源整合能力。因此，本书将探究海归高管对中国企业创新转型的影响和具体表现，以期产生具有实践意义的研究结论。

1.2 研究目标

基于上述理论和实践背景，本书采用手工搜集得到2001—2016年高管的海外背景特征数据①，采用规范研究和实证研究相结合的方法，研究高管的重要背景特征——海外背景对中国企业创新和战略转型的影响。具体研究目标如下：

（1）考察海归高管是否对企业创新产生影响。创新是经济增长和可持续发展的重要源泉和关键动力，也是企业提升核心竞争能力的重要手段。本书首先研究海归高管对企业创新的投入（研发支出）和企业创新产出（专利申请）的影响，然后探究海归高管的海外背景获取国家特征、职位特征、海外经历类型（海外工作背景或学习背景）等对企业创新的差异性影响，最后探究海归高管对企业创新的影响在不同的行业类型和产权性质企业中的异质性。

（2）考察海归高管是否对企业风险承担产生影响。企业主动且合理地承担风险不仅有助于企业获得较高的投资回报率、提升经营业绩与企业价值，同时有助于促进社会生产率的提高，促进宏观经济的可持续发展。本书将探究海归高管对企业风险承担的影响，并深入考察海归高管获取海外经历的国家特征、任职特征、海外经历类型（学习经历或工作经历）等对企业风险承担活动的异质性影响。

（3）考察海归高管对企业社会责任的影响。企业社会责任是指企业对利益相关者承担的责任，积极地承担社会责任有助于构建相互信任的合作关系，也有助于社会的可持续发展。本书探究海归高管的任职是否能够改善企业的社会责任绩效，同时探究企业的信息环境对于海归高管能力发挥的影响，为企业提升社会责任履行质量和意愿提供决策参考。

（4）从股价崩盘风险的视角考察海归高管对企业信息披露决策的影响。股价崩盘风险是指经理层出于私人利益最大化动机隐藏坏消息，一旦坏消息积聚到一定程度会集中爆发，从而造成股价断崖式的下跌以致崩盘。本书将

---

① 数据搜集方法为：通过手工翻阅上市年报中的高管简历信息，判断高管是否在中国境外的国家或地区具有学习或者工作经历，并手工记录高管获得海外经历的具体国家或地区、具有何种海外经历、在海外获得的学历层次以及高管的职位特征等。由于高管背景特征信息自2001年开始披露的相对规范，因而本书实证研究中的样本起点为2001年。本研究开始时所能获取的最新数据年份为2016年，因而高管背景特征数据的样本范围是2001—2016年。但是，由于企业风险承担度量指标的计算需要前后一年（共三年）数据，因而在实证检验章节中的样本期间为2001—2015年。

考察海归高管是否能对股价崩盘风险产生抑制作用,同时探究海归高管对股价崩盘风险影响的作用机理。

(5)考察海归高管对企业价值创造的影响。企业价值是理论界和实务界关注的重点议题,在探究海归高管对企业创新、风险承担、社会责任和信息披露的影响基础上,本书还将进一步考察海归高管是否能够给当期及未来的企业价值带来提升作用,具体体现在会计业绩和市场价值两个方面。

在考察上述议题的过程中,充分结合委托代理理论、高阶梯队理论、行为经济学理论、信号传递理论的主要内容,注重理论分析过程的合理性以及研究内容的深度,并对现有的实证研究方法进行适当改进。期望本研究能够有助于深入了解海归高管在中国企业转型创新决策中的作用,并能够对国家宏观人才战略制定和微观企业人才选拔提供决策参考。

1.3 核心概念界定

"海归高管"是本书的核心概念。本书所指的高管(或高管团队)是除监事会成员之外的、能够直接参与企业经营决策的高级管理人员(或高级管理人员团队),包括总经理(CEO、首席执行官、总裁)、副总经理(副总裁)、财务总监(财务负责人、总会计师)等。由于每家上市公司对高级管理人员的界定可能存在差异①,在数据收集过程中,本研究严格依照各家上市公司在年报中披露的高级管理人员范围界定高管,并不人为地为所有上市公司划定统一标准。

本研究所指的"海归高管"在中国境外的国家(或地区)拥有较长时间的求学或工作经历。为了保证高管海外背景信息真实有效,在参考前人研究(如Giannetti et al., 2015)的基础上,特别考虑了以下情形:

(1)如果高管仅拥有在中国大陆企业的海外分支机构的工作经历,则该经历不算为海外工作经历。

(2)如果高管仅拥有在地处中国大陆的中外合资企业的工作经历,则该

---

① 各家上市公司对除董事和监事外的高级管理人员的界定存在较大差异性,除正文中列举的高管类别之外,部分上市公司还将如下职位归属于高管行列:营销总监、销售总监、技术总监、行政总监、首席科学家、首席风险官、首席战略官、人力资源总监、质量总监、投资总监、合规总监、(副)总工程师、总法律顾问、总裁助理(助理总裁)、首席架构师、纪委书记、党委副书记等。

经历不算为海外工作经历。

（3）如果高管简历中明确披露仅具有在中国大陆以外的国家六个月以下的短期学习经历，如参加短期交流项目、短期访问等，则该经历不算为海外学习背景①。这是由于高管在海外停留的时间太短，受到海外文化等方面的影响较为有限，由高管海外经历引发对企业决策影响的可能性较低。选择六个月作为时间节点的原因是教育部国际合作与交流司为在国（境）外连续学习和访问六个月以上的人员开具《留学回国人员证明》。

（4）考虑到中国香港特别行政区、澳门特别行政区以及台湾地区在法律背景和经济制度等方面与内地（大陆地区）存在差异，因此将高管在香港、澳门、台湾地区的长期留学和工作经历视同海外背景，这与我国现阶段政府层面的优惠政策以及大多数单位的招聘要求相一致。但是，在稳健性检验中，本书均考虑了剔除只具备港澳台背景的高管。

（5）为了便于表达，研究中将具有海外背景（经历）的高管简称为"海归高管"，两种表达交叉使用，均代表同一含义。

1.4 研究方法

本研究主要采用规范研究与实证研究两种方法。一方面关注中国重视高端人才、大力引进海归人才的独特制度背景，争取做到理论联系实际；另一方面归纳总结现有的理论和方法，获取更加规范的实证结果，并为实证结果提供较为合理的解释。

（1）规范研究方法。本研究对制度背景、文献综述及理论基础的阐述主要采用规范研究方法，通过逻辑分析推断出具体结论。采用规范研究方法的主要章节如下：第二章归纳国家高层次海归人才引进政策情况，分析中国上市公司聘请海外背景高管的动因及现状，并对高阶梯队理论、委托代理理论、行为经济学理论和信号传递理论的核心内容进行全面回顾；第三章采用归纳法，在广泛阅读国内外文献的基础上，对高管背景特征的经济后果、企

---

① 需要指出的是,在数据收集过程中极少发现高管披露此类短期学习、交流、访问经历,原因在于上市公司年报中高管简历信息一般较为简短(通常为100~200字),而担任上市公司高管级别的人员一般阅历较为丰富,因此高管大多倾向于披露最核心的简历信息,短期的海外交流经历出现的频率很低。

业创新、企业风险承担、企业社会责任、股价崩盘风险、企业价值领域的研究进行综述，总结现有文献可能存在的不足之处，并以此为基础提出本研究的核心议题；第四至八章的假设推导部分基于已有理论和文献，采用演绎法和归纳法提出高管海外背景对中国企业创新及转型的总体影响及作用机理等方面的具体研究假设，为后文的实证检验指明方向。

（2）实证研究方法。在实证检验部分，主要通过计量和统计的方法，结合手工搜集的中国上市公司高管海外背景特征数据，以及从国泰安（CSMAR）、万得（WIND）、中国研究数据服务平台（CNRDS）等数据库下载的企业数据进行实证分析。具体而言，通过样本分布和描述性统计了解中国上市公司聘用海归高管的分布特征和总体趋势，通过相关性分析和单变量检验得到初步的检验结果，再由多元线性回归等检验高管海外背景对企业创新和转型的影响。各章数据分析由 SAS 9.4 和 STATA 14.0 统计软件处理完成。

针对本书的研究议题，采用大样本实证检验的方法是可行且可靠的，原因如下：其一，本研究已通过手工搜集，获得了 2001 年至 2016 年中国 A 股全部上市公司高管海外背景特征的数据，包括每家上市公司内每一位具有海外背景高管的姓名、职位、海外背景类型（学习背景或工作经历）、留学或工作的海外国家等详细信息，这为大样本实证检验提供了可行性；其二，通过大样本实证检验，可以弥补诸如案例研究等方法在适用性等方面的不足，提高研究结论的理论价值与应用价值。需要特别强调的是，由于聘用与未聘用海归高管的上市公司可能存在系统性差异，为了确保研究结论的有效性和可靠性，在参考已有文献的基础上，本研究综合采用工具变量法、Heckman 两阶段方法和倾向评分匹配法（PSM）等一系列方法缓解潜在的内生性问题的干扰，同时注重对模型设定合理性的检验，采用替代度量指标等进行敏感性测试。此外，本研究还采用事件研究法考察投资者对上市公司聘用海归高管的市场反应，以期得到增量结论。

1.5 研究意义

本研究的理论意义主要体现在以下六个方面：

第一，丰富和发展了高阶梯队理论。高阶梯队理论指出，受到个人视野和选择性知觉的限制，管理者会依据自身的认知模式和价值观念进行战略选择，并将最终影响企业绩效（Hambrick & Mason，1984）。自高阶梯队理论提出以来，已有文献基于该理论探讨高管的性别、年龄、婚姻状况、政治倾向、职业经历等对企业行为与组织绩效的影响。本研究是为数不多的从高管海外背景特征视角研究其对公司决策影响的文献之一。通过考察高管海外背景特征对企业转型创新的总体影响、作用路径及经济后果，分析海归高管在改善公司治理和提升企业价值方面的作用，从而丰富和拓展了高阶梯队理论的研究内容。

第二，丰富高管海外背景经济后果领域的研究成果。在新兴市场国家中，海外背景是高管重要的特征之一，是拥有较高科学文化素养和国际化视野的标志。已有研究关注到高管海外背景特征对企业投资效率（代昀昊和孔东民，2017）、业绩表现（Giannetti et al.，2015）、出口战略（许家云和孙文娜，2017）、审计师选择（王裕和任杰，2016；叶康涛等，2017）等方面的作用，在一定程度上丰富了学术界对于高管海外背景的经济后果领域的认知。但是，已有研究尚有待改进之处：①大多文献采用企业是否拥有海归高管的虚拟变量来度量海外背景，部分文献使用海归高管的人数或其在高管团队中的比例。但是，鲜有文献对高管海外背景获取国的特征进行细致探讨，不同国家在经济发展水平和投资者法律保护程度等方面存在异质性特征，这些制度背景均会对高管的思维方式和行为模式产生影响，仅基于企业是否存在海归高管的度量方法有失全面性和准确性。②部分文献的研究样本明显滞后于当期，对高管履职现状和履职绩效的解释力度有限。③更为重要的是，目前尚无文献基于企业转型创新的视角研究海归人才的作用。本研究探讨海归高管对企业转型创新的影响，包括对企业创新投入与产出、社会责任履行、风险承担水平、信息披露质量和企业价值的影响，同时对高管海外经历获取国家（或地区）的制度背景特征、高管职位特征、学历特征等多个维度进行细分研究，有助于加深对高管海外背景经济后果领域的理解，弥补现有文献的不足。

第三，从高管个体层面拓展了企业创新的影响因素领域的研究。从高管个体层面研究企业创新的影响因素是近年来公司金融领域的热点话题，Lin et al.（2011）发现高管激励和CEO特征对创新具有影响，Cho et al.（2016）也发现管理者的特征是企业创新活动的重要影响因素。本书基于高管海外背景这一独特视角探究其对企业创新活动的影响，拓展了企业创新领域的文献。

第四，拓展企业风险承担影响因素、作用机理及经济后果的研究。风险承担水平反映了企业面临风险时的决策偏好，近年来有关风险承担影响因素的研究逐步从企业特征层面拓展到高管异质性层面。已有文献关注到高管的性别（Faccio et al., 2016）、婚姻状况（Roussanov & Savor, 2014）、军旅背景（Benmelech & Frydman, 2015）、政治党派特征（Christensen et al., 2015；Hutton et al., 2014）、过往职业经历（Schoar & Zuo, 2017）、早年灾害经历（Bernile et al., 2017）、是否拥有飞行执照（Cain & McKeon, 2016）等对企业风险承担决策的影响，但尚未有文献基于高管海外经历视角探究海归高管的风险承担意愿和表现，本研究从该角度拓展了高管异质性特征对企业风险承担影响因素及作用机理领域的文献。同时，本研究结合中国转轨经济的宏观背景，发现海归高管通过促进企业风险承担创造了价值，进而从企业层面证明风险承担有助于经济增长，拓展了企业风险承担经济后果领域的研究。

第五，从个体层面拓展了企业社会责任影响因素领域的研究。Aguinis & Glavas（2012）指出从制度层面和组织层面研究企业社会责任影响因素的文献已较为丰富，而从个体层面研究企业社会责任影响因素的文献仍相对缺乏，本书从高管海外背景这一独特视角出发，探究其对社会责任履行的影响，回应了 Aguinis & Glavas（2012）指出的企业社会责任个体层面研究成果存在缺陷的问题。同时，本书为新兴市场国家的企业社会责任作用机理提供了新的证据。Frynas（2006）认为现有的企业社会责任领域研究大多聚焦北美和西欧国家，形成了一种"以西方为中心"的企业社会责任理论体系，而对新兴市场国家的企业社会责任运作机理和实践知之甚少，制度差异可能导致西方的企业社会责任理论无法成功应用于新兴国家的社会实践（Lindgreen，2009）。本书以中国上市公司为样本，发现聘用具有海外背景的高管能够提升企业的社会责任表现，丰富了新兴市场国家的企业社会责任研究。

第六，从高管背景特征视角拓展了股价崩盘风险影响因素领域的研究。股价崩盘风险是公司财务近年来的热点话题，已有大量学者对此进行了广泛而深入的研究，但是从高管个人特征层面的研究偏少，尚无研究考察高管的海外背景特征对股价崩盘风险的影响。本书的研究发现，海归高管能够降低企业的信息不对称，通过提升信息披露水平从而降低股价崩盘风险，拓展了股价崩盘风险的影响因素研究。

本书还具有重要的实践意义，主要体现在以下五个方面：

第一，有助于识才、用才，助力国家人才强国战略的实施。人才是国家的核心竞争力，也是我国经济发展的第一资源。虽然中国经济自改革开放三十多年来取得了巨大的成就，但是人力资本短缺仍然是我国经济纵深发展中面临的关键问题之一（Lane & Pollner，2008）。《国家中长期人才发展规划纲要（2010–2020）》对人才强国战略的实施进行了全面部署，其中指出"必须加快推进人才队伍建设，逐步实现我国由人力资源大国向人才强国的转变"。海外背景是人力资本的一种具体表现形式，是具备良好的教育和专业知识储备的标志。本研究探讨高管海外背景对中国企业转型创新的影响及其具体作用路径，发现海归高管能在企业创新中发挥积极作用，促进了社会责任履行和信息披露水平提升，这对于中国的人才引进和人才强国战略的实施具有一定的政策参考价值。

第二，为中国企业提升创新能力、增强竞争优势提供决策借鉴。创新水平及其质量关系到企业的生存和发展。风险性投资项目能够获得相对较高的投资回报，对于这些项目的投资也有助于提升企业绩效和竞争优势，加快社会资本积累与技术进步，提升整个社会的生产率水平，并最终带来经济的持续增长。但是，企业的创新水平同时受到企业资源获取能力以及风险承担意愿的制约，如何提升企业的创新水平是需要持续关注的议题。本研究基于中国转型经济背景，从高管背景特征视角出发，探讨海归高管对企业转型创新的总体表现、作用路径及经济后果，对中国企业提升创新能力、改善资本配置效率、增强核心竞争能力等具有重要的现实意义。

第三，为国家及各省市海归人才引进政策提供重要的决策参考，为海归人才的"智力回流效应"提供经验证据。自20世纪90年代以来，中国各省市陆续出台吸引海归人才的政策措施，希望通过引进具有国际化背景和全球视野的高端人才，促进地区经济的发展和升级转型。中国中央政府及各部委也陆续出台大力度的海归人才引进政策，特别是2008年颁布的"千人计划"。该计划由中央组织部、人力资源和社会保障部、教育部和科技部等多部委领导和协调，为高层次人才提供高薪、住房、社会保险、配偶就业、子女教育等多方面的优惠政策①，为优秀人才回国发展提供前所未有的广阔舞台和发展空间。但是，在多元化的海归人才引进政策背后，海归人才是否为我国经济的发展做出了贡献，是否促进了中国企业的国际化进程，以上议题仍有待实证的进一步检验。本研究立足于企业风险承担视角，检验具有海外背景的高管人才对企业风险决策的影响及其路径，能够为国家海归人才引进政策的实施效果提供决策参考，从微观企业层面为海归人才的"智力回流效应"提供经验证据。

第四，对中国企业聘用和选拔合适的高管人才提供决策借鉴。人才是企业的第一资本，拥有一支高素质的人才队伍是成功的基础和关键。高管位居企业重要的管理岗位，必须富有专业知识、沟通、协调和资源整合能力，才能够为企业制定长期发展战略，充分发挥企业的价值创造功能。在激烈的市场竞争环境下，企业对人才素质的要求越来越高，如何选拔和聘用有能力的管理人才，是每个企业必须持续思考的重要议题。本研究发现，海归高管通过促进企业创新和企业社会责任履行，提升了企业风险承担能力，并最终提升了企业价值，这对企业聘用和选拔合适的高管人才具有一定的借鉴意义。

第五，对转型经济国家的人才培养机制建立具有一定的启示。人才是经济社会发展的第一生产力，转型经济国家与发达国家在教育制度和人才培养能力等方面存在较大差距。中国政府较早建立了国家留学基金委员会，动用国家财政力量为中国公民赴海外留学深造予以资助，并对其回国服务效力年限予以要求。中国的实践经验表明，有相当一部分优秀海归人才是通过国家留学资助的形式完成了海外人力资本的积累，并在祖国的经济建设中发挥了积极作用，这对于转型经济国家的人才培养模式具有一定的启示意义。

1.6 章节安排

本书的主要内容包含九个章节，具体安排如下：

第一章为导论。本章将首先介绍中国高端人才紧缺以及海归人才引进政

---

① 资料来源：http://www.1000plan.org/qrjh/section/2? m=rcrd

策的宏观制度背景，并根据研究背景提出本研究的视角和核心议题；其次，对核心概念进行界定，对研究方法进行说明；再次，阐述本研究的思路，对章节安排进行介绍；最后，阐述本研究的理论意义和实践意义。

第二章为制度背景与理论基础。首先，回顾我国海归人才引进政策的实践与发展，以及国家宏观人才强国战略的现实背景，分析企业聘用海归高管的动因及现状；其次，阐述本书的理论基础，包括高阶梯队理论、委托代理理论、行为经济学理论和信号传递理论等。

第三章为文献综述。结合本研究的主题，本章首先针对高管背景特征的经济后果领域的文献进行了回顾；其次，分别从企业创新、企业风险承担、企业社会责任、股价崩盘风险、企业价值五个方面展开文献梳理；最后，在文献回顾的基础上，对现有文献进行评述，并指出现有研究可能的不足之处与未来研究机会。

第四章至第八章为本书的核心部分，阐述海归高管对中国企业转型创新的影响及其作用机制。具体而言，第四章研究海归高管对企业创新的影响及其作用机理，并具体剖析海归高管的类型、职位特征等因素对企业创新投入及产出的影响；第五章研究海归高管对企业风险承担的影响，并深入剖析海归高管对企业风险承担的传导路径和渠道；第六章分析海归高管是否能促进企业积极承担社会责任、提升企业社会责任绩效；第七章从股价崩盘风险视角阐述海归高管对企业信息披露的影响，检验海归高管能否降低企业内外部的信息不对称，从而降低股价崩盘风险；第八章分析海归高管对企业价值的影响。

第九章为本研究的结论和展望部分。首先，总结全书的主要结论，陈述本研究的特色与创新之处；其次，结合研究结论提出政策建议；最后，提出对未来研究的展望和建议。

本书的框架结构如图 1-1 所示。

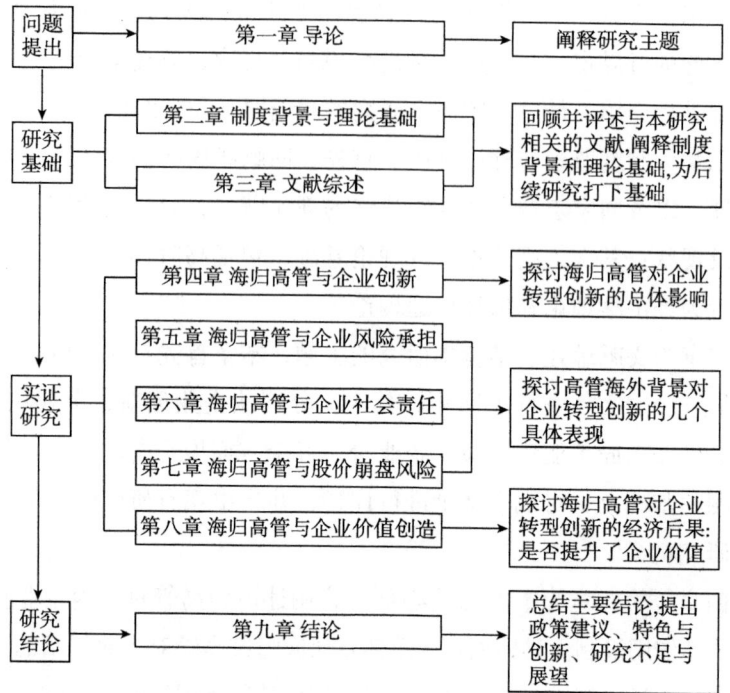

图1-1 本书的框架结构图

第 2 章 制度背景与理论基础

自改革开放以来，中国经济飞速发展，取得了举世瞩目的成就。但是，高端人才短缺仍是影响我国经济纵深发展的关键障碍之一。中国拥有数量庞大的海外华人华侨和留学生群体，他们在海外求学或工作多年，其中不乏各行各业的精英人士，是我国在海外拥有的宝贵而庞大的人才资源库。自 20 世纪 90 年代起，中国政府开始出台吸引海归人才的政策措施，为海归人才回国就业提供完善的制度保障和优厚的经费支持。本章包括两个部分，首先介绍制度背景，其次阐述理论基础。在制度背景部分，阐述中国政府颁布的高层次海归人才引进政策，并分析中国上市公司聘请海归高管的动因，然后结合手工搜集的中国上市公司高管背景特征数据，介绍中国上市公司聘请海归高管的现状和趋势。在理论基础部分，主要介绍了与本研究密切相关的委托代理理论、高阶梯队理论、行为经济学理论和信号传递理论的核心内容。

2.1 制度背景

2.1.1 高层次海归人才引进政策情况介绍

中国自二十世纪七十年代开始实施改革开放的伟大战略以来，中国的实体经济和证券市场迅速融入全球经济大潮中，迎来了飞速的发展。但是在中国取得骄人的发展成绩之时，也必须清醒地认识到中国仍是世界上最大的发展中国家，法制建设和投资者法律保护水平仍相对落后，劳动力市场的发展滞后和高端人才的短缺仍是影响我国经济纵深发展的关键障碍之一。我国流失的顶尖人才数量目前属于世界之首，特别是在科学和工程领域，高端人才流失给中国经济社会发展带来很大的负面影响，造成人才结构和布局不尽合理、高层次创新人才匮乏、人才创新创业能力较弱等诸多问题①，也损害了我国自主创新能力。不仅如此，中国经济的巨大发展机遇与能够引导中国企业不断发展的管理人才短缺之间的不平衡性问题在未来一段时期内只会更为严峻（Lane & Pollner, 2008）。根据麦肯锡公司针对公司总部位于中国的高管的问卷调查结果，有超过 44% 的受访者认为管理者能力的缺乏是企业跨国经营的重大障碍，特别是高管国际化视野的局限②。中国企业家调查系统的研究也表明，大多数中国企业家认为"创新人才缺乏"是妨碍企业创新的最重要因素③。

中国大批留学生赴海外求学或工作，希望能够获取先进的科学知识、一流的管理经验以及专业化的实践技能。根据《2016 留学趋势特别报告》④，中国学生绝大多数选择发达国家（或地区）作为留学目的地，其中赴美国、英国、澳大利亚的比重超过了总数的 75%，排名前十位的热门求学地均为发达国家（或地区）。目前中国拥有数量庞大的海外华人华侨和留学生群体，他们在海外求学或工作多年，其中不乏各行各业的精英人士，是我国在海外拥有的宝贵而庞大的人才资源库。如果能将该群体中的高端精英人才吸引回国发展，充分调动他们的主观能动性，利用他们的才能以及在国外积攒的经验和人脉资源，将极大推动我国产业结构的战略转型和经济社会协调发展。

自 20 世纪 90 年代起，中国政府开始出台吸引海归人才的政策措施，为海归人才回国就业提供完善的制度保障和优厚的经费支持。进入新千年后，国家引进海归人才的政策更加丰富，政策支持力度也不断加强。2008 年 12 月，中共中央办公厅发布《中央人才工作协调小组关于实施海外高层次人次引进计划的意见》，这标志着"海外高层次人才引进计划"（简称"千人计划"）的正式启动。该计划立足于国家发展战略目标，希望在国家重点支持的领域引进高层次人才，为创新型国家建设培养一批重要的生力军。2015

---

① 资料来源：《瞭望》新闻周刊《中国高端人才缘何流失：重物质奖励缺人文关怀》，http://www.chinanews.com/gn/2013/07-24/5080600.shtml
② 资料来源：麦肯锡报告《How to address China's growing talent shortage》，The McKinsey Quarterly，2008.
③ 资料来源：中国企业家调查系统《2015·中国企业家成长与发展专题调查报告》。
④ 资料来源：搜狐新闻，http://www.sohu.com/a/125473892_558682

年，人力资源和社会保障部颁发《关于做好留学回国人员自主创业工作有关问题的通知》，为留学归国人员创业提供创业指导与培训、融资与税费减免、场地扶持、社会保险等各项服务与优惠政策。在中央扶持海归人才的宏观背景下，各省市地方政府也不遗余力地展现对海归人才的支持，相继颁布各具特色的海外高层次人才引进计划，为海外人才提供政府奖励、子女入学优惠、解决配偶就业、住房补贴、落户优惠、医疗保障等诸多政策优惠，期望促进地区经济发展和产业结构的调整升级，建立人才特区。国家和各部委出台的海归人才引进政策详见表2-1，各省市引进海归人才的政策详见表2-2。

表2-1 国家和各部委等颁布的海归人才引进政策表

政策发布部门	政策名称	政策颁布年份
中共中央组织部	海外高层次人才引进计划——"千人计划"	2008年
人力资源和社会保障部	留学人员科技活动项目择优资助	1985年
	新世纪百千万人才工程	2002年
	高层次留学人才回国资助计划	2003年
	海外赤子为国服务计划——"赤子计划"	2009年
	留学人员回国创业支持计划	2009年
	《关于做好留学回国人员自主创业工作有关问题的通知》	2015年
教育部	春晖计划	1997年
	长江学者奖励计划	1998年
	留学回国人员科研启动基金	2002年
	新世纪优秀人才支持计划	2004年
	高校学科创新引智计划	2006年
自然科学基金委	自然科学基金委杰出青年计划	2002年
中国科学院	中科院"百人计划"	1994年
	中科院创新团队国际合作伙伴计划	2001年
中国科协	海外智力为国服务行动计划——"海智计划"	2004年
国家海洋局	《国家海洋局引进高层次海洋人才实施办法》	2011年
	《海洋系统"十二五"引进留学人才计划》	2011年

资料来源：作者根据相关政府部门网站、新闻报道等归纳整理。

表2-2 国家"千人计划"颁布后各省市部分引进海外高层次人才政策表

省市名称	政策名称	政策实施年份
北京	"北京海外人才聚集工程"、"凤凰计划"、《北京市鼓励海外高层次人才来京创业和工作暂行办法》和《北京市促进留学人员来京创业和工作暂行办法》等	2009年至今
天津	《天津市实施海外高层次人才引进计划的意见》等	2009年至今
重庆	《重庆市百名海外高层次人才集聚计划实施办法》、"两江学者"计划等	2010年至今
上海	《上海市实施海外高层次人才引进计划的意见》、"上海千人计划"、上海市杨浦区海外高层次人才创新创业基地"3310"引才计划等	2010年至今
河北	《关于实施海外高层次人才引进计划的意见》等	2009年至今
山西	《鼓励海外留学人才来晋创业和工作的暂行规定》、《山西省引进海外高层次人才办法》、山西百人计划等	2009年至今
辽宁	《辽宁省"十百千高端人才引进工程"的意见》、沈阳"凤来雁归"工程等	2009年至今
吉林	《吉林省引进高层次创新创业人才实施办法》、长春"百人工程"、长春高新区"长白慧谷"英才计划等	2008年至今
黑龙江	《黑龙江省引进海外高层次人才暂行办法》等	2009年至今
江苏	《江苏省引进海外高层次留学人员的若干规定》、江苏双创引才计划等	2009年至今
浙江	《关于大力实施海外优秀创业创新人才引进计划的意见》、《浙江省"海外高层次人才引进计划"暂行办法》、杭州高新区鼓励海外高层次人才创新创业"5050计划"、创新嘉兴·精英引领计划等	2008年至今
安徽	《关于引进海外高层次留学人才的意见》、皖江学者计划、安徽百人计划等	2009年至今
福建	《福建省引进高层次创业创新人才暂行办法》、闽江学者计划等	2010年至今
江西	《江西省"赣鄱英才555工程"公告》等	2010年至今
河南	《河南省海外高层次人才引进百人计划》、中原崛起百千万海外人才引进工程等	2009年至今
山东	《关于加快引进海外高层次人才的实施意见》、济南市5150引才计划、济南市"百千万引才工程"等	2009年至今
湖北	《湖北省引进海外高层次人才实施办法》、楚天学者计划、武汉东湖"3551"人才计划等	2009年至今

续表

省市名称	政策名称	政策实施年份
湖南	《中共湖南省委人才工作领导小组关于引进海外高层次人才的实施意见》、长沙市引进国际高端人才三年行动计划等	2009年至今
广东	《关于吸引培养高层次人才的意见》、《广东"珠江人才计划"》、广东惠州"天鹅计划"等	2009年至今
海南	《海南省引进高层次创新创业人才办法（试行）》等	2009年至今
四川	《人才工作领导小组关于实施海外高层次人才引进计划的意见》等	2009年至今
贵州	《贵州省引进高层次人才暨建立"特聘专家"制度的办法》等	2010年至今
云南	《云南省引进海外高层次人才暂行办法》等	2009年至今
陕西	《陕西省引进高层次人才暂行办法》等	2009年至今
甘肃	《关于进一步鼓励和吸引海外高层次人才来甘肃工作的意见》等	2009年至今
青海	《青海省引进海外高层次人才暂行办法》等	2009年至今
内蒙古	《"草原英才"工程实施方案》等	2010年至今
广西	《中共广西壮族自治区委员会、广西壮族自治区人民政府关于加快吸引和培养高层次创新创业人才的意见》和《广西壮族自治区八桂学者制度试行办法》等	2010年至今
宁夏	《引进海外高层次科技人才创新创业暂行办法》等	2009年至今

资料来源：作者根据相关政府网站、新闻报道等归纳整理。根据作者手工收集的资料，截至2018年，西藏自治区和新疆维吾尔自治区尚未出台专门针对海外人才的引进政策。表格中列举的仅为各地区具有代表性的海归人才引进政策。

为了实现人才兴国战略，我国不仅针对高层次海归人才推出了大力度的引进政策，还对优秀的留学生归国实行普惠制优惠政策，包括学术研究政策优惠、回国落户优惠、就业创业优惠、购车优惠以及家属优惠等各方面，详见表2-3。依据国家留学基金管理委员会的数据统计，在1978年到2009年的三十年时间中，有超过50万海外留学生回国就业，且该数量呈现逐年增长的趋势。另据《国际人才蓝皮书：中国国际移民报告》的统计，截至2013年底，中国留学归国人员总数已经达到144.48万人，其中约有36.1%的海归取得了研究生学历。留学回国与出国留学之间人数的"逆差"逐渐缩小，表明中国已经由"智力流失期"逐渐过渡到"智力回流期"（代昀昊和孔东民，2017）。

表 2-3　中央层面给予留学回国人员的政策优惠说明

优惠政策类型	优惠说明
学术研究政策优惠	留学回国人员选择在大学或者研究机构从事学术工作,在职称评定方面,根据个人的学术背景、科研成果等因素,给予留学回国人员更高的职称优惠,并且申报不受工作年限的限制,还可以获得相应的科研启动资金以及科研经费、住房补贴、安家费等
回国落户政策	公派或者自费出国留学一年以上,取得国外硕士及以上学位,且出国前已办理解除公职手续的留学回国人员,在学业结束两年内,可申请在北京等城市落户,不受出国前户籍所在地影响,也不受当地外来人员落户条件所限制
就业、创业资金资助	享受一定数额的创业无偿资助;在留学生创业园提供办公场所并减免部分租金;提供企业注册优惠;如有创业人员入选"千人计划",个人将获得一百万元补助;在税收和贷款方面的其他优惠
购置免税车优惠	以学习和进修为目的在国外正规大学或科研机构求学一学年以上,在完成学业或进修结束后回国,能够免除所购汽车零部件中的进口关税和车辆购置税(约占整车价格的 11.7%)。根据不同车型费用不同,总体的优惠费用为 0.71~15.21 万元
家属优惠政策	对留学回国人员家属的工作进行相应的安排;部分地区的相关政府对于其子女入学有优惠政策,由教育部门统一安排,择校入学;在国外生活五年以上,在语言文字适应期内入学,给予加分优惠,优先提供设有外语教授的学校供留学生自由选择

资料来源:根据光明网报道手工整理。

2.1.2　上市公司聘用海归高管的动因分析

随着中国改革开放进程的不断深入以及经济全球化的发展,大批中国企业产生了跨国经营的需求。越来越多的中国企业或谋求海外上市融资,或酝酿海外兼并收购业务,或拟开拓海外市场。2013 年,习近平总书记提出建设"新丝绸之路经济带"和"21 世纪海上丝绸之路"的构想,发出中华民族伟大复兴篇章中的最强音。人才短缺问题是困扰企业"走出去"的重要因素,"一带一路"倡议的实施更加离不开国际化人才的支撑。

面对国际化进程中的种种挑战,中国企业开始调整高管团队结构,试图引进具有海外背景的高管,由此完成海外扩张之路。与本土成长起来的高管相比,海归高管大多拥有发达国家或地区的学习或工作经验,具有复合型的专业知识和背景,掌握先进的科学文化知识,具备较为前卫的思维观念和国际化的视野,不仅能利用社会网络资源与全球性的采购商、供应商以及资本提供者进行良好对接，还能帮助企业跨越海外市场扩张中的诸多文化障碍，因此倍受上市公司青睐。此外，海归高管还具有"明星效应"，依据信号传递理论，聘用海归高管能够向外界传递公司重视人才、积极向海外扩张的有利信号，降低公司的融资成本，扩大公司的知名度和影响力。

现实中不乏优秀的海归人才带领企业走向辉煌的成功案例，海归高管在高科技行业、金融领域及互联网等行业不断崭露头角。例如，2010年，TCL集团在公司海外并购项目处于扭亏攻坚的关键时刻，启用具有海外背景的韩方明作为公司高管。韩方明曾经在哈佛大学从事博士后研究工作，拥有出色的外交经验和国际视野。韩方明的加入完成了TCL决策层的"新陈代谢"，极大地推动了TCL集团在海外市场的战略布局，提升了企业在国际市场的竞争力，是利用海归人才打赢国际化硬仗的出色代表。再如，百度董事长李彦宏毕业于美国布法罗纽约州立大学计算机科学系，30岁时就在美国硅谷挣到人生中的第一个百万美元，并获得风险投资商的投资，回到国内成立了百度公司，其在海外学习到的先进的技术和前卫的思想观念为百度日后的发展奠定了坚实的基础。搜狐董事长张朝阳也曾就读于美国麻省理工学院物理系，在美国接触到互联网的新兴科技和理念，在麻省理工学院的教授和风险投资家的资助下回国创业，成为中国内地"互联网第一人"。李彦宏和张朝阳均在多种场合坦言，在海外的学习历练、遇挫时的打磨成就了他们日后的创业之路。又如，滴滴打车总裁柳青于哈佛大学取得硕士学位后在高盛集团工作，后来回国加入滴滴打车创业团队，帮助滴滴获得海外融资及开拓国际业务，还利用自身的工作经验主导了滴滴与快的公司的合并。

然而，海归高管是否会产生"水土不服"的现象也值得关注。由于中国与海外的市场环境存在很大差异，久居国外的海归人才对国内市场环境的了解不足，对中国消费者的需求较多停留在类比和猜测的层面，对市场走向的把握能力较差。由于长期在国外生活，海归高管较难适应国内复杂的人际关系，难以在国内形成和积累社会关系网络资源，而这些资源对企业的业务往来和经营发展均具有重要影响。有些技术出身的海归高管可能在专业技能方面表现优异，但是在市场开拓与资源获取方面存在较大劣势，可能过分看重细节而缺乏宏观意识。在此情形下，如何帮助海归高管适应中国市场，更好地将国际化与本土化有机结合，也是政策制定者需要思考的议题。海归人才引进政策应该不止于引进，还应更多地考虑文化融合因素、给予海归本土化落地辅导和支持。

在此宏观背景下，本研究试图探讨海归高管对中国企业转型创新的影响，并进一步挖掘其影响路径和经济后果，为企业层面的“智力资本回流效应”提供新的经验证据。与中国庞大的人口基数相比，具有海外背景的高级管理者仍是中国资本市场中的稀缺资源。基于微观企业大样本数据研究海归高管的影响及其路径仍是较为新颖的话题。

2.1.3 上市公司聘用海归高管的现状分析

（1）上市公司聘用海归高管的年份分布

图2－1列示了2001—2016年中国上市公司聘用海归高管的年份分布。从图中可知：从总体上看，约有16.30%的上市公司拥有海归高管；从年度分布上看，2001年至2016年，聘用海归高管的上市公司占比总体呈增长态势，2001年仅有89家公司聘用了海归高管，占当年上市公司总数的7.9%，随着中国经济的不断发展以及海归人才引进政策力度的加强，2016年聘用海归高管的公司数迅速增长到598，占当年上市公司总数的19.9%。

	2001	2002	2003	2004	2005	2006	2007	2008	2009	2010	2011	2012	2013	2014	2015	2016
非聘用组	1038	1091	1127	1200	1176	1243	1324	1372	1488	1774	1946	2001	2019	2082	2270	2407
聘用组	89	107	133	157	177	193	226	231	264	333	396	471	496	549	556	598
—— 比例(%)	7.9	8.9	10.6	11.6	13.1	13.4	14.6	14.4	15.1	15.8	16.9	19.1	19.7	20.9	19.7	19.9

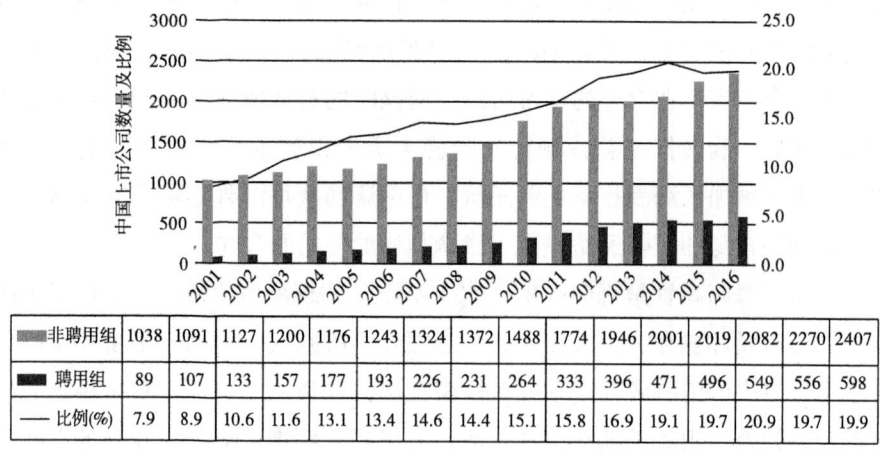

图2－1 2001—2016年中国上市公司聘用海归高管的年份分布

（2）聘用海归高管的上市公司的行业分布

图2－2列示了2001—2016年聘用海归高管的中国上市公司的行业分布。从图中可知，金融行业聘用海归高管的比例最高，为29.5%；其次为信

息传播、软件和信息技术服务业，比例为26.3%；第三为教育行业，比例为21.2%。聘用海归高管比例偏低的三个行业分别为：电力、热力、燃气及水生产和供应业（8.4%）、水利、环境和公共设施管理业（8.9%）、采矿业（9.7%）。以上统计结果说明，不同类型行业对海归高管的需求存在一定的差异，创新型行业更倾向于聘用具有海外背景的高管，而传统的工业企业对此类人才的需求偏低。

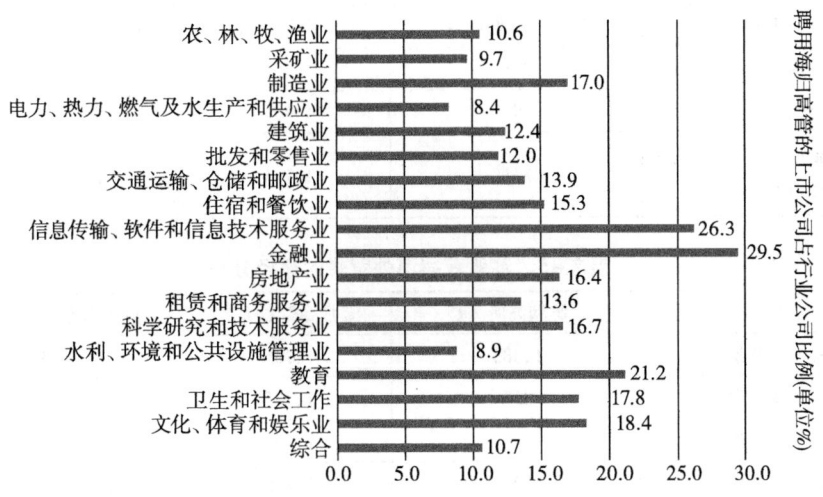

图2-2　2001—2016年聘用海归高管的上市公司的行业分布

（3）海归高管在上市公司所担任职务的分布

表2-4列示了海归高管在上市公司中所担任职务的分布情况。在2001—2016年中，所有A股上市公司共聘请了1705名海归高管，其中，22.17%担任了总经理职位，58.42%担任了副总经理职位，说明海归高管担任高级职务的比例较高，在企业中比较受重视。另外，有19.41%的海归高管担任了除总经理、副总经理之外的其他职务，包括财务总监、营销总监、销售总监、技术总监、行政总监、首席科学家、首席风险官、首席战略官、人力资源总监、质量总监、投资总监等。

（4）高管获得海外背景的途径分布

表2-5列示了高管获得海外背景的途径分布。具体分为海外学习背景、海外工作背景和具有外国国籍三大类，三类中存在交叉的情况。从表中可知：海外学习是高管获得海外背景的最主要途径，约81.11%的高管具备海

外学习背景，其中13.90%在海外获得学士学位、46.28%获得硕士学位、11.44%获得博士学位，还有9.50%的高管曾在海外担任访问学者或接受长期培训；43.23%的高管具备海外工作经验；另有27.92%的高管具有外国国籍，这部分高管既包括出生时就是外国国籍的人士，又包括原先为中国国籍，在海外求学、工作多年获得外国国籍的华人。

表2-4 海归高管在上市公司所担任职务的分布

职务类型	担任该职务海归高管人数	海归高管总人数	占所有海归高管的比例
总经理	378	1,705	22.17%
副总经理	996	1,705	58.42%
仅担任除总经理和副总经理外的其他职务	331	1,705	19.41%

表2-5 高管获得海外背景的途径分布

海外背景类型	该类型高管人数	海归高管总人数	占所有海归高管之比
海外学习背景	1,383	1,705	81.11%
其中：获得学士学位	237	1,705	13.90%
获得硕士学位	789	1,705	46.28%
获得博士学位	195	1,705	11.44%
海外访问学者、长期培训	162	1,705	9.50%
海外工作背景	737	1,705	43.23%
具有外国国籍	476	1,705	27.92%

注：(1) 海外学习背景、工作背景和具有外国国籍存在交叉的情况；(2) 如果高管在海外取得多种学历，则取最高水平学历计算；(3) 资料来源：作者根据上市公司年报中的高管简历手工收集并整理。

(5) 高管获得海外背景的国家或地区分布

表2-6报告了高管获得海外背景的国家或地区分布。从表中可以看出，美国是我国上市公司高管海外背景来源最多的国家，在美国留学、工作或有美国国籍的高管有607人；其次是中国香港地区，有239名高管拥有在香港地区读书、工作等的背景；在高管获得海外背景的国家和地区中，按人数排名第3至第12位的分别为英国、加拿大、中国台湾、澳大利亚、日本、新加坡、德国、法国、中国澳门和荷兰，这说明我国上市公司高管的海外背景

获取地主要偏向经济发展程度较高的国家或地区。

表 2-6 高管获得海外背景的国家或地区分布

序号	海外背景国家或地区	高管人数	序号	海外背景国家或地区	高管人数	序号	海外背景国家或地区	高管人数
1	美国	607	5	中国台湾	124	9	德国	55
2	中国香港	239	6	澳大利亚	105	10	法国	48
3	英国	221	7	日本	96	11	中国澳门	47
4	加拿大	132	8	新加坡	88	12	荷兰	25

资料来源：作者根据上市公司年报中的高管简历手工收集并整理；一位高管可能拥有多个国家或地区的海外背景，在统计海外背景获取国家和地区时，则重复计算；本表只列示了高管海外背景获取地排名前十二的国家或地区，其余未予列示。

2.2 理论基础

本节阐述在本研究中应用到的相关理论，为全文奠定理论基础。首先，本研究在探讨高管海外背景特征的经济后果时主要应用三种理论，分别是委托代理理论、高阶梯队理论和行为经济学理论。委托代理理论强调高管的理性人特征，关注高管的完全理性特征与经济人属性；高阶梯队理论强调高管的有限理性特征，认为高管会依据自身的认知基础和价值观念进行决策；行为经济学理论强调高管的非理性特征，关注高管的心理因素与行为特征对其决策的影响。其次，本研究在探讨上市公司聘用海归高管的市场反应时基于信号传递理论，认为聘用海归高管能向外界传递企业重视人才、善用人才的积极信号，从而赢得投资者的关注和支持。

2.2.1 委托代理理论

委托代理理论考察高管的理性人特征和经济人属性对企业行为的影响。代理人（高管）是理性决策的行为主体，会充分追求个人利益（包括薪酬、权力和声誉等）的最优解，而非依据委托人（股东）利益最大化。Jensen & Meckling (1976) 将委托代理关系定义为一种契约机制，在这种契约之下，委托人因成本过高或过于复杂而无法亲自管理，委托人雇佣代理人以他们的立场行事，并将部分决策权授予代理人。代理理论成立的基本前提是委托代理双方均为理性决策的主体，均追求自身效用的最大化，但由于信息不对称的存在以及代理人的自利性特征，代理人并不总以委托人的利益最大化为决策目标，而是追求个人闲暇与特权，代理问题由此产生（Agrawal & Knoeber，1996）。在股东与管理者的委托代理关系中会产生道德风险与逆向选择问题。代理问题的根源和实质在于所有权和经营权的分离，股东拥有公司所有权，管理者通常只拥有经营权而无索取权，这就导致经理人的行为偏离了股东回报最大化的目标，产生了代理冲突。

代理理论关注的重点在于如何协调委托人与代理人之间的契约关系，以及探讨如何制定对委托人而言最有效的契约。代理理论认为，股东可以采取一系列治理机制来监督经理层，使得委托人和代理人的利益趋于一致，以确保经理层以股东利益最大化为目标。具体到现代公司经营管理中，可以采取的内部治理机制包括管理层薪酬契约激励制度、董事会监督、监事会制度等，外部治理机制包括外部审计师、监管机构、媒体和证券分析师等。

在企业风险承担决策中也存在着严重的委托代理问题。依据委托代理理论，在企业风险承担决策中，高管的决策动机并非是股东价值的最大化，而更多的是进行个人收益与成本的权衡。具体而言，从收益角度，选择高风险的投融资项目可能为企业带来超额回报，成功的投资项目也会为管理者带来正面的声誉与社会影响力，管理层也更有可能因控制更多的企业资源攫取私人收益，从建立经理人帝国这一目标出发，高管可能会倾向于主动承担风险。但是，从成本角度，高风险投融资项目会在很大程度上增加高管的工作时间和工作压力，并且较高的风险承担水平使得企业未来业绩的不确定性增加。如果企业因此陷入现金流短缺、经营不善甚至是破产境地时，高管不仅无法获得预期的薪酬回报，甚至还可能面临被解雇的危机、损害高管职业生涯稳定性和在劳动力市场的声誉，造成管理层人力资本价值下降、工作转换成本增加等负面影响。

2.2.2 高阶梯队理论

不同于委托代理理论，高阶梯队理论认为管理者是有限理性的。March & Simon早在1958年就注意到人的有限理性与企业目标之间存在一定矛盾，企业管理者很难做出经济学意义上的完全理性决策。Hambrick & Mason在1984年正式提出高阶梯队理论（Upper Echelons Theory），又称"高层梯队理论"，并逐渐得到学术界的认可。他们认为在特定公司情境下，高管的认知能力和行为判断具有局限性，具体体现在处理信息的几个阶段：在信息获取阶段，决策者的认知范围具有局限性，决策者无法观察到企业内外部环境的方方面面，高管只能从有限的渠道获得企业生产运作信息，并基于已有的认知范围进行决策；在信息加工的过程中，即使在观察范围内的现象，高管也只能做出主观性的、有选择性的吸收，因而对于备选方案的认知可能存在一定偏差；在信息输出和反馈时，决策者依据个人主体偏好进行了信息筛选和过滤，高管已有的知识结构决定了其对于相关信息的解释力。

因此，受到个人视野和选择性知觉的限制，管理者会依据自身的认知模式和价值观念进行战略选择，这将最终影响企业绩效（Hambrick & Mason，1984），因而企业在一定程度上是高层管理者的反映体。从直观来看，虽然高管的心理因素能够解释高管行为，但是高管的认知模式、价值观念和心理特征复杂且难以量化。部分学者试图采用心理测试的方式来捕捉高管的内在想法，但是大多数高管并不愿意接受心理测试，且个体在心理测试情境下的决策机制并不完全等同于商业实践。因此，学术界只能将高管人口统计学方面的可观测特征作为其认知结构和价值观念的代理变量，用于解释高管的决策和公司行为。综上所述，从理论角度，人口统计学特征可以有效成为高管认知模式及行为选择的替代指标，进而阐释企业战略和企业绩效表现。高阶梯队理论视角下的高管战略选择模型如图2-3所示。

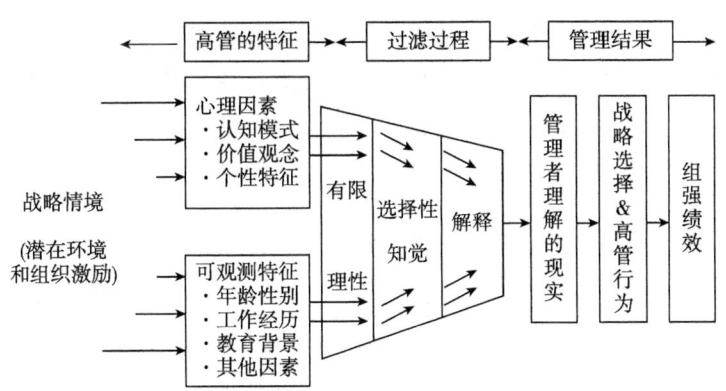

图2-3　高阶梯队理论：高管有限理性下的战略选择

资料来源：Smith K. G. and Hitt M. A. (Eds). Great minds in Management, Oxford University Press, 2005. P. 113.

高阶梯队理论的基本观点是高管的人口统计学特征能够有效解释企业的战略决策和企业绩效。学术界常用的人口统计学特征包括高管的年龄、性别、种族、任期、职业经历、教育背景、财务自由度、社会经济地位、群体差异性等。虽然这些指标难以全面衡量高管的特征，但还是能在一定程度上反映高管的认知观念和价值取向。这些个人特质会通过影响高管的价值观和风险偏好间接影响他们的行为选择，进而作用于企业战略决策和企业价值。高阶梯队理论改变了前人研究中只关注高管个人的研究范式，开启了基于高管团队整体范畴的研究视角。

在高阶梯队理论的后续拓展性研究中，Hambrick指出高管团队特征与企业绩效的真正因果关系可能受到中间过程变量的影响，在中间过程的"黑箱"未被完全打开的情况下，实证研究会得出不一致的结论。Hambrick等人在1994年对高阶梯队理论模型进行了进一步修正，探索高管团队背景特征的影响路径和作用情境，提出了高管团队行为整合的概念，进一步发展形成综合性的理论概念体系（Cho et al., 1994）。

依据高阶梯队理论，如果高管拥有在海外的工作经验或学习背景，这种经历将会影响他们的认知能力和行为选择，最终影响企业风险决策。在企业经营中时常遇到不确定的竞争环境，由于信息不对称，高管无法获知全方位的信息，依据高阶梯队理论，高管只能基于已有价值观念进行有限理性决策。海外的长期生活经历使得高管潜移默化地受到海外文化的熏陶，更加崇尚个人主义的价值观，更容易依靠自己的主观判断进行决策，较为强势地发表自己的观点和见解，因而海归高管的风险承担意识可能更强。

2.2.3 行为经济学理论

行为经济学理论强调高管的非理性特征对企业决策的影响。心理学的大量实验数据表明，人的决策经常表现出非理性特征，常常在不同时点针对同一问题做出相互矛盾的选择（Kahneman, 2003）。因此，行为经济学研究尝试依据心理学的研究成果对传统经济学理论中的理性人假设进行修正，将高管的非理性因素等复杂心理活动融入标准的经济学理论中。随着行为经济学和心理学的发展和在财务学领域的应用，高管的理性人假设被进一步放松，管理者的个人经历和特征对企业决策的影响这一研究领域也逐渐引起了学者的广泛关注。

常见的高管非理性心理包括过度自信、锚定效应等。心理学和社会学研究表明，人们普遍存在过度自信的认知偏误，即过分相信自己的主观判断能力，把成功的事件完全归功于自身能力，较少考虑偶然性因素和外界力量的影响（Wolosin et al., 1973）。过度自信现象在企业管理中也较为普遍，过度自信的管理者倾向于进行非理性投资、盲目发起有损于企业价值的并购活动等（Malmendier & Tate，2005、2008）。锚定效应是指在不确定的情境下，个体在判断和决策过程中会优先以最先呈现的信息作为参照进行估计，使得最后的估计结果趋近于最初的锚定值（Tversky & Kahneman, 1974），锚定效应表明过去相似的情境选择结果会对当前决策产生影响。

海外背景是个人具备高能力的象征和标志。在中国政府大力引进海归人才的宏观背景下，拥有海外经历的高管在中国劳动力市场和资本市场均具有"明星效应"，上市公司不惜以重金聘请此类高端人才。在此情境下，海归高管可能产生过度自信的非理性心理，倾向于高估自身能力而低估决策过程中的潜在风险，进而提升了企业风险承担水平。

2.2.4 信号传递理论

信号传递理论（Singaling Theory）是信息经济学的重要理论。信号传递理论的核心思想是，由于市场经济活动中的参与者拥有的信息量是不同的，产生了信息不对称的问题，部分参与者为了将自己与他人区别开来，会采取一系列行动以向市场释放信号。信号传递中涉及的三要素为信号、信号传递者和信号接收者。其中，信号是信息的载体以及运载信息的工具，也是信号传递理论的核心。信号的有效性依赖于两个前提条件，分别是可选择性和不易模仿性，说明用作信号的信息须为非强制性披露内容，且低质量公司不易模仿该信号传递行为。

信号传递理论最早可以追溯于 Spence（1973）关于经典招聘模型的论述。由于招聘者与求职者双方存在信息不对称现象，为避免才华被隐藏以及在入职后受到不公正待遇，求职者会将教育背景等信息作为有价值的信号主动传递给招聘者，进而降低信息获取成本。此后，信号传递理论被广泛应用于公司金融、市场营销、组织管理等领域。例如，在公司金融领域，由于在资本市场中存在信息不对称问题，部分企业为了彰显自身的与众不同之处，倾向于向利益相关者释放积极信号，进而达到降低融资成本的目的。常见的信号包括较高的股利支付率、积极践行社会责任、聘请高质量的审计师进行年报审计等。再如，在激烈的产品市场竞争中，企业如何将优质的产品和服务信息传递给消费者，进而影响他们的购买意图是市场营销学研究的重要内容。企业可以通过新产品发布会等形式向消费者主动传递信号，帮助消费者做出判断和决策。

在组织管理中，由于外界投资者和公司内部存在较为严重的信息不对称性，高管团队的特征以及构成被认为是企业向外界传递竞争优势的重要信号。高管团队的性别构成、教育背景、社会声誉、气质形象等均能成为有益信号，向外界传递信息，帮助企业获得竞争优势。海外背景是人力资本的重要象征，在中国现有的劳动力市场中，具备海外背景的管理者属于高端人才和稀缺资源。企业积极聘用海归高管能够向资本市场传递出企业重视人才、善用人才的积极信号，有助于赢得投资者的关注和支持，并最终提升企业价值。

第 3 章 文献综述

本章首先对与本研究密切相关的文献进行研读和梳理，具体包括高管背景特征、企业创新、企业风险承担、企业社会责任、股价崩盘风险和企业价值等方面；其次在文献回顾的基础上，对已有研究进行评述，结合中国实践和研究现状，总结现有文献的主要特点和未来研究机会，为本研究提供文献支撑。

3.1 高管背景特征

高管特征是公司治理的重要研究领域，从高管异质性视角探究对企业决策的影响也是近年来公司治理和公司金融领域的热点话题。深入分析不同特征高管的作用差异能够帮助我们理解企业决策机制，为选聘高层管理者和改善公司治理结构提供参考价值。本节分别从高管性别特征、高管年龄特征、高管职业经历、高管海外背景特征、高管其他经历等方面对该研究领域的重要成果进行梳理和述评。

3.1.1 高管性别特征

性别是高管之间较为明显的特征差异，已有行为经济学和心理学的文献发现女性管理者在思维方式、风险偏好、管理风格、社会责任感等方面与男性管理者存在差别，因而高管性别对公司财务行为的影响逐渐引起学术界的重视。女性的风险厌恶心理更强，更不容易产生过度自信心理（Barber & Odean, 2001），因而投资决策的谨慎性较高、财务报告的稳健性程度也较高（Francis et al., 2015），平均而言女性高管领导的企业更容易在行业中存活下来（Boden & Nucci, 2000）。女性董事在公司治理中的参与度和积极性较高，他们更不容易缺席董事会会议（Adams & Ferreira, 2009），Miriam

(2017)发现男性董事和女性董事参会人数均大于三人时,董事会会议的活跃度更高,这一现象主要归功于女性董事的积极参与。女性高管更具道德责任感,参与企业慈善捐赠活动的意愿更强(Williams,2003)。然而,已有文献在高管性别与企业价值的相关性方面并未得出一致结论(周泽将等,2012)。部分文献认为多元化背景高管的聘用能够为企业提供有价值的资源,女性高管能够提升企业价值,因而欧洲一些国家(如瑞典、挪威、西班牙等)对女性高管的聘用提出了强制性要求[①];相反,也有文献认为女性董事的过度监管削弱了企业价值(Adams & Ferreira,2009)。

3.1.2 高管年龄特征

年龄特征反映了高管经历的经济、文化、教育环境,代表着管理者的人生阅历和风险偏好。不同年龄段的高管处理问题的方式不同,对企业的影响也不尽相同。一方面,年龄的增加代表高管阅历的增长,高管行业经验和社会网络资源更为丰富,能够应对公司经营中的挑战和困难。另一方面,随着年龄的增大,高管的知识结构无法同步于技术和工艺的革新,不断变化的环境使得他们接受新鲜事物的难度更大,变通能力也逐步降低(Taylor,1975),对变化的抵触情绪更为明显。此外,年龄较大的高管对个人声誉和工作稳定性更为看重,不愿意离经叛道进而毁坏长期积累的声誉和名望,更愿意享受宁静的生活,追求工作的平稳过渡,因而在决策中更为保守,更倾向于风险规避(Hambrick,2007)。Masulis et al.(2017)发现年龄制约了独立董事的监督能力,超过65岁的独立董事缺席董事会会议的次数更多,公司经理人的薪酬业绩敏感性更低,公司的业绩表现也更差。

3.1.3 高管职业经历

上市公司高管往往拥有较为丰富的职业经历,拥有不同职业经历的高管个体之间有人力资本和社会资本的差异,具体表现在认知能力、工作方式和管理经验等多个维度。高管个体间的差异性能够对企业决策产生影响,因而高管的职业背景特征成为研究企业战略决策的重要切入点。特定

---

① 瑞典规定女性董事比例不应低于25%,挪威在2008年1月之后要求女性董事须达到40%,西班牙也要求女性董事聘用比例高于15%(Adams & Ferreira,2009)。

领域的长期任职经历会使高管具备该领域的专业知识和认知能力，因而在信息解读和决策判断中享有优势。已有文献已经基于高管的从政经历、从军经历、财务经历、学术经历、法律背景、金融背景等方面探讨了高管职业经历对企业决策的影响。本节主要针对高管职业经历的文献进行回顾和评述。

（1）高管从政经历

拥有从政经历的高管能够向企业提供政治资源。Goldman（2013）采用美国样本检验发现，拥有政治联系的高管能够影响企业获得的政府采购订单数量，当政治关联高管与执政党联系紧密时，企业获得的政府采购订单显著增加；当政治关联高管与在野党关系紧密时，企业的政府采购订单数量显著减少。在中国转轨经济背景下，政治资源能为企业带来诸多特权和优惠，例如税收优惠、信贷支持、土地配额、财政补贴等，特别是对于民营企业。为了建立政治联系、寻求政治庇护，民营企业或邀请退休的政府官员到企业担任高管或顾问职务，以发挥余热之名行寻租之实，或凭借突出的税收贡献使本企业的高管进入各级人大、政协等政府机构任职，通过参政议政为企业谋取经济实惠（杜兴强等，2010）。

然而，聘用拥有从政经历的高管对企业绩效影响的研究未能形成一致的结论。Wang（2015）采用中国上市公司数据发现，聘请拥有官员背景的独立董事能够提升民营企业的业绩，原因在于官员独董更擅长与政府沟通，能够为企业带来融资便利与政府补贴，但是该影响在国有企业中并不显著。Fan et al.（2007）基于790家新上市中国公司样本，发现具有政治联系的CEO所在公司上市后绩效表现显著更差，无论是在会计业绩还是股票收益率方面均低于不具备政治联系的CEO公司。此外，叶青等（2016）基于中组部2013年10月印发的《关于进一步规范党政领导干部在企业兼职（任职）问题的意见》的外生事件，发现官员独董辞职公告发布之后，聘用官员独董的上市公司市值下跌幅度超过了2%，原因在于官员独董在职期间能为公司带来税收优惠和政府补助等公共资源。邵新建等（2016）基于相同的研究场景，发现当上市公司属于政府干预度较高的行业、地理位置上属于官员独董关系网能够覆盖的区域时，官员独董就能为企业带来更高的价值。

(2) 高管从军经历

早期心理学研究发现高管从军经历能够磨砺人的意志，高强度的军事训练能塑造军人坚毅的品格和强大的心理承受能力（Elder，1986；Elder & Clipp，1989），因此拥有从军经历的高管具有鲜明的管理风格。然而，已有关于高管从军经历的研究得出了两种截然不同的结论。

一方面，军事化管理使得拥有从军经历的高管更具组织纪律性，军人以服从命令为天职，因而更具团队意识和道德观念，在行为决策上更加保守和稳重，但在危机来临时的应变能力更强。Benmelech & Frydman（2015）基于美国的研究样本发现拥有从军经历的 CEO 较少从事舞弊行为，在行业低迷时能带领企业创造更好的绩效，然而在财务决策中更为保守，企业的资本性支出和研发投入较少，企业财务杠杆也较低。但是，他们的研究并未发现从军经历对企业并购和股利分配具有显著影响。Xie & Hao（2017）基于中国的研究样本也发现拥有从军经历的高管在企业社会责任方面的表现更为突出，主要体现在对员工、客户以及供应商权利的维护，同时，他们更少从事盈余管理活动，进而提升了企业财务绩效。罗进辉等（2017）从研发投资角度，发现军人高管在研发投资决策中更为保守，反映出军人性格的谨慎性。

另一方面，从军经历赋予了高管热爱冒险的品质和不屈不挠的精神，塑造了高管临危不惧的意志和决断的魄力。因而，有从军经历的高管可能更加过度自信和偏好风险（Killgore et al.，2008），倾向于将有限的资源投入到不确定性较高的计划中。Malmendier et al.（2011）和赖黎等（2016）均发现，拥有从军经历的管理者的决策更加激进，企业的负债水平更高、现金持有水平更低、财务风险更大。赖黎等（2017）基于企业并购策略视角，发现拥有从军经历的高管并购偏好较强，所在企业的并购风险更大，并购绩效也更为优异，这种影响在董事长拥有从军经历时更为突出。

(3) 高管财务经历

财务经历是专业性程度较高的背景特征之一。拥有财务经历的高管接受过专业化训练，拥有较为深厚的财会理论功底和较为出色的财务专业知识。他们更能领会财务决策对于企业价值的重要意义，能够在资本结构配置、资本市场运作等方面为公司提供专业化的财务建议，为企业争取更多的金融借款并对资金使用进行严格监督。Yun & Shin（2004）、胡奕明和唐松莲

(2008)基于加拿大和中国的研究数据均发现,董事会中拥有会计或财务背景的独立董事所占比例越高,企业盈余管理程度越弱、盈余质量越高。拥有财务背景的董事降低了公司的财务重述行为(Agrawal & Chadha, 2005),提高了盈余信息的价值相关性(Huang et al., 2016),使得公司获得了良好的信用纪录,公司的整体负债率也有所降低(Byrd & Mizruchi, 2005)。叶康涛等(2011)基于中国独立董事针对议案投票的独特数据,发现具有财务背景的独立董事更有能力对董事会议案提出公开质疑,原因在于董事会提案中涉及定期报告、关联交易和投融资决策等,使用财务背景知识的机会较多。姜付秀和黄继承(2013)以企业 CEO 变更事件为样本,使用双重差分模型检验 CEO 的财务经历对企业资本结构的影响,发现 CEO 财务经历使得企业财务决策效率更高,具体表现在负债融资比例的增加、资本结构动态调整速度的加快、企业资本结构趋近目标程度等方面。姜付秀等(2016 a、2016 b)分别研究了企业信息对外发布者——董秘的财务经历对企业融资约束和盈余信息含量的影响。研究结论表明,董秘财务经历通过降低信息不对称缓解了企业的融资约束水平,拥有财务背景董秘的公司投资现金流敏感性更低,且该影响随着董秘从事财务工作时间的延长而增加;董秘财务经历增加了企业的盈余信息含量(盈余反应系数更大),信息披露质量较高,并且降低了企业的融资成本。还有研究关注独立董事的财务经历,发现实务界会计独立董事能够从事前、事中和事后各个阶段监督控股股东的掏空行为(王凯,2016)。

(4)高管学术经历

高管学术经历是指高管曾经在高校或科研院所任职、曾从事学术研究工作。学术经历在一定程度上代表高管经过科学严谨的学术训练,具有较为扎实和系统的理论功底,拥有较为严密的逻辑思维能力和科学研究方法,在逻辑推断中可能更为保守和谨慎。同时,植根于中国传统儒家文化,"师者"是道德典范与道德楷模,拥有学术经历的高管自律性意识更强,对自我的诚信约束和道德要求标准更严格,声誉较高。周楷唐等(2017)以我国沪深 A 股 2008 年至 2014 年上市公司为样本,检验高管学术经历对债务融资成本的影响。研究发现,高管学术经历平均降低了企业约 6.4% 的债务融资成本,其影响途径为降低公司盈余操控水平、提高会计稳健性、降低企业的信息风险和债务风险。他们认为，企业聘请具有学术背景的高管是我国改革开放带来"文人下海"的独特现象，对高管学术经历的经济后果研究有助于理解我国经济发展与企业管理问题。

（5）高管法律背景

对于具有法律背景的高管的研究主要集中在上市公司聘用法律背景的独立董事的动因及经济后果方面。相比于非上市公司，上市公司在关联交易、信息披露、股份回购等各方面受到非常严格的法律约束，公司面临的法律风险较高。何威风和刘巍（2017）认为，我国上市公司倾向于聘请具有法律背景的独立董事的原因在于发挥其咨询职能，而非监督职能。具有法律背景的独立董事能够运用自身专业知识应对公司日益增长的法律风险、帮助企业适应法制规范要求、为企业提供更加合规的法律建议。何威风和刘巍（2017）的研究发现，当上市公司面临较多的法律诉讼、股权转让和资产收购活动时，聘请具有法律背景独董的意愿更强。此外，具有法律背景的独立董事能够发挥良好的公司治理作用，能够降低企业违规行为的发生概率（全怡和姚振晔，2015）、抑制高管的职务犯罪（全怡和陈冬华，2017）、并强化企业对中小投资者的法律保护（唐建新和程晓彤，2018）。

（6）高管金融背景

拥有金融背景的高管往往掌握出色的金融市场知识，具备较强的风险管理能力，能为企业提供金融业务的咨询建议。高管的金融背景具体包括银行背景和证券背景等。

首先，在高管的银行背景方面，国外有关高管的银行背景是否能改善上市公司信贷情况的研究尚未达成一致结论。Byrd & Mizruchi（2005）认为具有商业银行背景的董事可能限制企业信贷资源的获取，当具有银行背景的董事曾经任职的银行与现在任职的企业存在借贷关系时，银行背景董事将更多履行监督者角色，会降低企业的债务融资比例。相反，Güner et al.（2008）发现具有银行背景的董事加入之后虽然显著提高了企业的债务融资比率、缓解了企业的融资约束，但当企业面临财务危机时，银行背景董事对企业负债融资并未有改善。

中国金融市场化程度较低，企业融资渠道有限，银行借款是企业获取外部资金的重要途径，且民营企业面临较严重的融资约束。在此宏观背景下，聘请具有银行工作背景的人士以建立金融关联，对民营企业摆脱融资困境、缓解融资约束具有一定价值。具体来说，通过聘请具有银行背景的董事有助于企业与金融机构建立社会联系，这类高管的社会网络资源使企业更容易获得长期借款，邓建平和曾勇（2011）发现上述影响在金融生态环境较差的地区更为显著。刘浩等（2012）基于案例研究和实证研究方法，发现企业聘用具有银行背景的独立董事能够显著改善企业信贷融资状况，特别是在银根紧缩时期和金融市场不发达地区。李文贵和邵毅平（2016）发现高管的银行背景促进上市公司做出更优的现金持有决策，具体表现为更低的现金持有水平和较快的现金持有调整速度。

其次，在高管的证券背景方面，何贤杰等（2014）发现上市公司聘请具有证券背景的独立董事后，券商自营机构的基金经理和证券分析师等可以凭借与这类独立董事的私人关系获取信息优势，进而增加对此类公司的持股比例，这种影响在信息透明度较低的公司更为显著。这一结果表明，具有证券背景的独立董事的聘请削弱了市场公平披露规则，使得部分投资者的信息优势地位较为突出，该研究对监管部门建立公平有序的资本市场环境具有借鉴意义。

3.1.4 高管海外背景

基于海外背景特征视角探究高管行为是学术界较为新兴的研究话题，但基于西方发达国家背景和新兴市场国家制度背景的研究结论并不一致。Masulis et al.（2012）基于美国市场的研究发现，海外独立董事虽然能够帮助公司解决跨国并购中的文化障碍，发挥一定的咨询职能，但是他们在董事会中的参会频率显著更低，所在企业的 CEO 薪酬业绩敏感性更低、企业财务错报的概率更高、业绩表现也更差，说明拥有海外背景的独立董事带来了负面的监督效应，对公司经营绩效和公司治理监督的净效应为负。Piekkari et al.（2015）从聘用多样化国籍的董事带来的公司工作语言变迁视角，探究海外背景董事对企业文化和决策的影响，基于九家跨国公司的多案例研究发现，外籍董事的加入使得企业工作语言转为英语，增加了本国高管在董事会中发表意见的难度，对公司治理有负面影响。

与发达国家高管海外背景的负面作用不同，对于新兴市场国家而言，海归高管一般在经济发展程度更高、投资者法律保护制度更为健全的国家留学或工作。他们掌握先进的科学文化知识和管理经验，具备国际化的视野和社会网络资源，其中一部分海归高管还是自主知识产权的拥有者，这种"人才回流"现象能够为新兴市场国家带来较大利益。高管海外背景与已有文献中的教育背景存在一定的联系，但是它们之间也存在明显的差异：高管教育背景（获得较高的学历学位）主要是高管个人能力的体现，而高管海外背景侧重于人生经历对认知能力和个人特质的塑造。在中国全方位海归人才引进政策的宏观背景下，研究高管海外背景特征对中国企业的影响具有鲜明的时代意义。近几年来，已有一些优秀学者开始尝试研究该领域，成果见诸国内外著名期刊。

立足中国的研究场景，现有文献发现高管海外背景对技术革新、投资效率、审计师选择等方面具有影响。罗思平和于永达（2012）基于1998年至2008年806家中国光伏企业样本，利用企业与光伏相关的专利申请量来衡量技术革新能力，发现企业家的海外经验有助于促进企业采用先进的生产技术，且对周边企业的创新能力具有溢出效应。该研究是国内首次采用定量方法从企业层面探究海归人才对企业技术创新影响的文献，但是由于光伏产业属于国家高度重视的新兴产业，光伏行业数据的特殊性使得该研究结论是否能在各行业中具有推广价值尚需进一步实证检验。Giannetti et al.（2015）以中国1999年至2009年上市公司为样本进行实证研究，发现董事的海外背景能够显著提升企业绩效，影响路径包括三个方面：第一，从咨询职能视角，董事的海外背景能够为企业带来世界一流的管理经验，提升企业的生产效率；第二，海归董事在海外的社会网络资源便于企业进行海外并购和海外融资；第三，从监督职能视角，海归董事与国内的联系较弱，会将更多的精力投身于完善公司治理机制中，而不是取悦政府官员或向政府进行寻租。代昀昊和孔东民（2017）采用Richardson（2006）的投资效率模型，发现高管海外经历对企业投资效率具有提升作用，这种投资效率的改善主要体现在抑制投资过度，但对投资不足没有明显改善作用，且该影响在中央国企中最为显著。在企业国际化战略履行方面，许家云和孙文娜（2017）发现CEO的海外留学经历通过降低交易成本和促进技术进步，提高了企业的对外出口概率、强度、产品范围和出口产品质量；周泽将等（2017）发现具有海外背景的董事与企业海外销售强度（即海外销售收入占销售总收入的比例）显著正相关，说明海归董事促进了企业国际化战略的实施。另外，王裕和任杰（2016）以及叶康涛等（2017）分别基于委托代理观和认知局限观，探究独立董事的海外背景对审计师选择的影响，发现具有海外背景的独立董事更倾向于聘请国际"四大"会计师事务所进行年报审计，也更容易获得标准无保留审计意见。

3.1.5 高管其他特征

高管能力结构也引发学者关注，已有研究发现拥有复合型职业背景的高管更具职业胜任能力。基于企业并购视角，许言等（2017）利用构造的 CEO 通才指数，同时考虑 CEO 经历的职位数、企业数、省份数、行业数以及兼任其他公司的职位数量这五个维度，发现通才型 CEO 比专才型 CEO 发起的并购频率更高、并购绩效更好。Custódio et al.（2017）和赵子夜等（2018）均发现通才型高管凭借自身能力提升了企业创新效率，具体表现为研发支出的增加和专利质量的提高，且该效应在公司经营的行业和地域跨度较大时更为显著。Custódio et al.（2013）还从高管薪酬角度比较能力结构对于高管薪酬的提升效应，发现通才技能有助于提升高管的个体报酬，说明高管能力越全面，越能在劳动力市场形成人力资本溢价。

高管的地理属性也会影响其职能的发挥，特别是异地独立董事因交通和时间的因素缺席董事会会议会影响其监督效力。罗进辉等（2017）发现独立董事地理距离与代理成本呈现 U 型关系，太远或太近都不利于独董监督职能的发挥，且该影响因企业产权性质和外部治理环境存在强弱差异。孙亮和刘春（2014）发现上市公司聘请异地独立董事的原因在于弱化监督职能和强化咨询职能，民营企业因强化咨询聘请异地独董的需求更大，市场化程度较高地区因弱化监督聘请异地独董的动机更强。异地独立董事的聘用导致公司更为严重的过度投资，并由此降低了企业价值（曹春方和林雁，2017）。

3.2 企业创新

企业创新是经济发展的重要推动力（Solow，1957；Romer，1986），也是企业获取竞争优势的关键手段（Nelson & Winter，1985；Baer，2012）。根据经济合作与发展组织（OECD）2015年的报告，企业创新对国家GDP增长的贡献率接近50%。Rosenberg（2004）的研究也认为85%的国家经济增长可以归功于技术创新。一个国家若想培育出新的经济增长点，形成崭新的国际竞争优势，重点在创新，难点在创新，出路也在创新。无论是德国工业4.0计划，还是欧盟推出的2020战略，都将创新摆在至关重要的战略位置。2016年，中共中央和国务院印发了《国家创新驱动发展战略纲要》，明确提出创新驱动发展战略，认为创新驱动是引领发展的第一动力，也是国家命运所系。中共十九大报告中五十余次提到创新，尤其强调创新是建设现代化经济体系的战略支撑。鉴于企业创新在经济增长中的重要作用，越来越多的学者开始从企业内外部治理机制和高管个体特征层面探究企业创新的影响因素[1]。

（1）高管薪酬契约与激励机制

企业是经济活动的基本单元，也是科技创新的重要载体和核心力量，如何有效激励企业创新是一项极为重要的议题。与常规性投资活动不同，企业创新具有较长的周期性、高风险和高不确定性，对于失败的足够容忍度、勇于尝试的探索精神、对于创新过程的耐心是企业创新的必要条件（Holmstrom，1989）。Bhattacharya & Ritter（1983）指出，创新型企业出于战略目的以及对创新活动特殊性的考虑，只倾向于披露部分与创新活动有关信息，因而创新型企业面临的内外部信息不对称程度更大、公司价值被低估的可能性更大。所以，企业创新活动中往往存在道德风险、管理层短视以及信息透明度较低等问题。Manso（2011）认为最优创新激励契约中应包含对早期失败的高容忍以及对长期成功的高回报，为了激励代理人从事具有较高风险和长期性的创新性项目，委托人需要为其制定更加长期性的薪酬契约、提供职位保障、并对代理人的业绩予以及时沟通和反馈。如果股东希望激励经理人将更多的精力投入创新性项目，则应该推出长期性的股权激励计划和"金色

---

[1] He & Tian（2017）总结发现，金融领域前三大核心期刊（*Journal of Finance*，*Journal of Financial Economics*，*Review of Financial Studies*）在2000年至2008年仅发表了5篇以企业创新为主题的论文，但是2009年至2017年共发表了56篇创新主题的论文。

降落伞"[①] 等。以上文献为探究企业创新的激励机制提供了良好的理论框架。

高管的薪酬契约和激励机制能够显著影响管理者风格,进而影响到管理层的战略决策。由于企业创新活动具有不可预知性和长期性,如何设计薪酬方案以激励高管投入到创新活动中是一项颇具意义的研究话题。Ederer & Manso（2013）通过实验的方法证明,具有长期激励性质的薪酬方案比固定工资或标准薪酬契约更能激励企业创新。Baranchuk et al.（2014）也发现,对短期失败的高容忍与对长期成功高激励兼备的薪酬方案能够有效激励高管进行创新活动,他们将此类薪酬方案定义为"创新友好型薪酬方案",在这类方案之下,高管有更充裕的时间来行使股票期权,在潜在的收购条款中也拥有更多的保障。企业创新的强度与高管薪酬契约年限存在周期性效应。Gonzalez - Uribe & Xu（2015）以1994年至2008年期间的571位上市公司 CEO 为样本,实证研究发现当 CEO 薪酬契约中剩余年限越长时,企业越倾向于实施更具影响力、广泛而多样化的创新活动,原因在于较长的绩效考核期限使得高管不必过于担心短期业绩考核压力,使他们有更多的精力投身于企业创新活动。

企业创新的成功不仅需要 CEO 的坚定信念,也需要高管团队和全体员工的协同参与,因而对高管团队和普通员工的有效激励对企业创新同样重要。Chang et al.（2015）的研究发现,对员工进行股权激励对企业创新的数量和质量均有显著促进作用。Jia et al.（2016）检验高管团队薪酬差距对企业创新的影响,发现高管团队薪酬差距过大时,企业创新绩效较差。以上研究说明企业不仅应该重视对最高层管理者的创新激励,还应该关注高管团队薪酬差距以及对普通员工的激励,在企业中努力营造鼓励创新的文化氛围。除员工外,大股东能通过董事会发挥监督和咨询职能,进而间接影响企业创新。Balsmeier et al.（2017）发现董事会独立性的增加能够促进企业专利引用总量的增长,但是对最新科技的研发和探索未有显著影响,该结果说明董事会的投资视野能够影响高管对创新领域的关注度,但对企业尖端科技的研发并未表现出显著的促进作用。

---

① 金色降落伞(Golden parachute)是指高管在企业控制权发生变动时能够获得丰厚的辞退补偿,有利于企业控制权的平稳过渡,也被视为是反收购计划的"毒丸"之一。

（2）企业外部治理机制

企业创新作为企业关键的战略活动，除了高层管理者、员工、股东等内部利益相关者的积极投入，企业外部利益相关者的支持对于创新的成败也具有重要作用。本研究重点综述以分析师、机构投资者、债权人、供应商为代表的外部治理机制对企业创新的影响。

证券分析师在资本市场中扮演信息解读与信息传播者的角色。He & Tian（2013）以美国1993年至2005年间的上市公司为样本，发现证券分析师在企业创新决策中扮演了负面角色，原因在于证券分析师通过盈利预测等方式给企业高管施加短期业绩压力，使得企业无力投资回报周期较长的创新活动，因而证券分析师跟踪人数越多的公司，专利数量和质量越低。然而，上述结论在中国资本市场未必成立。陈钦源等（2017）基于2003年至2014年沪深A股上市公司样本，发现证券分析师的跟踪显著提升了我国企业的创新绩效，具体原因有两点：其一，由于中国企业股权集中度较高，尚未形成完善的控制权和经理人市场，高管在声誉或职业危机中的担忧均比发达资本市场更弱，证券分析师的预测对高管形成的业绩压力较小；其二，由于中国上市公司的信息透明度不高，证券分析师的信息解读和监督职能更为重要，在降低信息不对称和缓解代理问题当中的优势更为突出，因而证券分析师有助于提升我国资本市场的信息效率。

机构投资者能够影响公司治理和企业决策，因而很多学者关注不同类型的机构投资者对企业创新的影响。Aghion et al.（2013）检验了总体的机构投资者持股对企业创新绩效的影响，认为机构投资者能够发挥良好的监督作用，避免高管贪图安逸和闲暇，进而促进了企业创新。Brav et al.（2017）关注机构投资者的特定类型——对冲基金——对企业创新的影响，他们发现对冲基金显著改善了企业创新效率，表现为研发投入的下降和创新产出的增加，对冲基金影响企业的渠道为创新资源的再分配与人力资本的重新部署。Chemmanur et al.（2017）则研究机构投资者对多家被投资企业的资源整合效应，发现企业通过共同的机构投资者持股能够形成战略联盟，通过机构投资者的社会网络资源实现资源共享，进而促进了协同创新。也有研究从外资持股视角，发现境外机构投资者持股能够产生技术溢出效应，降低了企业创新的成本，进而促进了企业创新（Guadalupe et al., 2012；Luong et al., 2017）。

债权人是企业的重要利益相关者。但是与机构投资者不同,以银行为代表的债权人是被动投资者,当公司财务状况良好时,银行等债权人并不会介入公司的日常经营活动;而当企业面临债务违约风险时,企业的控制权可能从股权投资者向债权人发生转移,此时债权人更可能对企业投融资决策施加影响。Gu et al.(2018)基于债务违约视角研究银行干预对企业创新和企业价值的影响,发现银行干预对企业创新的数量有显著的负面影响,但对创新的质量无显著影响。姜军等(2017)基于中国实施《破产法》和《物权法》的准自然实验,分析债权人保护机制对企业创新的影响,发现加强债权人保护有助于增加企业正规金融形式的长期借款比例和非正式金融形式商业信用,进而促进了企业创新。

供应商—客户关系也会影响企业创新。Chu et al.(2017)发现供应商与客户的地理距离越近时,企业创新绩效越好,且这一影响在客户的创新能力越强、供应商和客户的技术创新能力差距越小、客户对供应商销售收入的比例越大时更为显著。也有文献探讨客户集中度对企业创新的影响,基于不同的研究样本得出了相反的研究结论:Krolikowski & Yuan(2017)基于美国的研究样本发现,客户集中度越高时,为维系与关键客户的良好合作关系,企业越倾向于进行更多的专用性研发投资,进而促进了企业创新;相反,吴祖光等(2017)认为在中国的情境下,客户集中度的增加会蚕食供应商利润、加剧供应商的风险,为了降低关键客户流失的成本和概率,供应商倾向于降低研发能力,他们通过中国创业板上市公司样本的实证研究验证了如上假设。

(3)高管个体特征

高管是企业经营战略的决策者,也是企业资源分配的决策主体。由于企业创新不同于常规性的生产、营销活动,对创新活动的投入能否如愿转化为有效产出具有高度的不确定性,且会计准则要求对处于研究阶段的研发支出进行费用化,对企业当期营业利润会有不利影响,因而创新决策对于高管而言具有较大的风险性。高管的心理因素、个性特征、管理风格以及薪酬契约等激励机制均会对企业创新活动的过程和结果产生重要影响,从高管个体层面综述企业创新的影响因素也是本研究的重点内容。

部分研究关注高管过度自信的心理对企业创新的影响,过度自信的管理者倾向于低估失败的可能性，更愿意投资高收益、高风险的创新性项目。Galasso & Simcoe（2011）基于1980年至1994年间的450家美国大型上市公司的样本，用尚未行权的股票期权的内在价值衡量高管过度自信水平，首次发现过度自信的CEO所在公司的专利引用数量更多，且该影响在竞争程度更高的行业更为显著。Hirshleifer et al.（2012）基于1993年至2003年美国上市公司的样本，用媒体报道数量来度量高管过度自信水平，发现过度自信的CEO对企业创新的促进作用更强，对研发活动的投资更多，企业专利的数量及引用量也更大，但该影响仅在创新型行业中显著，在非创新型行业中无此影响。易靖韬等（2015）基于中国上市公司的研究样本也发现，高管过度自信会增加企业对创新项目的投入和产出，且该影响在高新技术企业中更为显著。

高管的性格特征与能力也会对企业创新产生影响。Sunder et al.（2017）以1993年至2003年美国1200名CEO的4494个公司—年份观测值为样本，探究CEO的飞行爱好对企业创新活动的影响，发现拥有飞行执照的CEO带来了更多的专利数量及引用量，创新活动的效率更高，原因在于拥有飞行执照能够反映出高管追求新鲜体验的情感诉求与风险偏好的性格特征。Custódio et al.（2017）研究CEO的通才技能对企业创新的影响，采用1993年至2003年S&P 1500公司数据，依据高管以往的工作职位、任职公司数量、跨行业经营数量等指标构建CEO通才指数（General Ability Index）。他们的研究发现，相比于专才型CEO，通才型CEO对创新失败风险的容忍度更高，通才型CEO凭借自身的跨界经营能力，即使面对创新失败，也更容易在劳动力市场寻找到与自身能力匹配的工作，因而有效的劳动力市场为通才型CEO开展创新活动提供了良好的保障。

丰富的社会网络资源也为高管积极创新提供了信息优势和再就业保障，能够减轻高管的风险厌恶心态，促进企业创新（Faleye et al.，2014）。一方面，丰富的社会网络资源能够为高管识别、评估及抓住创新机遇提供多渠道的信息，这样的信息优势能够减轻高管的风险厌恶心理；另一方面，较强的社交网络资源能够为高管在劳动力市场的再就业提供保障，即使高管因创新失败被迫离职，也可凭借人脉资源另谋高就，这也减轻了高管在专注研发的过程中的后顾之忧。

3.3 企业风险承担

3.3.1 企业风险承担的内涵

企业风险承担（Corporate risk taking）是指企业主动选择风险性投资项目、希望获取高额投资回报并为之付出代价的意愿和倾向（Amihud & Lev, 1981; Lumpkin & Dess, 1996）。企业在经营过程中往往面临来自宏观经济状况、汇率波动、行业竞争、新产品研发等多方面的不确定性，是选择风险迎难而上，还是畏惧风险退缩不前，反映了管理层决策过程中的风险偏好。净现值法是企业选择投资项目过程中的常用方法，也是理解风险承担内涵的基本前提。在完备的资本市场，管理者只需以"净现值（NPV）=0"为临界点进行项目选择，如果管理者愿意把握更多的预期净现值为正的投资项目，则风险承担水平更高。但是，现实经济并不符合"完备市场"所需的信息完全对称以及管理者同质等假设，因而企业风险承担决策会受到内外部治理环境以及管理者异质性因素的影响。

企业合理的承担风险无论对微观企业还是宏观经济而言都具有重要的经济意义。从微观企业层面，风险承担是企业在日益激烈的市场竞争中谋求业绩增长、获取核心竞争力的关键手段，虽然企业可能因承担风险招致经营失败、甚至破产，但是没有任何企业能够在不承担风险的情况下获得成功（Nakano & Nguyen, 2012），风险承担水平的高低甚至决定着企业长期的生存和发展（Sanders & Hambrick, 2007）。从宏观经济层面，承担风险是经济发展和持续增长的不竭动力，企业承担风险能够换取高额投资回报、促进技术更新换代、加快社会资本积累并将社会生产率维持在较高的水平（Acemoglu & Zilibotti, 1997; John et al., 2008）。

早期的风险承担研究主要聚焦于银行等金融机构。由于经营性质的特殊性，承担和管理风险是金融机构的基本职能，也是它们体现自身价值和竞争力的重要表现形式。近年来，特别是在全球性金融危机之后，以一般性质企业视角的风险承担研究越发受到学术界的关注。企业是经济活动的微观主体，也是物质产品和服务的提供者。作为一种更为普遍的组织形式，以非金融类企业为主体的风险承担研究理应得到重视。

3.3.2 企业风险承担的度量

风险承担反映了企业投资决策中对于高风险性投资项目的偏好性。但是，由于学者无法精确了解各个企业在投资决策中究竟选择或者放弃了哪些项目，也很难获知每个具体项目的真实风险情况，因而在实证研究中只能选择替代指标间接反映企业的风险承担水平。已有文献中度量企业风险承担的方法主要有四类：业绩波动性指标、财务决策指标、生存可能性指标、风险投资年限指标。接下来，依次分析每一类指标的衡量方法、优势劣势及应用情境。

首先，大多数学者采用经营业绩波动性指标度量企业风险承担。高风险性项目使得企业未来投资收益的不确定性增加，进而有可能加剧业绩的波动性程度，因而业绩波动性越高代表企业风险承担水平越高。盈余波动性的测度时间段一般为三至五年。使用业绩波动性方法最具代表性和影响力的文献是John et al. (2008)，他们认为风险性投资会增加企业收益的波动性以及未来现金流的不确定性，因而收益率的波动性可以反映企业风险承担的水平。业绩是企业经营活动的结果，采用高风险投资项目必然会反映在企业的业绩当中，带来更大的业绩波动。大量的后续文献也支持了企业业绩波动性确实能够反映风险承担水平的结论，并且该指标被广泛应用于衡量风险承担（例如，Acharya et al.，2011；Boubakri et al.，2013；Faccio et al.，2011；Li et al.，2013）。

常用的业绩波动性指标包括盈余波动性、股票回报波动性、现金流波动性等，不同指标的优劣及使用情境存在一定的差异。第一，盈余波动性是衡量企业风险承担的会计指标，也是在现有学术文献度量企业风险承担时最常使用的指标。如果企业投资决策中的风险性因素较高，则未来投资收益的不确定性增加，盈余波动性也会加大。现有文献较多使用总资产收益率（ROA）和营业利润收益率（OROA）来衡量盈余水平。使用该指标的优势在于计算盈余波动性的基础数据较容易获得，应用难度较低。但是，其局限性表现在会计业绩指标容易受到管理层的人为操控，客观性相对较低。第二，股票回报波动性是衡量企业风险承担的市场指标。股票价格能够反映投资者对企业未来收益的预期，是企业内在价值的体现。如果企业选择了更多的风险性项目，由于投资者面临的信息不对称程度较高，其对企业未来收益进行准确预测的难度增加，公司股票价格的波动性也随之增加。由于中国股票市场尚不成熟，股价同步性水平位居世界前列，股票价格中不受企业控制的因素较多，因而在中国市场采用股票回报波动性度量企业风险承担水平的噪音较大。第三，企业现金流的波动性也可以用于衡量风险承担。但是，由于现金流的波动性受季节变动的影响较大，不同季节之间现金流的可比性较弱，所以采用该指标的学者较少。

其次，部分学者基于财务决策度量企业风险承担，包括资本性支出、研发支出、多元化并购、负债融资等。采用管理层财务决策指标度量企业风险承担的优点是较为直观和简单，但是单一的财务指标较难全面反映风险承担的实际水平，并且容易受到会计准则的影响。具体而言，第一，资本性支出一般是指企业发生的、涉及多个会计期间的支出。资本性支出能够良好反映企业在长期性、风险性项目的投资水平，Coles et al.（2006）、Li et al.（2013）以此衡量企业风险承担程度。第二，研发支出反映企业对于创新性生产技术和设计工艺的投资，是高风险性投资活动的代表。由于研发投资中的失败风险较高，新产品能否被消费者和市场接受的不确定性较大，因而能在一定程度上衡量企业风险承担水平。第三，并购也是企业高风险的投资行为，企业并购频率越高、非相关多元化并购次数越多时，风险承担的意愿越强烈。第四，负债比率是与企业融资密切相关的风险承担度量指标。当企业积极承担净现值为正的投资项目时，对资金的需求势必更高，这也可能促使企业选择较高规模的负债融资。但是，在中国的特殊制度背景下选用负债融资度量风险承担时，需要特别区分企业产权性质的差异。由于国有企业在信贷资源获取等方面具有绝对优势，而民营企业面临不同程度的信贷歧视，因而国有企业的负债水平相对高于民营企业，但国有企业的风险承担水平未必较高，甚至因为代理问题和政府干预，国企的风险承担水平更低。

再次，企业生存可能性也可以作为度量企业风险承担的指标。风险在某种程度上也代表损失发生的可能性。Faccio et al.（2011）认为，企业在投资决策中承担了更多的风险也意味着未来陷入财务困境或破产的可能性增加，有相当一部分的新创企业在成立后的五年内便消失了。因此，Faccio et al.（2016）以企业是否存活超过五年作为风险承担的替代指标。该指标的优点在于不受会计准则和管理层主观判断的影响,客观性较强;缺点在于它的衡量方式较为粗糙,在应用时需要结合具体的场景。

最后,还有部分学者基于风险投资年限指标度量企业风险承担。Tian & Wang (2014) 采用九年之内被风险投资者注销项目(失败项目)的加权平均投资年限度量初创企业的风险承担水平。该指标较为新颖,但是应用情境有限,只适用于有风险投资参与的初创企业,对于无风险投资参与的成熟企业则不适用。

表3-1报告了对几类风险承担度量指标的优劣势及代表性文献的整理。

表3-1 企业风险承担的度量方法

类型	度量指标	代表文献	优点	缺点
业绩波动性指标	盈余波动性	Acharya et al. (2011)、Boubakri et al. (2013)、Faccio et al. (2016)、John et al. (2008)、Li et al. (2013)	数据可得性好,较为全面和准确	容易受到管理层操控;受到我国股票市场投机行为的影响
	股票回报波动性	张敏等 (2015)		
财务决策指标	研发及资本性支出	Coles et al. (2006);Li et al. (2013)	较为简单和直观	全面性较差;指标效度不高
	并购行为	Acharya et al. (2011)		
	财务杠杆	Dong et al. (2010)		
	税收规避	Christensen et al. (2015)		
生存可能性指标	生存可能性	Faccio et al. (2016)	不受会计准则影响	较为粗略,使用情境受限
风险投资年限指标	风险投资年限	Tian & Wang (2014)	新颖	样本为初创企业,有风投背景,使用情境受限

资料来源:作者依据相关文献手工整理。

3.3.3 企业风险承担的影响因素

依据投资净现值法则,在完美的资本市场情境下,管理者应该选择投资所有净现值为正的项目,以实现股东财富的最大化。然而在现实经济环境中,受到宏观经济波动、企业异质性以及管理者个体风险偏好等多方面因素的影响,"完备资本市场"的假设很难成立。委托人与代理人之间存在严重的信息不对称和代理问题,因而企业总体风险承担决策具有复杂性,多方面因素均会对企业风险承担决策产生影响。接下来，本研究分别从宏观制度层面、微观企业层面和高管个体层面回顾对企业风险承担影响因素领域的研究。需要指出的是，由于本研究重点关注高管海外背景对企业风险承担的影响，因而在文献梳理过程中将较多的笔墨用于回顾高管个体层面因素对企业风险承担影响的文献。

(1) 宏观制度环境因素

宏观制度环境是企业投资决策的重要影响因素，也会作用于企业风险承担水平。宏观因素包括宏观经济发展水平、金融市场化程度、司法效率、产权保护等诸多方面。宏观经济的总体水平会影响到企业承担风险的倾向（Arif & Lee, 2014; Mclean & Zhao, 2014）。当宏观经济处于高增长时期，市场信心充足，银行信贷宽松，企业承担风险进行投资的意愿较高；但当宏观经济低迷或经济面临衰退风险时，银行信贷政策紧缩，企业投资面临的不确定性更高、难度更大，因而风险承担水平更低。投资者法律保护机制为企业积极承担风险提供了良好的制度保障。良好的投资者法律保护制度能降低内部人掏空的可能性，抑制利益相关者的私人利益攫取，缓解委托代理问题，并对企业风险承担产生积极促进作用（John et al., 2008; Chava & Roberts, 2008）。债权人保护制度对风险承担的影响具有两面性：一方面，债权人保护机制能够通过缓解企业融资约束，增加企业的财务杠杆率，进而提升风险承担水平；另一方面，较强的债权人保护使得企业的偿债风险增加，因债务偿还危机受到惩处的概率增加，进而抑制企业风险承担。Acharya et al. (2011) 发现，当债权人权利更强时，企业更有意愿实施多元化并购。

(2) 公司治理层面因素

从企业层面看，大量文献基于委托代理理论探讨风险承担的影响因素，特别是管理层与股东之间的第一类代理问题（Kim & Lu, 2011; 吕文栋等, 2015）。虽然风险承担行为能为企业创造价值，但是高风险的投资项目也增加了管理者的履职风险，一旦投资失败，管理者可能面临被解雇的危机，影响高管的职业声誉和人力资本积累。出于私人利益最大化考虑，管理者可能更倾向于风险较低、收益更稳定的投资项目，代理成本由此产生。在缺乏有效激励和监督的情况下，管理者通常表现出风险厌恶的特征（Malmendier & Tate, 2005）。当公司治理结构越完善，即公司的股权制衡度越高时（Attig et al.，2013；Koerniadi et al.，2013），董事会监督能力越强（Morck et al.，1988；Beasley，1996；Su & Lee，2013），对管理层的激励越充分时（Low，2009；Jiraporn et al.，2015），高管与股东之间的代理成本越低，企业风险承担的水平越高。

(3) 高管个体特征因素

以往研究公司治理机制对企业风险承担决策的影响时，均基于管理者是同质的这一前提条件，认为管理者的风险承担态度是无差异的。但在现实的经营环境中，管理者的异质性无疑是影响企业风险承担的重要因素。例如，部分管理者对于风险更加偏好，另一部分管理者则表现出强烈的风险规避倾向。因此，作为企业关键决策者，高管个体特征对企业风险承担决策具有显著的影响。

从高管个体层面研究企业风险承担的影响因素是近年来公司金融领域的热点研究话题。高管的异质性特征会影响企业承担风险的意愿，并最终影响企业风险承担水平。依据高阶梯队理论，高管的决策是有限理性的，受到个人视野和选择性知觉的局限，管理者会依据自身的认知模式和价值观念进行战略选择（Hambrick & Mason，1984），高管人口统计学方面的特征可以作为其认知结构和价值观念的代理变量。具体到企业风险承担方面，高管个体的风险偏好会影响企业承担风险的意愿，已有研究从高管的性别、年龄、个性特征、婚姻状况、早期灾害经历、政治党派等方面研究高管个体差异性对企业风险承担决策的影响。

从性别特征出发，女性高管在风险决策中比男性高管更加谨慎和保守。心理学和社会学的研究发现，由于生理和心理上的差异，以及社会文化潜移默化的影响，女性的风险规避倾向更为显著。随着女性管理者在现代企业中发挥着越来越重要的作用，高管性别对企业风险承担决策的影响逐渐受到关注。例如，Huang & Kisgen（2013）发现相比于女性高管，男性高管发起了更多的并购和债务融资，但是并购宣告日的回报却显著低于女性高管领导的公司。Faccio et al.（2016）以1999至2009年欧洲上市公司为样本，发现女性高管在风险承担决策中更为保守，女性CEO领导的公司资产负债率较低、盈余波动性更小、企业生存的概率更大，特别是当公司经历由男性CEO向女性CEO的转变时，企业风险承担水平显著下降，进而导致了更低的资本配置效率。

年龄较大的高管在投资决策中更为稳健，会对企业高风险性投资项目予以更多限制。Peltomäki et al.（2016）基于美国 S&P 1500 指数公司的实证研究发现，公司 CEO 和 CFO 的年龄越大，企业股票回报率的波动性越小，股价同步性水平越低。吕文栋等（2015）采用中国上市公司的数据也得到了相似的研究结论。

婚姻状况会显著改变高管的风险态度，已婚 CEO 的责任感更强，其决策的成本较高、失败后果会更严重，将对整个家庭的财富造成影响，因而在决策过程中表现得更为谨慎。单身的 CEO 的决策机制更为简单，他们无须背负家庭的责任和重担，在投资决策中表现得更为激进。Roussanov & Savor（2014）基于美国上市公司样本的研究发现，在控制其他公司及高管个体特征之后，单身 CEO 领导的公司的股票回报波动性比已婚 CEO 领导的公司高出 3%、投资规模高出 10%，且投资规模的差异主要表现在资本性支出、研发支出等高风险的投资类别中。为了排除潜在的高管间不可观测的个体差异性影响，Roussanov & Savor（2014）采用美国各州之间的离婚法案的差异性作为工具变量，离婚法案中对于夫妻离婚时财产分配的不同规定会显著影响高管的结婚意愿，但不会对公司风险承担造成显著影响，在采用工具变量回归之后，他们的研究结论依然成立，说明婚姻状态对风险承担决策的影响并不仅因为已婚高管和单身高管之间的固有个体差异，还有婚姻状况带来的改变。

高管的政治倾向也会影响到企业风险决策。Hutton et al.（2014）基于美国的研究发现，共和党派高管的投资决策更为稳健，由共和党人领导的企业负债水平更低、资本支出和研发支出的比重较小，采用美国 9·11 事件和 2008 年雷曼兄弟破产事件为自然实验之后，研究结论依然成立。基于税收规避决策视角，Christensen et al.（2015）的研究也发现，共和党派经理人比民主党派经理人进行了更少的企业税收规避活动，以税收规避作为风险承担的替代指标，他们的研究证明共和党派高管的风险规避倾向更为显著。

早年自然灾难经历对 CEO 风险意识的塑造具有重要影响，但该影响呈现非单调性（倒 U 型）特征，与自然灾难强度密切相关：一方面，如果高管在早年经历了适度的灾难事件，这种经历有助于塑造他们坚毅的品格，提升高管应对风险环境的信心与能力，促使其变得更为风险偏好，表现在较高的负债融资、非相关多元化并购等方面；另一方面，如果高管在早年经历非常严重的灾难经历，这些经历可能使他们的心理蒙上较为深刻的阴影，在未来执掌企业大权后做出风险性决策时的谨慎度更高（Bernile et al.，2017）。

高管从军经历也会对企业风险承担意愿产生间接影响。军队拥有严明的组织性和纪律性，能够培养高管身体力行式的领导风格以及危机中的随机应变能力。同时，军队讲究忠诚度，要求恪尽职守与无私奉献，军人的道德意识和风险精神普遍更强。Benmelech & Frydman（2015）基于高管从军经历视角研究其对企业风险承担的影响，发现拥有从军经历的 CEO 所在公司诚信度更高、卷入欺诈等违法行为的可能性更小、资本性支出和研发支出的规模较低、负债水平更低，且这类企业更能在行业低迷时拥有稳定的业绩表现。与此相反，Malmendier et al.（2011）的研究则发现，拥有从军经历的高管更容易过度自信，在企业财务决策中更加激进，负债融资水平更高。

高管的非理性心理也会对企业风险承担产生影响。传统的决策理论大多基于理性经济人假设，行为金融学则认为管理者的心理认知偏差（例如过度自信）也会影响个体的风险偏好。Li & Tang（2010）基于高阶梯队理论和行为决策理论，基于对 2790 位中国制造业企业 CEO 的调查问卷研究发现，高管过度自信与企业风险承担显著正相关，且当高管的自由裁量权更大时，过度自信心理对企业风险承担的影响更加显著。过度自信心理还有助于缓解管理层与股东间的代理问题，使得高管在企业投资决策中表现得更为自信和乐观，能促使企业更少放弃高风险的投资项目，进而强化企业的风险偏好（余明桂等，2013）。

高管最初进入职场时的整体经济环境对他们未来管理风格的塑造具有重要影响。Schoar & Zuo（2017）的研究发现，如果高管最初是在经济大萧条时期进入职场，则更可能形成保守稳健的管理风格，在未来的企业决策中更不愿意承担风险。

高管的兴趣爱好也能间接反映他们的风险偏好。Cain & McKeon（2016）的研究发现，拥有飞行驾驶执照的 CEO 的风险偏好程度更强，所在公司的股票回报波动率更高，考取私人飞机驾驶资格的行为本身折射了高管本人热爱冒险和极限运动的个性，这种个性特征也必将传递到高管所做的公司决策中。

上述文献在极大程度上丰富了学术界关于高管异质性对企业风险承担的经济后果的认识和理解，但就目前而言，尚无研究关注到海归高管对企业风险承担的作用及影响渠道。

3.4 企业社会责任

学术界已就企业履行社会责任的影响因素进行了较为深入的探讨，公司外部制度环境、行业竞争及内部财务特征和公司治理体系均会影响企业履行社会责任的意愿和能力。首先，公司外部的制度环境会对企业履行社会责任的意愿和水平产生影响，制度环境越完善，则企业社会责任表现越好。具体而言，制定和出台环境保护的法规有助于抑制企业的污染排放，减少企业对资源环境的破坏；行业自律规范的出台会促进企业提升产品质量，保护消费者的合法权益；非政府组织（NGOs）及媒体也会作为重要的监督力量保证企业社会责任的履行。其次，行业竞争程度也对企业社会责任产生影响，在过于激烈竞争的行业中，企业可能通过降低产品的安全性和质量、解雇员工、欺骗消费者等途径谋求一线生机，进而损害了利益相关者的利益（Schneiberg，1999）；而在垄断性的行业中，由于消费者缺乏议价能力和话语权，企业并不需要通过履行社会责任获得消费者的好感和信任，因而过于激烈或过少的竞争均会降低企业社会责任的履行意愿。再次，公司内部财务和治理结构也会影响企业履行社会责任的能力。具体而言，必要的经济能力和财务状况是企业实施社会责任的前提（Friedman，1970；Jensen，2002），财务业绩和经济状况越好的企业越有余力将闲置的资源投入社会责任活动中（Margolis & Walsh，2003；Zu & Song，2009）。同时，由于追逐利润和股东财务最大化是现代企业的最终目标，作为理性的经济人，企业会将履行社会责任作为提升财务业绩的方式和手段。此外，高管非常规变更（陈丽蓉等，2015）、机构持股和高管持股（王海妹等，2014）、政治关联（贾明和张喆，2010）等均会对企业社会责任产生影响。

3.5 股价崩盘风险

企业不透明的信息环境以及复杂的会计政策是股价崩盘风险形成的重要

因素。财务报告信息透明度越低时，企业未来的股价崩盘风险越高（Kim & Zhang，2014）。真实的盈余管理行为、关系型关联交易等均提高了投资者信息解读的成本，增加了股价暴跌的风险（李增泉等，2011）。复杂而难懂的企业避税行为使得投资者更难理解管理层的真实意图，加剧了管理层与投资者之间的信息不对称性，也助长了股价崩盘风险（Kim et al.，2011b）。相反，稳健的会计政策以及良好的内部控制信息披露则能够向投资者传递积极信号，显著抑制未来的股价崩盘风险（Chen et al.，2017；Kim & Zhang，2016）。管理层的自利性动机是股价崩盘风险的重要成因，管理者出于薪酬福利最大化、职业生涯稳定以及帝国构建等动机，更倾向于隐藏企业经营的负面信息。例如，期权激励使得管理层的未来收入与公司股价相绑定，高管对于股价下跌的抗拒情绪促使其隐藏坏消息（Kim et al.，2011a）。高管的在职消费与超额薪酬也增加了公司未来股价崩盘的风险（Xu et al.，2014）。

基于管理者个体特征层面，部分学者发现管理者的性别、专业背景、非理性心理等因素也会对股价崩盘风险产生影响。李小荣和刘行（2012）发现高管的性别特征会对股价崩盘风险产生影响，女性 CEO 具备较强的道德观念、沟通合作意识以及风险规避心态，因此她们做出的决策往往能够帮助企业降低信息不对称程度和代理成本，进而降低股价崩盘风险。董红晔（2016）认为具有财务背景的独立董事凭借专业特征更能在信息披露方面发挥良好监督职能，当具有财务背景的董事与公司的地理临近性更高时，它对股价崩盘风险的抑制作用也会更强。能够发表异议的独立董事会增加管理层谋取私利的难度，降低坏消息在企业内部积聚的可能性（梁权熙和曾海舰，2016）。此外，过度自信的管理者更容易引发股价崩盘风险（Kim et al.，2016），原因在于高管过度自信的心理偏差会使得他们高估投资项目的盈利能力，低估项目失败的风险并且抵制负面消息的对外披露，当负面信息积聚到一定程度时会爆发股价崩盘现象。目前，尚无学者就海归高管是否会对股价崩盘风险产生影响展开研究。

3.6 企业价值

企业是以营利为目的的经营主体，也是社会财富的主要创造者，因而企业价值创造问题是现代公司财务学关注的焦点和核心。已有大量研究表明公司治理结构、经营战略、投融资决策等均会对企业价值产生影响。对有关企业价值的影响因素文献进行回顾并非本书篇幅所能及，因而本节重点回顾企业价值的度量方法，为后续章节的实证研究建立基础。

现有研究对企业价值的度量问题始终未能达成共识。早期文献使用会计收益率度量企业价值和盈利能力。20 世纪 70 年代起，以会计收益率为主的度量指标受到了较多质疑，学者们认为会计收益指标无法反映企业面临的系统性风险，具有短期非均衡效应，并且会计计量与税法计量具有差异性，单纯采用会计收益度量企业价值的方法具有局限性（Fisher & McGowan,1983）。在这些质疑声中，学术界逐渐转用市场型指标托宾 Q 值（Tobin Q）度量企业价值。托宾 Q 值理论由 James Tobin 于 1969 年提出，将托宾 Q 值定义为企业的市场价值与重置成本之比。该指标反映了市场对企业未来的盈利预期，如果该指标大于 1，代表企业创造的价值大于投入的资产成本，说明企业给社会创造了财富，否则就是浪费了资源，导致社会财富缩水。与会计收益率指标相比，托宾 Q 值能够反映企业预期的未来利润，包含了基于风险的调整性因素，对通货膨胀具有较高的敏感度（Lindenberg & Ross, 1981）。

但是，采用托宾 Q 值度量企业价值对资本市场的价值发现功能具有一定的要求，需要具备如下两点前提条件：其一，在市场有效性方面，股票市场需符合半强式有效市场的假定，股票价格应能反映过去以及当前的投资信息；其二，在股票价格形成方面，股票价格应是投资者根据预期进行博弈的结果，股票价格的根本决定因素应为上市公司投资现金流量的净现值（Tobin,1978）。由于我国资本市场成立的时间比较短，与成熟的资本市场相比，我国股票市场的股价同步性较高，价格发现功能有限。在中国市场应用托宾 Q 值时还应当考虑中国资本市场特殊的制度背景特征，例如流通股与非流通股的差异性、不同产权性质公司的利益动机、股票市场的高波动性与高换手率特征等。

3.7 文献评述

本章对现有文献进行了系统性梳理，由于本研究的主题是高管海外背景对企业转型创新的影响及其路径，因此本研究会重点回顾高管背景特征对企业决策的影响，以及企业风险承担、企业创新、企业社会责任、股价崩盘风险和企业价值的影响因素领域的研究，特别是高管团队层面的影响因素研究。接下来，本章将分别针对几个领域的文献，总结已有研究的贡献以及尚待改进之处。

首先，就高管背景特征的文献而言，高管背景特征对企业财务决策和企业行为的影响是近年来学术界的热点话题。已有文献从多个维度对高管背景特征进行了系统性研究，并逐渐从性别、年龄、教育背景等显性特征，不断深入到职业经历、早年灾害经历、个人兴趣爱好、过度自信心理等较为深层次的内在特征，加宽了高阶梯队理论的研究广度。然而，现有关于高管职业经历的研究可能存在如下不足之处：第一，已有文献较多关注高管背景特征对企业决策和企业绩效的影响，但对异质性高管影响企业决策的作用路径、影响机制和边界条件探讨不足。第二，现有的研究高管背景特征的文献尚未建立一个系统的分析和研究框架，系统性的知识体系尚未形成，不同文献基于不同的理论和假设探讨高管的差异化职能，往往得出不尽一致的研究结论。第三，现有研究主要考虑高管背景特征对企业决策的影响，很少考察不同类型的高管对于高管团队其他成员以及团队决策机制的影响。企业决策是高管团队共同协调和商议的结果，高管需与团队成员共同分担权力与责任，因而应加强对整个高管团队的关注，而非仅仅高层管理者个人。

特别地，有关高管海外背景特征的文献在很大程度上拓展了我们对于海外背景特征的认知，但是现有研究尚存在可待改进之处，具体表现为以下三个方面：第一，鲜有文献对高管海外背景特征做进一步细分。大多数文献采用企业是否拥有海归高管的虚拟变量来度量海外背景，部分文献考察海归高管人数及海归高管在高管团队中的比例，鲜有文献考虑海外背景获取国的异质性特征。不同国家之间的经济发展水平、投资者法律保护程度以及文化环境差异很大，这将会对高管的认知能力和行为选择造成不同影响。第二，鲜有文献探讨海归高管的职位特征差异对企业决策的影响。职位特征代表高管对企业决策的影响力，当高管处于更高职位时，才能对企业重大决策施加影响，其个人价值观念和风格也更容易得到发挥。第三，部分文献的研究样本较为滞后，对上市公司最新现状的解释力度有限。例如，Giannetti et al. (2015) 采用1999至2009年样本数据检验董事的海外背景特征对企业绩效的影响，但在2008年"千人计划"颁布后，国家对海归人才的引进力度进一步增大，国家创新驱动发展战略的实施对海归人才潜能的发挥提供了良好契机，因而采用最新样本数据来进行高管海外背景经济后果领域的研究显得尤为必要。更为重要的是，目前尚无文献从企业风险承担视角研究高管海外背景特征的经济后果。积极承担风险是企业谋求生存发展、获得持续竞争力的重要方式，研究海外背景特征对企业风险承担的影响及其作用路径能够更好地理解海归人才的作用，这正是本研究的切入点。

其次，就企业创新和风险承担的文献而言，由于高管在企业风险决策中具有重要的话语权，从高管异质性视角研究企业风险承担的影响因素是学术界的热点话题，发表在国际权威期刊的论文在近三年逐渐增多。公司金融领域学者的关注重点逐渐从高管较为显性的特征（如性别、年龄、婚姻状况等）过渡到高管较为深层的特征（如政治倾向、灾难经历、军旅背景、个人爱好等）。然而，现有企业风险承担领域的研究大多数基于发达国家制度背景展开，对我国独特制度背景下高管的风险承担决策关注不足，如何激励中国企业通过风险承担创造价值有待深入研究，中国本土化情境下的企业创新和风险承担研究尚有很大发展空间。

本研究在已有文献的基础上，分析现有研究尚可改进之处，主要从海外背景特征视角展开研究，探究海归高管对中国企业转型创新的影响，以及这种影响的具体表现形式和经济后果，丰富高阶梯队理论以及公司治理理论的研究范畴。

第 4 章 海归高管与企业创新

创新是一个民族进步的灵魂，是一个国家兴旺发达的不竭动力。中共十九大报告指出"创新是引领发展的第一动力，是建设现代化经济体系的战略支撑"。海归高管大多在发达国家拥有留学与工作经历，具备高度专业化的技能、先进管理经验及创造力，将成为推动中国企业创新的重要力量。同时，海归高管为中国企业带来了锐意进取、积极创新的文化氛围。本章采用实证研究的方法考察海归高管对企业创新的影响及其作用机理，并深入探究海归高管的特征对企业创新的异质性影响。

4.1 引言

创新是经济发展和可持续增长的重要源泉和关键动力（Solow，1957），也是企业不断发展、提升核心竞争能力、谋求超额利润的重要手段（Porter，1992）。《中共十九大报告》指出"创新是引领发展的第一动力，是建设现代化经济体系的战略支撑"。因此，创新对宏观经济和微观企业的发展都具有重要意义。相比于传统的投资行为，创新活动具有较高的不确定性和失败风险，投入较多且调整成本很高，因而企业对创新活动的投入意愿能够在一定程度上反映管理者的风险承担意愿和企业的风险承担水平。

自改革开放战略实施以来，中国经济发展取得了举世瞩目的成就，但是由于整体自主创新能力较弱，经济增长的持续性难以为继，经济增长的质量依然堪忧（温军和冯根福，2012）。在中国经济稳步进入"新常态"之后，提高国家自主创新水平是引领中国经济可持续发展的关键动力。如何激励企业创新以增强中国经济增长的驱动力，成为我国当前亟待解决的重大现实课题。2015 年，李克强总理在政府报告中提出"大众创业、万众创新"的战略号召。2016 年 5 月，中共中央、国务院印发了《国家创新驱动发展战略纲要》，明确创新驱动是国家命运所系。随着中国经济发展进入"新常态"，仅靠要素投入和投资驱动的粗放式增长模式所积累的矛盾日渐凸显，必须依靠创新驱动打造发展的新引擎，开辟我国经济不断发展的新空间。企业是经济活动的基本单元，也是推动技术创新的主要力量和重要载体，因而对于企业创新驱动因素的研究非常必要。

鉴于创新对企业的重要性，近年来研究企业创新的影响因素成为公司金融领域的热点话题。影响企业创新能力的因素不仅包含宏观层面的经济波动、知识产权保护力度（Chen & Puttitanun，2005）、金融监管与银行业的激烈竞争（Chava et al.，2013；Cornaggia et al.，2015）、地方司法保护（潘越等，2015）等，也包括行业层面的行业属性及竞争格局（Gayle，2001），同时微观企业层面的公司治理特征及财务表现也会对企业创新能力产生重要影响（如 Blundell et al.，1999；Becker – Blease，2011；Baranchuk et al.，2014）。由于创新是企业资源配置战略的重要组成部分，高管的风险承担意愿及决策对企业创新活动至关重要，因此新兴研究开始关注高管的个体特征对企业创新的影响，包括高管的能力（Chen et al.，2015）、高管激励（Lin et al.，2011）、高管过度自信（Hirshleifer et al.，2012）、高管变更（Bereskin & Hsu，2014）等，但目前尚无研究系统、全面考察高管海外背景特征对企业创新的影响。

在经济全球化和中国改革开放战略不断深入的宏观背景下，海外背景已经成为高管的重要特征之一。虽然自二十世纪七十年代中国开始实施改革开放的战略决策以来，中国经济取得了长足的发展，但仍然是一个法律制度不够健全、投资者法律保护水平相对较低、劳动力市场发育程度不够完善的新兴经济体。大批中国学生赴境外求学深造，希望能够获取先进的知识、出色的管理经验与专业技能。依据胡润 2016 年留学趋势报告，绝大多数中国学生选择美国、英国和澳大利亚等发达国家作为留学地[①]。虽然中国已经成为世界第二大经济体，中国企业和证券市场扩张迅速，但是创新能力低下始终是中国经济发展的软肋（Lin et al.，2011）。自二十世纪九十年代以来，中国中央政府及各省市陆续出台形式各异的海归人才引进政策，力图通过海归

---

① 资料来源：http://www.sohu.com/a/125473892_558682

人才引进，推动新兴产业建设，促进企业创新活动的开展。海归高管掌握较为先进的科学文化知识、拥有丰富的个人阅历及广博的国际视野，被赋予企业高层职位后，更为锐意进取，积极创新。同时，他们对企业创新活动的曲折过程有更深刻的认识，能够对创新活动的潜在失败可能性予以更多的宽容和理解。但是目前，尚无文献系统探究海归人才是否对企业创新产生了积极影响。

鉴于此，本章采用2001—2016年中国沪深A股上市公司数据，实证分析高管海外背景对企业创新的影响。研究结果表明，高管海外背景对企业创新具有显著的正向影响，当高管团队中具有海外背景的高管人数越多、比例越大时，对企业创新的促进作用越显著。在采用替代衡量指标检验、Heckman两阶段自选择修正模型、工具变量法、倾向评分匹配法等多种稳健性测试方法后，研究结论依然成立。进一步研究表明，仅当海归高管从经济发展水平更高、投资者法律保护制度更完善的国家获取海外经历时，他们对企业创新才具有显著的正向影响，反之则不成立；从海外背景类型上看，相对于高管的海外工作经历，高管的海外学习经历对企业创新的促进作用更强，且当高管在海外获得研究生及以上学历时对企业创新的促进作用更显著；从高管担任的职位特征上看，担任高级职位（总经理或副总经理）的海归高管能对企业创新施加正向影响，但是担任低级职位（除总经理或副总经理之外的其他职位）的海归高管则无法施加相同的影响。此外，分样本回归结果发现，高管的海外背景对企业创新的正向影响在创新型行业以及民营企业中更为显著。

本章的研究贡献总结为以下三点：首先，本章丰富了高级管理者海外背景特征经济后果领域的研究。虽然海外背景是高管的重要特征，但是鲜有研究关注高管海外背景对企业行为的影响。基于1999年至2009年中国的数据，Giannetti et al.（2015）研究了董事的海外背景对企业绩效的影响，发现具有海外背景的董事显著提升了企业绩效。受到Giannetti et al.（2015）研究的启发，本章试图研究高管海外背景对企业创新的影响，包括对企业创新的投入（即研发支出）以及企业创新的产出（专利成果）两方面。本章研究发现高管的海外背景不仅促进了企业对创新活动的投入，也提升了创新活动的产出效率，因而本章从企业创新视角拓展了高管海外背景经济后果领域的研究。其次，已有关于高管海外背景领域的研究仅从高管是否具有海外背景的维度进行区分，但不同国家的制度背景和环境的差异性会对海归高管的思维和决策产生异质性影响，同时，高管的职位高低等特征也会影响高管能力的发挥。本章运用手工搜集的高管海外经历的详细数据，对高管海外具体经历进行细致性划分，是对高管海外经历领域文献的有益补充和完善。再次，本章从高管个体层面拓展了企业创新的影响因素领域的研究。从高管个体层面研究企业创新的影响因素是近年来公司金融领域的热点话题，Lin et al.（2011）发现高管激励和CEO特征对创新具有影响，Cho et al.（2016）也发现管理者的特征是企业创新活动的重要影响因素。本章基于海外背景这一独特视角研究其对企业创新活动的影响，拓展了企业创新领域的文献。

本章的后续内容安排如下：第二节为理论分析与研究假设推导；第三节为研究设计，包括数据来源与样本选择、模型设计与变量定义；第四节为实证结果分析，包括描述性统计、相关性分析、单变量测试、回归结果分析和稳健性检验；第五节是进一步研究，细分高管海外背景获取国的经济发展水平和投资者法律保护水平、高管海外学习背景和工作背景、海归高管的学历特征和职位特征等对企业创新的影响，并考察高管海外背景对企业创新的影响在不同行业及产权性质企业中的差异性；第六节是本章小结。

4.2 理论分析与研究假设

本章基于高阶梯队理论、风险容忍观念、明星效应以及政治关联四个角度分析高管海外背景对企业创新决策的影响。

首先，高阶梯队理论（Hambrick & Mason，1984）认为组织行为、战略决策以及绩效表现等均与管理者的背景特征密切相关，这些特征包括了高管的职业经历、教育背景、社会经济地位、财务状况等。此外，Hambrick & Mason（1984）认为，与经过较少正式培训的管理者相比，那些接受过大量正式管理教育的管理者更能应对复杂的管理挑战。海归高管大多在发达国家拥有工作和学习经历，这些管理者应该具备高度专业化的技能、先进管理经验及创造力，因此更有能力将他们的知识和经验转化为高生产力。同时，经过多年的工作和学习，海归高管的视野更为广阔，愿意接受新的观念，也更有能力适应变化和风险。以上这些特征对海归高管的战略选择具有重要影响。当具有海外背景的人才在企业中担任管理职位时，他们的专业知识和才能便有了施展的平台。为展现自己的才华和能力，他们能够捕捉机遇并勇于决策,将大量的资源投入到企业创新活动中,以期在未来获得更高的收益(Lumpkin & Dess,1996)。

其次,从风险容忍观念视角,不同于常规性的生产和营销活动,企业创新活动具有高度的不确定性和较长的周期性(Holmstrom,1989),创新过程中意想不到的失败也可能成为企业迈向成功的关键步骤。由于企业创新活动中蕴含的高风险性因素,投资于创新型项目的企业需要强制披露的信息较少,企业内外部信息不对称程度更大(Bhattacharya & Ritter,1983),因此对失败的容忍度是企业创新决策中必不可少的部分。高管的风险承担意识在创新活动中至关重要(Francis & Smith,1995),Manso(2011)甚至认为,管理者最优的创新激励薪酬方案中应该同时包括对早期失败的宽容和对长期成功的回报。海归高管在海外求学和工作的过程中面临诸多困难和挑战,因而他们更加具备能够坦然面对追求长期目标过程中的诸多波折的心理素质。具体而言,他们在海外求学和工作期间背井离乡,需要独自应对和克服生活中的诸多压力,独自寻求解决问题的思路和方法,因而对于风险的容忍度更高。基于这样的认知能力,海归高管在决策过程中就更能理解和包容创新活动中可能发生的不尽如人意的结果,在组织中营造鼓励创新、包容失败结果的良好氛围,准确地向经理层和员工传递积极创新的理念和文化,帮助其理解创新活动的长远收益,降低信息不对称程度,进而促进企业创新。

再次,从明星效应视角,在国家海归人才引进政策的指引下,中国企业以优厚的薪酬和职位招聘具有海外背景的高级管理者。但在中国这样一个新兴市场中,具有丰富海外经历的高级管理者无论在国家还是企业层面均是稀缺资源。在此背景下,海归高管在资本市场以及企业中可能会具有"明星效应",更容易受到雇主、员工、政府、分析师、机构投资者以及公众的广泛关注和监督。为了彰显自己能力和优势,海归高管更可能锐意进取、积极适应环境变化,促进企业创新能力的提升(Viederyte,2016)。

最后,基于政治关联视角,已有研究发现企业创新活动中存在一定的政治资源诅咒效应(袁建国等,2015)。政治资源诅咒效应是指当企业具有寻租心理,会将更多的资源投入到与政府建立紧密关系中,政治关联降低了市场竞争程度,也助长了企业的过度投资,使得企业的创新动力不足,降低企业创新活动的效率。海归高管的求学和工作经历偏向海外,掌握国内的政治资源较少，与国内政府官员的联系可能相对较弱。受到国外较为自由和开放的市场竞争环境熏陶，海归高管更倾向于将企业宝贵的资源投入到自身能力建设当中，通过研发和创新增强企业的核心竞争力，更加关注自主知识产权的建设和维护，谋求稳固的市场竞争地位，通过增强创新能力促进企业的可持续发展。

基于以上四方面的分析和讨论，提出如下研究假设：

H4-1：在其他条件相同的情况下，海归高管能促进企业创新。

4.3 研究设计

4.3.1 数据来源及样本选择

本章使用的企业创新数据来源于国泰安（CSMAR）数据库中的上市公司研发创新数据库。高管海外背景数据来自手工搜集，通过年报中的高管简历信息，判断高管是否在中国境外的国家或地区[①]具有学习或者工作经历，并手工记录高管获得海外经历的具体国家、具有何种海外经历（学习或工作）、在海外获得的学历（如本科、硕士、博士学位）、高管的职位特征等等。界定高管海外背景为本研究的重点和难点，为了保证高管海外背景信息真实有效，在数据收集过程中，本研究特别考虑了以下情形：①如果高管仅拥有在中国大陆企业的海外分支机构的工作经历，则该经历不算为海外工作经历；②如果高管仅拥有在地处中国大陆的中外合资企业的工作经历，则该经历不算为海外工作经历；③如果高管简历中明确披露仅具有在中国大陆以外的国家六个月以下的短期学习经历，如参加短期交流项目、短期访问等等，则该经历不算为海外学习背景[②]。这是由于高管在海外停留的时间太短，受到海外文化等方面的影响较为有限，由高管海外经历引发对企业决策影响的可能性较低；④考虑到中国香港特别行政区、澳门特别行政区以及台湾地

---

① 本研究中谈到的高管获取海外背景国家均应为"国家（或地区）"，为简便表达，省略为"国家"，特此说明。

② 需要指出的是，在数据收集过程中发现高管披露此类短期学习、交流、访问经历的可能性非常低，原因在于上市公司年报中高管简历信息一般较为简短（通常为100~200字），而担任上市公司高管级别的人员一般阅历较为丰富，因此高管大多倾向于披露最核心的简历信息，短期的海外交流经历出现的频率很低。

区在法律背景和经济制度等方面与内地（大陆地区）存在差异性，因此将高管在香港、澳门、台湾地区的长期留学和工作经历视同海外背景，这与我国现阶段政府层面的优惠政策以及大多数单位的招聘要求一致。在稳健性检验部分，考虑将仅具有港、澳、台背景的高管予以剔除。在通过上市公司年报搜集高管背景信息的基础上，本研究还手工结合新浪财经（https://finance.sina.com.cn）、百度百科（https://baike.baidu.com/）、凤凰财经（http://finance.ifeng.com/）以及和讯网财经人物频道（http://renwu.hexun.com/）等公开媒体资料进行补充。机构投资者数据来源于万德（Wind）数据库，其余数据均来自国泰安数据库。由于高管背景特征数据自2001年开始披露得较为规范，所以选择2001年作为样本期间的起点。2016年是本研究开始时能获取的最新数据年份，考虑到企业创新从投入到产出具有一定的周期性，因而取滞后一年的企业创新变量作为被解释变量，因此本章的样本期间为2001年至2015年。在此基础上，还对样本观测进行了如下筛选：①由于金融保险行业的财务报表数据结构与其他行业上市公司具有较大差异，且其会计核算体系和监管方面均具有特殊性，因此对该行业数据进行了剔除；②剔除了相关变量存在缺失值的样本。最终，本章节得到了来自2554个上市公司的23391个公司—年份非平衡面板数据。为避免极端值对实证结果的影响，对所有连续变量分别进行1%和99%水平的缩尾（Winsorize）处理。

4.3.2 模型设计与变量定义

建立模型4-1检验高管海外背景对企业创新的影响，控制变量的选取参考以往文献（如 He & Tian, 2013；Chemmanur et al., 2014；Fang et al., 2014）。为了降低内生性问题，采用t期的企业创新对$t-1$期的高管海外背景变量及控制变量进行回归。回归中进行了公司层面的聚类（cluster at the firm level）处理。

$$\begin{aligned} Innovation_{i,t} = & \beta_0 + \beta_1 Overseas_{i,t-1} + \beta_2 Institutional\ ownership_{i,t-1} + \\ & \beta_3 Managerial\ ownership_{i,t-1} + \beta_4 Firm\ age_{i,t-1} + \\ & \beta_5 Firm\ size_{i,t-1} + \beta_6 ROA_{i,t-1} + \beta_7 Leverage_{i,t-1} + \\ & \beta_8 Cash\ ratio_{i,t-1} + \beta_9 Asset\ turnover_{i,t-1} + \\ & \beta_{10} Sales\ growth_{i,t-1} + \sum Industry + \sum Year + \varepsilon \end{aligned} \quad (4-1)$$

在模型 4-1 中，β_0 为截距项，β_i 为变量的估计系数，ε 为随机扰动项。

Innovation 代表企业创新，采用两种方式进行衡量：①*Patent invention* 代表发明专利，为公司当年度发明专利申请量加 1 取自然对数。根据中国国家知识产权局的规定，中国的专利分成发明专利、实用新型专利和外观设计专利三种类型，其中发明专利的申请难度最大，含金量相应高于另两类专利[①]。②*Patents total* 代表专利总量，等于公司当年度三类专利的申请总量加 1 取自然对数。已有文献中度量企业创新的代理变量主要有研发支出、专利申请数量和专利引用数量，其中研发支出代表创新活动的投入，专利数据能够衡量创新活动的产出情况[②]。目前，专利引用数量在中国的公开数据库中尚不可获取，因此，本研究在主检验部分采用专利申请数量度量企业创新，并在稳健性检验部分采用企业研发支出进行度量。

Overseas 代表高管海外背景，采用两种方式进行度量：①*Overseas dummy* 代表是否有海外背景，如果上市公司当年度至少有一名具有海外背景的高管取 1，否则取 0；②*Overseas number* 代表海归高管的人数，等于上市公司当年度聘请的海归高管的总人数。此外，在稳健性检验中，还采用海归高管占所有高管人数的比例（*Overseas percentage*）度量高管海外背景的强度。

模型 4-1 中控制的公司治理变量包括：①*Institutional ownership* 表示机构投资者持股比例，等于机构投资者持股数量占公司总股数的比例；②*Managerial ownership* 表示高管持股比例，等于高管的持股数量占公司总股数的比例；③*Firm age* 代表公司年龄，等于上市公司自成立至观测年份的年限。

模型 4-1 中控制的财务指标包括：①*Firm size* 表示公司规模，等于公司年末总资产加 1 取自然对数；②*ROA* 表示总资产收益率，等于公司当年度净

---

① 实用新型专利是指对产品的构造、形状等提出的适于实用的新的技术方案；外观设计专利则是指对产品形状、图案等做出的富有美感、并能应用于工业的新设计。与这两类专利相比，发明专利的技术含量更高。

② 已有文献认为以专利数量度量企业创新的指标要优于研发支出的指标，原因在于：首先，企业的研发支出是否能转化为创新产出具有一定的风险和不确定性（Chemmanur et al.，2014）；其次，研发支出的数额容易受到会计准则变化的影响，因为研发支出应该资本化还是费用化的问题在会计界一直存在争论（Acharya&Subramanian，2009）；最后，出于竞争战略和风险规避的考虑，部分企业不愿意向外界披露研发支出的数据，因而研发支出数据的缺失值较多。但是研发支出的缺失并不代表企业不进行创新活动，因此研发支出的度量方式具有较大的噪音。

利润除以年末总资产,该数值越大代表盈利能力越好;③*Leverage* 表示资产负债率,等于公司年末总负债除以年末总资产,该数值越大代表企业负债水平越高;④*Cash ratio* 表示现金比率,等于公司资产负债表中列示的货币资金总额除以年末总资产,该数值越大代表企业的现金持有水平越高;⑤*Asset turnover* 表示资产周转率,等于企业当年度营业总收入与年末总资产的比值,该数值越大说明企业资产的质量越高、利用效率越好;⑥*Sales growth* 表示销售收入增长率,等于企业本年度销售收入总额除以上年度销售收入总额再减1,该数值越大说明企业的成长前景越好。此外,控制行业(*Industry*)和年份(*Year*)变量,其中行业变量分类依据证监会 2012 年行业划分标准,并对制造业企业取两位代码进行细分。依据假设 H4-1,预期 β_1 的估计系数显著为正,即海归高管对企业创新具有正向影响。

4.4 实证结果分析

4.4.1 描述性统计

表 4-1 报告本章样本的描述性统计。Panel A 报告企业创新变量的描述性统计。发明专利(*Patent invention*)和专利总量(*Patents total*)的均值分别为 0.593 和 0.918,标准差分别为 1.092 和 1.434,说明样本公司之间专利产出差异较大。

Panel B 为高管海外背景变量的描述性统计。高管海外背景哑变量(*Overseas dummy*)的均值为 0.156,说明仅有 15.6% 的样本拥有至少一名海归高管。海归高管人数(*Overseas number*)的最大值为 10,说明样本公司中最多有 10 名高管拥有海外背景。此外,拥有发达国家海归高管(*Overseas developed*)人数显著高于拥有发展中国家海归高管(*Overseas emerging*)、高投资法律保护水平国家(*Overseas high*)高于低投资法律保护国家(*Overseas low*),这与中国留学生选择留学目的地的现实情况相吻合。*Overseas work* 和 *Overseas study* 的均值分别为 0.087 和 0.180,说明拥有海外工作背景和海外学习背景高管的比例分别为 8.7% 和 18.0%。*Overseas senior* 和 *Overseas junior* 的均值分别为 0.178 和 0.040,说明拥有海外背景的高管担任高层职位和低层职位的比例分别为 17.8% 和 4.0%。

Panel C 报告其他控制变量的描述性统计。机构投资者持股比例(*Institu-*

tional ownership）和管理层持股比例（Managerial ownership）的均值分别为 21.5% 和 7.3%，公司年龄（Firm age）和规模（Firm size）的均值分别为 12.747 和 21.630。在财务指标方面，样本企业的资产回报率（ROA）为 0.029，负债比率（Leverage）为 0.201，现金比率（Cash ratio）为 0.212，总资产周转率（Asset turnover）为 0.637，成长性水平（Sales growth）为 0.216。以上控制变量的描述性统计结果与前人研究文献非常相近。

表 4-1 描述性统计

变量	样本量	均值	标准差	中位数	最小值	最大值
Panel A：企业创新变量						
Patent invention	23,391	0.593	1.092	0.000	0.000	8.664
Patents total	23,391	0.918	1.434	0.000	0.000	8.753
Panel B：高管海外背景变量						
Overseas dummy	23,391	0.156	0.363	0.000	0.000	1.000
Overseas number	23,391	0.218	0.613	0.000	0.000	10.000
Overseas developed	23,391	0.213	0.600	0.000	0.000	10.000
Overseas emerging	23,391	0.005	0.075	0.000	0.000	3.000
Overseas high	23,391	0.210	0.604	0.000	0.000	10.000
Overseas low	23,391	0.007	0.090	0.000	0.000	2.000
Overseas work	23,391	0.087	0.393	0.000	0.000	8.000
Overseas study	23,391	0.180	0.552	0.000	0.000	10.000
Overseas senior	23,391	0.178	0.545	0.000	0.000	9.000
Overseas junior	23,391	0.040	0.213	0.000	0.000	3.000
Panel C：其他变量						
Institutional ownership	23,391	0.215	0.240	0.120	0.00	0.808
Managerial ownership	23,391	0.073	0.199	0.000	0.000	0.666
Firm age	23,391	12.747	5.372	12.000	1.000	35.000
Firm size	23,391	21.630	1.233	21.488	18.856	26.216
ROA	23,391	0.029	0.069	0.032	-0.333	0.205
Leverage	23,391	0.201	0.161	0.186	0.000	0.695
Cash ratio	23,391	0.212	0.185	0.159	0.001	1.095
Asset turnover	23,391	0.637	0.465	0.523	0.025	2.548
Sales growth	23,391	0.216	0.610	0.119	-0.741	4.502

4.4.2 相关性分析

表4-2报告了本章主要变量的相关性分析。表格左下方代表Pearson相关性系数，右上方代表Spearman相关性系数。高管海外背景（Overseas dummy和Overseas number）与企业创新（Patent invention）显著正相关，说明在不考虑其他因素的情况下，高管海外背景正向影响企业创新，符合预期。在控制变量方面，机构投资者持股比例（Institutional ownership）、管理层持股比例（Managerial ownership）、公司规模（Firm size）、盈利能力（ROA）、现金比率（Cash ratio）、总资产周转率（Asset turnover）与企业创新（Patent invention）显著正相关，说明机构投资者和管理层持股比例越高、公司规模越大、盈利能力越强、现金比率和总资产周转率越高的企业，创新能力越强；公司年龄（Firm age）、负债比率（Leverage）和成长性水平（Sales growth）与企业创新显著负相关，说明经营时间越长、债务负担越重、成长性过快的公司，创新能力越弱。

所有控制变量之间的相关性系数都比较小，说明多重共线性问题并不严重。此外，为进一步检测多重共线性问题，计算最大的方差膨胀因子（VIF）为1.90，远远小于限制值10，以上均说明研究中不存在多重共线性问题。

表4-2 相关性分析

变量		(1)	(2)	(3)	(4)	(5)	(6)
Patent invention	(1)	1	0.083***	0.085***	0.157***	0.187***	-0.109***
Overseas dummy	(2)	0.100***	1	0.997***	0.061***	0.069***	-0.009
Overseas number	(3)	0.115***	0.827***	1	0.063***	0.068***	-0.008
Institutional ownership	(4)	0.142***	0.051***	0.060***	1	-0.043***	0.407***
Managerial ownership	(5)	0.128***	0.059***	0.037***	-0.125***	1	-0.071***
Firm age	(6)	-0.082***	-0.008	0.005	0.332***	-0.123***	1
Firm size	(7)	0.191***	0.077***	0.106***	0.396***	-0.110***	0.193***
ROA	(8)	0.143***	0.046***	0.044***	0.123***	0.137***	-0.047***
Leverage	(9)	-0.115***	-0.044***	-0.025***	-0.040***	-0.197***	0.036***
Cash ratio	(10)	0.098***	0.074***	0.065***	-0.011	0.212***	-0.080***
Asset turnover	(11)	0.118***	-0.004	0.006	0.100***	-0.039***	0.007
Sales growth	(12)	-0.013*	0.012	0.011	-0.046***	0.021**	-0.028***

续表

变量		(7)	(8)	(9)	(10)	(11)	(12)
Patent invention	(1)	0.102***	0.166***	-0.122***	0.150***	0.192***	0.079***
Overseas dummy	(2)	0.066***	0.059***	-0.044***	0.079***	0.010	0.020**
Overseas number	(3)	0.070***	0.059***	-0.043***	0.079***	0.011	0.020**
Institutional ownership	(4)	0.426***	0.147***	-0.079***	0.065***	0.120***	-0.018**
Managerial ownership	(5)	-0.031***	0.182***	-0.171***	0.212***	0.012	0.071***
Firm age	(6)	0.218***	-0.086***	0.028***	-0.112***	-0.024***	-0.148***
Firm size	(7)	1	0.072***	0.229***	-0.017*	0.090***	0.079***
ROA	(8)	0.137***	1	-0.394***	0.368***	0.192***	0.320***
Leverage	(9)	0.193***	-0.355***	1	-0.384***	-0.069***	-0.014*
Cash ratio	(10)	-0.046***	0.293***	-0.349***	1	0.110***	0.203***
Asset turnover	(11)	0.087***	0.130***	-0.080***	0.020**	1	0.171***
Sales growth	(12)	0.034***	0.189***	-0.016*	0.241***	0.080***	1

4.4.3 单变量测试

表4-3报告了企业创新变量的单变量测试结果。拥有海归高管的公司中，发明专利申请量（Patent invention）和专利申请总量（Patents total）的均值为0.966和1.412，远高于未拥有海外背景高管公司的均值0.604和0.959，且该差异均在1%的水平上显著。该结果说明聘用具有海外背景高管的公司的创新产出显著高于没有聘用海外背景高管的公司，单变量测试结果初步支持了研究假设。

表4-3 海归高管和企业创新的单变量分析

	Overseas dummy = 1		Overseas dummy = 0		Differences
	Obs	Mean	Obs	Mean	T value
Patent invention	3,646	0.966	19,745	0.604	0.362***
Patents total	3,646	1.412	19,745	0.959	0.453***

4.4.4 回归结果分析

表4-4报告了模型4-1的回归结果。其中，第（1）和第（2）列是以发明专利的申请量（Patent invention）衡量企业创新的回归结果。在第（1）列结果中，海归高管哑变量（Overseas dummy）的回归系数为0.136，在1%

的水平上显著（估计系数为0.136；t值为3.14）。在第（2）列的结果中，海归高管人数变量（*Overseas number*）的回归系数为0.096，在1%的水平上显著（估计系数为0.096；t值为3.04）。第（3）和第（4）列是以专利申请总量（*Patent total*）衡量企业创新的回归结果。在第（3）列结果中，海归高管哑变量（*Overseas dummy*）的回归系数为0.154，在1%的水平上显著（估计系数为0.154；t值为3.17）。在第（4）列的结果中，海归高管人数变量（*Overseas number*）的回归系数为0.098，在1%的水平上显著（估计系数为0.098；t值为2.99）。以上结果总体说明海归高管对企业创新具有显著正向影响。从经济意义上看，*Overseas dummy*增长一个标准差，发明专利申请量和专利申请总量分别增长3.58%和1.63%；*Overseas number*增长一个标准差，发明专利申请量和专利申请总量分别增长5.66%和2.33%[①]。以上结果说明，海归高管无论在统计意义还是在经济意义上，均对企业创新具有促进作用。

表4-4 海归高管和企业创新的回归结果

	$Patent\ invention_{i,t}$		$Patents\ total_{i,t}$	
	(1)	(2)	(3)	(4)
$Oversea\ dummy_{i,t-1}$	0.136***		0.154***	
	(3.14)		(3.17)	
$Overseas\ number_{i,t-1}$		0.096***		0.098***
		(3.04)		(2.99)
$Institutional\ ownership_{i,t-1}$	0.254***	0.254***	0.270***	0.271***
	(3.77)	(3.79)	(3.03)	(3.04)
$Managerial\ ownership_{i,t-1}$	0.313**	0.316**	0.495**	0.499**
	(2.31)	(2.31)	(2.33)	(2.34)
$Firm\ age_{i,t-1}$	-0.019***	-0.019***	-0.028***	-0.028***
	(-5.10)	(-5.12)	(-5.80)	(-5.82)
$Firm\ size_{i,t-1}$	0.206***	0.204***	0.253***	0.251***
	(9.31)	(9.26)	(10.10)	(10.04)

---

① 本研究中采用的经济显著性的计算方法为：用解释变量的回归系数乘以描述统计中的标准差，再除以被解释变量的均值。

续表

	Patent invention$_{i,t}$		Patents total$_{i,t}$	
	(1)	(2)	(3)	(4)
ROA$_{i,t-1}$	0.705***	0.702***	0.919***	0.917***
	(4.76)	(4.75)	(4.83)	(4.82)
Leverage$_{i,t-1}$	-0.525***	-0.528***	-0.847***	-0.851***
	(-5.55)	(-5.58)	(-7.02)	(-7.05)
Cash ratio$_{i,t-1}$	0.007	0.005	0.050	0.049
	(0.11)	(0.08)	(0.65)	(0.63)
Asset turnover$_{i,t-1}$	0.094**	0.094**	0.181***	0.181***
	(2.54)	(2.53)	(3.69)	(3.67)
Sales growth$_{i,t-1}$	-0.048***	-0.047***	-0.078***	-0.078***
	(-5.11)	(-5.09)	(-6.25)	(-6.24)
Constant	-4.736***	-4.685***	-5.879***	-5.831***
	(-9.23)	(-9.17)	(-9.96)	(-9.89)
Year	YES	YES	YES	YES
Industry	YES	YES	YES	YES
Observations	23,391	23,391	23,391	23,391
Adjusted R^2	0.29	0.29	0.36	0.36

注：(1) 回归中已对 t 值进行了公司层面的 cluster 处理；(2) ***，**，*分别代表在 1%、5% 和 10% 的统计水平上显著，均为双尾；(3) 已经对所有连续变量进行过 1% 和 99% 水平的缩尾处理。(4) 下同。

控制变量的回归结果与已有文献较为一致。机构持股（Institutional ownership）、高管持股（Managerial ownership）和公司规模（Firm size）均与企业创新显著正相关，说明机构投资者持股和高管持股比例越高、公司规模越大时，越有利于企业创新，支持了 Aghion et al.（2013）、温军和冯根福（2012）、袁建国等（2015）的结论。盈利能力（ROA）和总资产周转率（Asset turnover）的系数均在 1% 水平上显著，前者说明公司财务绩效越好，越能将资源集中于创新项目中，后者说明资产经营质量越好，企业创新水平越高。相反，企业年龄（Firm age）和负债水平（Leverage）的系数显著为负，说明公司经营年限越长、债务负担越沉重，企业的创新动力越弱。成长性水平（Sales growth）的系数显著为负，说明成长性水平过快的公司，创新能力越差，支持了李文贵和余明桂（2015）的研究结论。

4.4.5 稳健性检验

为了增强实证结果的可靠性,依次进行如下稳健性检验:首先,采用研发支出和海归高管占比分别作为企业创新和海归高管替代衡量指标进行稳健性测试。其次,考虑到文章结论可能受到潜在的内生性问题的干扰,例如,公司聘用海归高管可能不具有随机性,因而产生自选择问题;模型中也可能遗漏既影响高管海外背景又影响企业创新的变量,造成遗漏变量偏误;此外,创新水平更高的公司可能会对有海外背景的高端人才更具有吸引力,因而会产生反向因果的内生性问题。为此,分别采用Heckman两阶段方法、工具变量法以及倾向评分匹配法进行稳健性检验。稳健性检验的结果总体上并未改变原有的研究结论。

(1) 企业创新的替代指标检验

企业创新是本章的关键变量,为了增强实证结果的可靠性,采用替代指标度量企业创新。参考以往文献,采用企业研发支出(R&D expenditure)度量企业创新,研发支出代表企业对创新活动的总体投入,企业研发支出占总资产的比值越大代表企业在创新方面的投入越多,对创新活动的重视程度越强。该结果报告在表4-5中,从第(1)列和第(2)列的结果可以看出,*Overseas dummy* 和 *Overseas number* 的估计系数均在5%的水平上显著为正,说明具有海外背景的高管促进了企业创新投入的增加,支持了研究结论。

表4-5 稳健性检验:企业创新的替代衡量指标

	$R\&D\ expenditure_{i,t}$	
	(1)	(2)
$Overseas\ dummy_{i,t-1}$	0.002**	
	(2.40)	
$Overseas\ number_{i,t-1}$		0.001**
		(2.42)
$Institutional\ ownership_{i,t-1}$	0.002*	0.002***
	(1.72)	(2.60)
$Managerial\ ownership_{i,t-1}$	-0.001	-0.001
	(-0.45)	(-0.73)

续表

	R&D expenditure$_{i,t}$	
	(1)	(2)
Firm age$_{i,t-1}$	-0.000***	-0.000***
	(-3.36)	(-6.95)
Firm size$_{i,t-1}$	-0.000	-0.000
	(-0.50)	(-0.72)
ROA$_{i,t-1}$	0.004	0.004*
	(1.32)	(1.77)
Leverage$_{i,t-1}$	-0.005***	-0.005***
	(-3.61)	(-4.99)
Cash ratio$_{i,t-1}$	0.005***	0.005***
	(3.63)	(5.61)
Asset turnover$_{i,t-1}$	-0.001	-0.001
	(-0.82)	(-1.61)
Growth$_{i,t-1}$	-0.000	-0.000
	(-1.56)	(-1.25)
Constant	0.011**	0.011***
	(2.06)	(3.44)
Year	YES	YES
Industry	YES	YES
Observations	17,888	17,888
Adjusted R^2	0.10	0.09

（2）海归高管的替代指标检验

海归高管是本书的关键变量，为了增强实证结果的可靠性，采用替代指标度量高管海外背景。具体而言，采用海归高管人数占高管团队总人数的比例（Overseas percentage）度量高管海外背景的强度，并分别对 Patent invention 和 Patents total 进行回归。该结果报告在表 4-6 中，从中可以看出，Overseas percentage 的估计系数均在 5% 的水平上显著为正（估计系数分别为 1.026 和 1.044；t 值分别为 2.33 和 2.27），说明企业聘用的海归高管比例越高，企业的创新能力越强，进一步支持了本章的研究结论。

表4-6 稳健性检验：高管海外背景的替代衡量指标

	$Patent\ invention_{i,t}$	$Patents\ total_{i,t}$
	(1)	(2)
$Overseas\ percentage_{i,t-1}$	1.026**	1.044**
	(2.33)	(2.27)
$Institutional\ ownership_{i,t-1}$	0.252***	0.268***
	(3.75)	(3.01)
$Managerial\ ownership_{i,t-1}$	0.313**	0.494**
	(2.30)	(2.32)
$Firm\ age_{i,t-1}$	-0.019***	-0.028***
	(-5.14)	(-5.84)
$Firm\ size_{i,t-1}$	0.208***	0.254***
	(9.28)	(10.07)
$ROA_{i,t-1}$	0.729***	0.949***
	(4.86)	(4.92)
$Leverage_{i,t-1}$	-0.533***	-0.856***
	(-5.59)	(-7.06)
$Cash\ ratio_{i,t-1}$	0.009	0.052
	(0.15)	(0.66)
$Asset\ turnover_{i,t-1}$	0.092**	0.179***
	(2.48)	(3.62)
$Growth_{i,t-1}$	-0.047***	-0.078***
	(-5.01)	(-6.22)
Constant	-4.759***	-5.892***
	(-9.19)	(-9.91)
Year	YES	YES
Industry	YES	YES
Observations	23,226	23,226
Adjusted R^2	0.29	0.36

（3）剔除仅具有港澳台背景的高管

在界定高管海外背景时，考虑到中国香港特别行政区、澳门特别行政区以及台湾地区在制度背景及法律渊源等方面与内地（大陆地区）存在一定的差异性，将在港澳台具有留学和工作经历的高管界定为海归高管。考虑到中国港澳台地区在地域以及文化等方面与内地（大陆地区）更为接近，因此将仅具有港澳台经历的高管不视为海归，予以剔除。表4－7报告了剔除仅具有港澳台背景高管的稳健性检验结果。从结果中可以发现，Overseas dummy 和 Overseas number 的估计系数均在1％的统计水平上显著为正，说明高管的海外背景能促进企业创新。

表4－7 稳健性检验：剔除仅具有港澳台背景的高管

	Patent invention$_{i,t}$		Patents total$_{i,t}$	
	(1)	(2)	(3)	(4)
Overseas dummy$_{i,t-1}$	0.175 ***		0.198 ***	
	(3.59)		(3.65)	
Overseas number$_{i,t-1}$		0.118 ***		0.124 ***
		(3.10)		(3.13)
Institutional ownership$_{i,t-1}$	0.247 ***	0.247 ***	0.267 ***	0.268 ***
	(3.48)	(3.49)	(2.80)	(2.81)
Managerial ownership$_{i,t-1}$	0.312 **	0.315 **	0.506 **	0.509 **
	(2.15)	(2.15)	(2.18)	(2.18)
Firm age$_{i,t-1}$	－0.018 ***	－0.018 ***	－0.027 ***	－0.027 ***
	(－4.85)	(－4.88)	(－5.48)	(－5.52)
Firm size$_{i,t-1}$	0.204 ***	0.202 ***	0.248 ***	0.246 ***
	(8.98)	(8.93)	(9.69)	(9.64)
ROA$_{i,t-1}$	0.730 ***	0.731 ***	0.944 ***	0.945 ***
	(4.84)	(4.84)	(4.87)	(4.87)
Leverage$_{i,t-1}$	－0.509 ***	－0.512 ***	－0.824 ***	－0.828 ***
	(－5.31)	(－5.34)	(－6.77)	(－6.80)
Cash ratio$_{i,t-1}$	－0.007	－0.007	0.030	0.032
	(－0.11)	(－0.11)	(0.38)	(0.40)
Asset turnover$_{i,t-1}$	0.099 ***	0.099 ***	0.186 ***	0.186 ***
	(2.63)	(2.63)	(3.74)	(3.74)
Growth$_{i,t-1}$	－0.047 ***	－0.047 ***	－0.076 ***	－0.076 ***
	(－4.96)	(－4.96)	(－5.97)	(－5.97)
Constant	－4.691 ***	－4.641 ***	－5.789 ***	－5.740 ***
	(－8.93)	(－8.86)	(－9.57)	(－9.50)
Year	YES	YES	YES	YES

续表

	Patent invention$_{i,t}$		*Patents total*$_{i,t}$	
	(1)	(2)	(3)	(4)
Industry	YES	YES	YES	YES
Observations	22,548	22,548	22,548	22,548
Adjusted R^2	0.29	0.29	0.36	0.36

(4) Heckman 两阶段方法

公司聘用海归高管的决策可能不是随机的，具有海外背景的高管可能更倾向于加入创新水平更高的公司，因此本研究可能受到自选择问题的影响。为此，采用 Heckman 两阶段自选择模型进行稳健性检验，以修正潜在的自选择偏差。

在第一阶段中，参考以往文献（如 Giannetti et al., 2015），构建企业选聘海归高管的影响因素 Probit 模型，被解释变量为 *Overseas dummy*，如果企业当年度聘用了至少一名海归高管取 1，否则取 0。此外，在模型中加入了以下可能影响高管海外背景的变量：国有控股、第一大股东持股比例、董事会规模、董事会独立性、公司年龄、公司规模、负债规模、资产回报率、同行业聘用海归高管比例的均值，以及行业和年份变量。特别地，Heckman 两阶段模型需要一个与聘用海归高管的可能性紧密相关、而与企业创新无关的工具变量，同行业聘用海归高管比例的均值（*Mean overseas*）符合这样的要求。由于同行业企业面临相似的行业环境和竞争压力，同行业其他企业的人才聘用决策可能会对本企业的人才聘用产生影响，但是其他企业的聘用决策无法直接对本企业的创新决策产生直接影响。在第一阶段 Probit 模型基础上计算逆米尔斯比率（*Inverse Mills Ratio*），并将其作为一个控制变量加入式（4-1）中进行回归。

表 4-8 报告了 Heckman 两阶段模型的检验结果。从 Panel B 中可以看出，*Overseas number* 的系数均在 1% 的水平显著为正（估计系数分别为 0.083 和 0.087；t 值分别为 2.69 和 2.60），说明在控制了潜在的样本自选择问题后，海归高管对企业创新的促进作用仍然存在。

表4-8 稳健性检验：Heckman两阶段自选择模型

Panel A：第一阶段	Overseas dummy$_{i,t}$ (1)	Panel B：第二阶段	Patent Invention$_{i,t}$ (1)	Patents total$_{i,t}$ (2)
State control$_{i,t-1}$	-0.188***	Overseas number$_{i,t-1}$	0.083***	0.087***
	(-3.19)		(2.69)	(2.60)
Top1$_{i,t-1}$	-0.423***	Institutional ownership$_{i,t-1}$	0.272***	0.282***
	(-2.60)		(4.12)	(3.23)
Board size$_{i,t-1}$	0.010	Managerial ownership$_{i,t-1}$	0.283**	0.460**
	(0.71)		(2.29)	(2.31)
Board independence$_{i,t-1}$	0.623*	Firm age$_{i,t-1}$	-0.011**	-0.021***
	(1.95)		(-2.51)	(-3.71)
Firm age$_{i,t-1}$	-0.021***	Firm size$_{i,t-1}$	0.153***	0.200***
	(-3.73)		(6.54)	(7.32)
Firm size$_{i,t-1}$	0.143***	ROA$_{i,t-1}$	0.516***	0.737***
	(5.81)		(3.04)	(3.46)
Leverage$_{i,t-1}$	-0.235	Leverage$_{i,t-1}$	-0.462***	-0.790***
	(-1.52)		(-4.77)	(-6.45)
ROA$_{i,t-1}$	0.444	Cash ratio$_{i,t-1}$	0.004	0.048
	(1.48)		(0.06)	(0.60)
Market-to-book ratio$_{i,t-1}$	0.016***	Asset turnover$_{i,t-1}$	0.102***	0.191***
	(3.56)		(2.73)	(3.82)
Sales growth$_{i,t-1}$	0.017	Sales growth$_{i,t-1}$	-0.059***	-0.090***
	(1.01)		(-5.84)	(-6.80)
Mean Overseas$_{i,t-1}$	0.921***	Inverse Mills Ratio	1.327***	1.305***
	(3.56)		(3.71)	(3.12)
Constant	-4.063***	Constant	-4.223***	-5.356***
	(-7.24)		(-8.37)	(-9.11)
Year	YES	Year	YES	YES
Industry	YES	Industry	YES	YES
Observations	23,825	Observations	22,961	22,961
Pseudo R^2	0.041	Adjusted R^2	0.294	0.359

（5）工具变量法

本章试图探讨海归高管对企业创新的影响，但研究中可能存在遗漏变量的内生性问题,即模型中可能遗漏既影响高管海外背景又影响企业创新的变量。因此,采用工具变量法进行稳健性检验,工具变量法能够较好地解决遗漏变量偏误。应用工具变量法的核心是找到作为解释变量(即高管海外背景)的工具变量。首先,我们选择同行业其他企业聘用海归高管比例的均值(Mean overseas)作为第一个工具变量。同行业企业面临相似的行业特征和经营风险,同行业其他企业聘用海归高管的意愿可能影响本企业的人才选聘决策,但不会直接影响本企业的创新水平,因此 Mean overseas 满足工具变量相关性和外生性的要求。其次,采用清朝末年英国在中国建立殖民地所属省份(British colony)作为第二个工具变量。晚清时期英属殖民地主要有上海、天津、山东威海卫、湖北汉口、江苏镇江、江西九江和广东广州,如果上市公司所在地属于上述地区所在省份(或直辖市)则 British colony 取值为1,否则为0。上述地区在晚清时期被迫开放,当地人民较早受到西方价值观念的影响,更有机会接触西方文化,因而更有可能去国外发展;同时,由于这些地区对外开放程度较高,也更容易成为海归人才就业和生活的选择,因而位于这些省份的企业更有可能聘请到具有海外背景的管理者。但是,由于英国占领中国领土作为殖民地的事件发生时点早于本研究样本近百年,并不可能对企业当前的创新决策产生影响。综上所述,两个工具变量在理论上均与解释变量(高管海外背景)具有较强的相关性,但与被解释变量(企业创新)无关,符合工具变量相关性和外生性的要求。

表4-9 的 Panel A 报告了第一阶段的回归结果,从中可以看出工具变量 Mean overseas 和 British colony 的估计系数均在1%的水平上显著为正,说明工具变量的解释力较好。表4-9 的 Panel B 报告了工具变量法的回归结果,Instrumented overseas dummy 和 Instrumented overseas number 的估计系数均在1%的水平上显著为正,说明控制了潜在的遗漏变量偏误后,高管海外背景与企业创新依旧显著正相关,进一步支持了研究结论。

表4-9 稳健性检验:工具变量法回归结果

Panel A:第一阶段	Overseas dummy$_{i,t}$ (1)	Panel B:第二阶段	Patent Invention$_{i,t}$ (1)	Patent Invention$_{i,t}$ (2)
Mean overseas$_{i,t-1}$	0.375*** (7.19)	Instrumented overseas dummy$_{i,t-1}$	2.371*** (7.09)	

续表

Panel A：第一阶段	Overseas dummy$_{i,t}$ (1)	Panel B：第二阶段	Patent Invention$_{i,t}$ (1)	Patent Invention$_{i,t}$ (2)
British colony$_{i,t-1}$	0.035 ***	Instrumented overseas number$_{i,t-1}$		1.242 ***
	(7.26)			(7.68)
Institutional ownership$_{i,t-1}$	0.001	Institutional ownership$_{i,t-1}$	0.250 ***	0.258 ***
	(0.11)		(6.15)	(5.63)
Managerial ownership$_{i,t-1}$	0.010	Managerial ownership$_{i,t-1}$	0.274 ***	0.323 ***
	(0.75)		(5.78)	(7.27)
Firm age$_{i,t-1}$	-0.004 ***	Firm age$_{i,t-1}$	-0.010 ***	-0.013 ***
	(-7.69)		(-4.17)	(-6.83)
Firm size$_{i,t-1}$	0.026 ***	Firm size$_{i,t-1}$	0.147 ***	0.137 ***
	(11.29)		(12.41)	(11.33)
ROA$_{i,t-1}$	0.044	ROA$_{i,t-1}$	0.616 ***	0.612 ***
	(1.10)		(4.48)	(4.71)
Leverage$_{i,t-1}$	-0.-18	Leverage$_{i,t-1}$	-0.486 ***	-0.538 ***
	(-1.01)		(-7.96)	(-9.37)
Cash ratio$_{i,t-1}$	0.063 ***	Cash ratio$_{i,t-1}$	-0.140 **	-0.125 **
	(4.24)		(-2.52)	(-2.43)
Asset turnover$_{i,t-1}$	-0.019 ***	Asset turnover$_{i,t-1}$	0.132 ***	0.115 ***
	(-3.30)		(6.44)	(6.09)
Sales growth$_{i,t-1}$	0.003	Sales growth$_{i,t-1}$	-0.053 ***	-0.046 ***
	(0.77)		(-3.77)	(-3.45)
Constant	-0.403 ***	Constant	-4.087 ***	-3.611 ***
	(-7.31)		(-19.66)	(-15.65)
Year	YES	Year	YES	YES
Industry	YES	Industry	YES	YES
Observations	23,220	Observations	23,220	23,220
Adjusted R^2	0.035	Adjusted R^2	0.035	0.037

(6) 倾向评分匹配法

为了减轻潜在的由因果倒置引起的内生性问题，采用倾向评分匹配法进行稳健性检验。基于倾向评分生成对照组样本的最大优势在于能够控制与公司任命海归高管决策相关的特征变量（Bowen et al.，2010）。检验的思路大致为：首先用全样本估计 probit 模型，为有海归高管的公司（处理组样本）匹配一组在公司特征上最为接近的无海归高管的公司（对照组样本），为了确保配对成功有效，对配对样本进行 pstest 平衡性测试。然后，采用生成的测试组和控制组样本重新估计模型（4-1），并将结果报告在表4-10中。*Overseas dummy* 和 *Overseas number* 的估计系数均在1%的水平上显著为正，表明在使用配对方法控制样本选择性偏差后，高管海外背景与企业创新依旧显著正相关，进一步支持了本章的研究结论。

表4-10 稳健性检验：PSM 回归结果

	$Patent\ invention_{i,t}$		$Patents\ total_{i,t}$	
	(1)	(2)	(3)	(4)
$Overseas\ dummy_{i,t-1}$	0.134***		0.150***	
	(3.06)		(3.05)	
$Overseas\ number_{i,t-1}$		0.096***		0.097***
		(2.99)		(2.91)
$Institutional\ ownership_{i,t-1}$	0.286***	0.287***	0.306***	0.306***
	(4.02)	(4.04)	(3.31)	(3.32)
$Managerial\ ownership_{i,t-1}$	0.287**	0.290**	0.441**	0.444**
	(2.12)	(2.13)	(2.13)	(2.14)
$Firm\ age_{i,t-1}$	-0.021***	-0.021***	-0.032***	-0.032***
	(-5.55)	(-5.58)	(-6.27)	(-6.30)
$Firm\ size_{i,t-1}$	0.219***	0.217***	0.268***	0.266***
	(9.41)	(9.35)	(10.28)	(10.21)
$ROA_{i,t-1}$	0.648***	0.645***	0.844***	0.842***
	(4.08)	(4.07)	(4.16)	(4.15)
$Leverage_{i,t-1}$	-0.565***	-0.569***	-0.904***	-0.908***
	(-5.57)	(-5.60)	(-6.99)	(-7.03)
$Cash\ ratio_{i,t-1}$	-0.003	-0.005	0.011	0.010
	(-0.04)	(-0.07)	(0.13)	(0.12)
$Asset\ turnover_{i,t-1}$	0.102**	0.101**	0.197***	0.197***
	(2.49)	(2.48)	(3.64)	(3.63)
$Sales\ growth_{i,t-1}$	-0.046***	-0.046***	-0.075***	-0.074***
	(-4.65)	(-4.64)	(-5.67)	(-5.67)

续表

	Patent invention$_{i,t}$		Patents total$_{i,t}$	
	(1)	(2)	(3)	(4)
Constant	-4.994***	-4.936***	-6.165***	-6.109***
	(-9.27)	(-9.21)	(-10.06)	(-9.99)
Year	YES	YES	YES	YES
Industry	YES	YES	YES	YES
Observations	20,951	20,951	20,951	20,951
Adjusted R^2	0.29	0.29	0.36	0.36

4.5 拓展性研究

在拓展性研究中，进一步细分高管海外背景获取国家的经济发展水平和投资者法律保护程度、海归高管的海外经历类型、学历特征以及职位特征等对于企业创新的影响。

4.5.1 高管海外背景获取国的经济发展程度

本节进一步探究高管海外背景获取国家的经济发展程度对于企业创新的影响。当高管在经济发展水平更高的国家留学或工作时，更容易学习到先进的科学文化知识，也更容易掌握海外企业一流的技术和管理经验，因而更有能力促进企业创新。

为了检验上述推断，依据经济发展程度将高管海外背景特征分成发达国家背景和发展中国家背景，分别定义两个变量：Overseas developed 代表企业当年度聘用的从发达国家获得海外背景的高管人数，Overseas emerging 代表企业当年度聘用的从发展中国家获得海外背景的高管人数。将上述两个变量分别带入模型（4-1）中进行回归，回归结果报告在表4-11中。从回归结果可见，无论采用 Patent invention 还是 Patents total 作为企业创新的衡量指标，Overseas developed 均在1%的水平上显著为正（估计系数分别为0.100和0.104；t 值分别为3.13和3.12），说明具有发达国家海外背景的高管更能促进企业创新；相反，Overseas emerging 的系数在统计上不显著，说明具有发展中国家海外背景的高管对企业创新无显著影响，该结果符合预期。

表4-11 经济发展程度、高管海外背景与企业创新

	$Patent\ invention_{i,t}$		$Patents\ total_{i,t}$	
	(1)	(2)	(3)	(4)
$Overseas\ developed_{i,t-1}$	0.100***		0.104***	
	(3.13)		(3.12)	
$Overseas\ emerging_{i,t-1}$		-0.015		-0.079
		(-0.08)		(-0.33)
$Institutional\ ownership_{i,t-1}$	0.255***	0.254***	0.271***	0.270***
	(3.79)	(3.76)	(3.04)	(3.03)
$Managerial\ ownership_{i,t-1}$	0.317**	0.316**	0.499**	0.499**
	(2.31)	(2.30)	(2.34)	(2.33)
$Firm\ age_{i,t-1}$	-0.019***	-0.019***	-0.028***	-0.029***
	(-5.11)	(-5.23)	(-5.81)	(-5.89)
$Firm\ size_{i,t-1}$	0.204***	0.210***	0.251***	0.257***
	(9.26)	(9.38)	(10.04)	(10.21)
$ROA_{i,t-1}$	0.704***	0.712***	0.919***	0.928***
	(4.76)	(4.77)	(4.83)	(4.85)
$Leverage_{i,t-1}$	-0.527***	-0.527***	-0.850***	-0.850***
	(-5.58)	(-5.56)	(-7.05)	(-7.03)
$Cash\ ratio_{i,t-1}$	0.004	0.016	0.048	0.060
	(0.06)	(0.26)	(0.62)	(0.78)
$Asset\ turnover_{i,t-1}$	0.094**	0.092**	0.181***	0.179***
	(2.53)	(2.47)	(3.67)	(3.62)
$Sales\ growth_{i,t-1}$	-0.047***	-0.047***	-0.078***	-0.078***
	(-5.09)	(-5.08)	(-6.24)	(-6.23)
Constant	-4.684***	-4.777***	-5.829***	-5.928***
	(-9.17)	(-9.25)	(-9.89)	(-10.01)
Year	YES	YES	YES	YES
Industry	YES	YES	YES	YES
Observations	23,391	23,391	23,391	23,391
Adjusted R^2	0.29	0.29	0.36	0.36

4.5.2 高管海外背景获取国的投资者法律保护程度

本节从高管海外背景获取国的投资法律保护程度视角探究海归高管对企

业创新的影响。由于企业创新是一项具有战略性和长期性的投资活动,投资者对于企业创新重要性的理解和支持有助于高管做出创新决策,同时,较高水平的法制环境也有利于创新成果的维护。由此预期当高管从较高投资者法律保护程度的国家获取海外背景时,对企业创新的影响更加显著。

为了检验上述推断,依据国家的投资者法律保护指数将高管海外背景特征分成高于中位数和低于中位数两组,Overseas high 和 Overseas low 分别代表企业当年度聘用的从高投资法律保护水平国家和低投资法律保护水平国家获取海外背景的高管人数。将上述两个变量分别带入模型(4-1)中进行回归,回归结果报告在表4-12中。从回归结果可见,无论采用 Patent invention 还是 Patents total 作为企业创新的衡量指标,Overseas high 均在1%的水平上显著为正,说明从高投资法律保护水平国家获取海外背景的高管更能促进企业创新;相反,Overseas low 的系数为负,且在统计上不显著,说明从低投资法律保护水平国家获取海外背景的高管对企业创新无显著影响,该结果符合预期。

表4-12 投资者法律保护程度、高管海外背景与企业创新

	$Patent\ invention_{i,t}$		$Patents\ total_{i,t}$	
	(1)	(2)	(3)	(4)
$Overseas\ high_{i,t-1}$	0.099***		0.103***	
	(3.06)		(3.06)	
$Overseas\ low_{i,t-1}$		-0.029		-0.091
		(-0.26)		(-0.69)
$Institutional\ ownership_{i,t-1}$	0.255***	0.254***	0.271***	0.270***
	(3.80)	(3.76)	(3.05)	(3.03)
$Managerial\ ownership_{i,t-1}$	0.316**	0.316**	0.499**	0.498**
	(2.31)	(2.30)	(2.34)	(2.33)
$Firm\ age_{i,t-1}$	-0.019***	-0.019***	-0.028***	-0.029***
	(-5.11)	(-5.23)	(-5.81)	(-5.90)
$Firm\ size_{i,t-1}$	0.204***	0.210***	0.251***	0.257***
	(9.28)	(9.35)	(10.06)	(10.20)
$ROA_{i,t-1}$	0.701***	0.711***	0.916***	0.926***
	(4.74)	(4.75)	(4.82)	(4.83)

续表

	Patent invention$_{i,t}$		Patents total$_{i,t}$	
	(1)	(2)	(3)	(4)
Leverage$_{i,t-1}$	-0.529***	-0.528***	-0.851***	-0.851***
	(-5.59)	(-5.56)	(-7.06)	(-7.03)
Cash ratio$_{i,t-1}$	0.005	0.016	0.049	0.061
	(0.07)	(0.26)	(0.63)	(0.78)
Asset turnover$_{i,t-1}$	0.093**	0.092**	0.180***	0.178***
	(2.52)	(2.47)	(3.66)	(3.61)
Sales growth$_{i,t-1}$	-0.047***	-0.047***	-0.078***	-0.078***
	(-5.08)	(-5.08)	(-6.24)	(-6.23)
Constant	-4.691***	-4.779***	-5.836***	-5.934***
	(-9.19)	(-9.23)	(-9.91)	(-10.00)
Year	YES	YES	YES	YES
Industry	YES	YES	YES	YES
Observations	23,391	23,391	23,391	23,391
Adjusted R^2	0.29	0.29	0.36	0.36

4.5.3 高管海外学习背景与海外工作背景

本节研究高管海外学习经历和海外工作经历对企业创新的影响。Overseas work 和 Overseas study 分别衡量企业当年度聘用的具有海外工作经历和海外学习经历的高管人数。将上述两个变量分别带入模型（4-1）中进行回归，回归结果报告在表4-13中。从中可以看出，海外工作背景变量（Overseas work）在10%的水平上显著正相关，海外学习背景变量（Overseas study）均在1%的水平上显著正相关。从回归系数的大小上可以发现，海外学习背景变量的系数比海外工作背景变量的系数更大，以上结果说明相对于海外工作经历，高管的海外学习经历对企业创新的影响更大。

表4-13 高管海外学习背景、工作背景与企业创新

	Patent invention$_{i,t}$		Patents total$_{i,t}$	
	(1)	(2)	(3)	(4)
Overseas work$_{i,t-1}$	0.083*		0.104*	
	(1.74)		(1.89)	

续表

	Patent invention$_{i,t}$		Patents total$_{i,t}$	
	(1)	(2)	(3)	(4)
Overseas study$_{i,t-1}$		0.116***		0.119***
		(3.20)		(3.18)
Institutional ownership$_{i,t-1}$	0.254***	0.255***	0.270***	0.271***
	(3.76)	(3.80)	(3.02)	(3.05)
Managerial ownership$_{i,t-1}$	0.318**	0.318**	0.501**	0.501**
	(2.31)	(2.31)	(2.34)	(2.34)
Firm age$_{i,t-1}$	-0.019***	-0.019***	-0.029***	-0.028***
	(-5.17)	(-5.10)	(-5.85)	(-5.81)
Size$_{i,t-1}$	0.208***	0.203***	0.255***	0.250***
	(9.37)	(9.25)	(10.18)	(10.02)
ROA$_{i,t-1}$	0.706***	0.704***	0.920***	0.919***
	(4.73)	(4.75)	(4.82)	(4.82)
Leverage$_{i,t-1}$	-0.529***	-0.528***	-0.852***	-0.850***
	(-5.58)	(-5.58)	(-7.05)	(-7.05)
Cash$_{i,t-1}$	0.012	0.005	0.056	0.050
	(0.19)	(0.09)	(0.71)	(0.64)
Turn$_{i,t-1}$	0.093**	0.093**	0.180***	0.180***
	(2.51)	(2.52)	(3.65)	(3.66)
Sales growth$_{i,t-1}$	-0.047***	-0.047***	-0.077***	-0.078***
	(-5.03)	(-5.08)	(-6.19)	(-6.24)
Constant	-4.756***	-4.665***	-5.899***	-5.811***
	(-9.24)	(-9.15)	(-9.99)	(-9.86)
Year	YES	YES	YES	YES
Industry	YES	YES	YES	YES
Observations	23,391	23,391	23,391	23,391
Adjusted R^2	0.29	0.29	0.36	0.36

4.5.4 高管海外学习背景的学历特征

为进一步探究高管海外学习背景对企业创新的影响，细分高管在海外获取的学历特征，定义五个变量：Overseas PhD、Overseas graduate、Overseas undergraduate、Overseas high school、Overseas training 分别代表企业当年度聘用的在海外获得博士学位、硕士学位、学士学位、高中学习经历、六个月以上培训经历的高管的人数。将上述五个变量分别带入模型（4-1）中进行回归，回归结果报告在表4-14中。从中可以发现，*Overseas PhD* 和 *Overseas graduate* 的估计系数在1%的水平上显著为正（估计系数分别为0.419和0.135；t值分别为3.64和2.67），说明在海外取得高学历对企业创新的正向促进作用最为显著；*Overseas undergraduate*、*Overseas high school* 和 *Overseas training* 的估计系数在统计上不显著，说明高管在海外取得硕士以下学位对企业创新无显著影响。

表4-14 海归高管学历特征与企业创新

	$Patent\ invention_{i,t}$				
	(1)	(2)	(3)	(4)	(5)
$Overseas\ PhD_{i,t-1}$	0.419***				
	(3.64)				
$Overseas\ graduate_{i,t-1}$		0.135***			
		(2.67)			
$Overseas\ undergraduate_{i,t-1}$			0.052		
			(0.74)		
$Overseas\ high\ school_{i,t-1}$				-0.220	
				(-0.79)	
$Overseas\ training_{i,t-1}$					0.021
					(0.26)
$Institutional\ ownership_{i,t-1}$	0.247***	0.256***	0.254***	0.255***	0.254***
	(3.70)	(3.81)	(3.77)	(3.77)	(3.76)
$Managerial\ ownership_{i,t-1}$	0.313**	0.318**	0.316**	0.315**	0.316**
	(2.30)	(2.31)	(2.30)	(2.30)	(2.30)
$Firm\ age_{i,t-1}$	-0.019***	-0.019***	-0.019***	-0.019***	-0.019***
	(-5.13)	(-5.12)	(-5.23)	(-5.24)	(-5.23)
$Size_{i,t-1}$	0.207***	0.204***	0.210***	0.210***	0.210***
	(9.35)	(9.27)	(9.37)	(9.37)	(9.38)
$ROA_{i,t-1}$	0.694***	0.719***	0.709***	0.713***	0.711***
	(4.66)	(4.85)	(4.74)	(4.76)	(4.75)

续表

	Patent invention$_{i,t}$				
	(1)	(2)	(3)	(4)	(5)
Leverage$_{i,t-1}$	-0.525***	-0.524***	-0.529***	-0.526***	-0.528***
	(-5.59)	(-5.53)	(-5.57)	(-5.54)	(-5.56)
Cash$_{i,t-1}$	0.007	0.011	0.016	0.017	0.016
	(0.11)	(0.17)	(0.25)	(0.27)	(0.25)
Turn$_{i,t-1}$	0.094**	0.091**	0.092**	0.092**	0.092**
	(2.54)	(2.47)	(2.47)	(2.48)	(2.48)
Sales growth$_{i,t-1}$	-0.046***	-0.048***	-0.047***	-0.047***	-0.047***
	(-5.00)	(-5.12)	(-5.09)	(-5.09)	(-5.08)
Constant	-4.725***	-4.679***	-4.772***	-4.772***	-4.776***
	(-9.24)	(-9.17)	(-9.24)	(-9.24)	(-9.25)
Year	YES	YES	YES	YES	YES
Industry	YES	YES	YES	YES	YES
Observations	23,391	23,391	23,391	23,391	23,391
Adjusted R^2	0.29	0.29	0.29	0.29	0.29

4.5.5 海归高管的职位特征

本节考察海归高管的职位特征对企业创新的影响。当高管职位越高时，更能对企业创新决策施加影响，因而预期职位越高的海归高管对企业创新的影响更为显著。在实证检验中，本研究将总经理和副总经理定义为高级职位高管，将除总经理和副总经理之外的其他高级管理人员定义为低级别高管，由此设定 Overseas senior 和 Overseas junior 两个变量，分别代表企业当年度聘用的高级职位和低级职位高管的人数。将这两个变量分别带入模型（4-1）中进行回归，回归结果报告在表4-15中。回归结果显示，Overseas senior 的估计系数在1%的水平上显著为正（估计系数分别为0.115和0.122；t 值分别为3.37和3.50），说明担任高级职位的海归高管显著促进了企业创新；相反，Overseas junior 的系数为正，但在统计意义上不显著，说明高管职位高低对企业创新决策具有重要影响，当海归高管处于较低职位时无法对企业创新施加有利影响。

表 4-15　海归高管的职位特征与企业创新

	Patent invention$_{i,t}$		Patents total$_{i,t}$	
	(1)	(2)	(3)	(4)
Overseas senior$_{i,t-1}$	0.115***		0.122***	
	(3.37)		(3.50)	
Overseas junior$_{i,t-1}$		0.040		0.014
		(0.49)		(0.16)
Institutional ownership$_{i,t-1}$	0.254***	0.254***	0.271***	0.270***
	(3.78)	(3.76)	(3.04)	(3.03)
Managerial ownership$_{i,t-1}$	0.317**	0.315**	0.500**	0.498**
	(2.32)	(2.30)	(2.34)	(2.33)
Firm age$_{i,t-1}$	−0.019***	−0.019***	−0.028***	−0.029***
	(−5.13)	(−5.23)	(−5.83)	(−5.91)
Firm size$_{i,t-1}$	0.204***	0.209***	0.251***	0.257***
	(9.26)	(9.38)	(10.04)	(10.22)
ROA$_{i,t-1}$	0.696***	0.713***	0.909***	0.927***
	(4.70)	(4.76)	(4.79)	(4.84)
Leverage$_{i,t-1}$	−0.528***	−0.527***	−0.851***	−0.850***
	(−5.58)	(−5.56)	(−7.05)	(−7.03)
Cash ratio$_{i,t-1}$	0.007	0.015	0.051	0.060
	(0.11)	(0.24)	(0.66)	(0.77)
Asset turnover$_{i,t-1}$	0.094**	0.092**	0.181***	0.179***
	(2.55)	(2.47)	(3.68)	(3.62)
Sales growth$_{i,t-1}$	−0.048***	−0.047***	−0.078***	−0.078***
	(−5.13)	(−5.07)	(−6.28)	(−6.23)
Constant	−4.693***	−4.767***	−5.836***	−5.922***
	(−9.17)	(−9.25)	(−9.89)	(−10.01)
Year	YES	YES	YES	YES
Industry	YES	YES	YES	YES
Observations	23,391	23,391	23,391	23,391
Adjusted R^2	0.29	0.29	0.36	0.36

4.5.6　创新型行业与非创新型行业

考虑到沪深 A 股上市公司并非都为创新型企业，部分企业无须依赖创新活动也可以持续经营，它们从事创新活动较少，甚至未专门披露创新的数据。因此，借鉴袁建国等（2015）和潘越等（2015）的研究，依据企业所属的行业类型进行分组回归，分别考察海归高管对创新型行业与非创新型行业的影响差异。创新型行业包括制造业（C）、建筑业（E）、信息传输、软件和信息技术服务业（I）以及科学研究和技术服务业（M）。

表4-16报告了创新型行业与非创新型行业的分组回归结果。其中，列（1）~列（2）、列（5）~列（6）属于创新型行业企业（Innovative），列（3）~列（4）、列（7）~列（8）属于非创新型行业企业（Non-Innovative）。回归结果显示，高管海外背景哑变量（$Overseas\ dummy$）在创新型行业分组中的估计系数均在1%的水平上显著为正，同时，高管海外背景人数变量（$Overseas\ number$）在创新型行业分组中的估计系数均在5%的水平上显著为正，虽然它们在非创新型行业中系数也为正但均不显著。以上结果说明高管海外背景对企业创新的促进作用集中表现在创新型企业中。

表 4-16 创新型行业 V.S 非创新型行业

	Patent invention$_{i,t}$				Patents total$_{i,t}$			
	Innovative		Non-innovative		Innovative		Non-innovative	
	(1)	(2)	(3)	(4)	(5)	(6)	(7)	(8)
Overseas dummy$_{i,t-1}$	0.151***		0.061		0.167***		0.074	
	(2.84)		(1.33)		(2.83)		(1.30)	
Overseas number$_{i,t-1}$		0.095**		0.050		0.094**		0.058
		(2.55)		(1.50)		(2.43)		(1.44)
Institutional ownership$_{i,t-1}$	0.354***	0.356***	0.148***	0.148***	0.377***	0.378***	0.136**	0.135**
	(3.61)	(3.63)	(2.61)	(2.59)	(2.99)	(3.00)	(2.07)	(2.06)
Managerial ownership$_{i,t-1}$	0.379***	0.383***	0.044	0.044	0.587***	0.591***	0.093	0.093
	(2.59)	(2.59)	(0.93)	(0.93)	(2.63)	(2.63)	(1.09)	(1.09)
Firm age$_{i,t-1}$	-0.023***	-0.023***	-0.009***	-0.009***	-0.035***	-0.035***	-0.012***	-0.012***
	(-4.94)	(-4.97)	(-3.09)	(-3.04)	(-5.91)	(-5.94)	(-3.02)	(-2.99)
Firm size$_{i,t-1}$	0.286***	0.284***	0.079**	0.079**	0.349***	0.347***	0.099***	0.099***
	(10.24)	(10.21)	(2.32)	(2.30)	(10.74)	(10.70)	(2.81)	(2.79)
ROA$_{i,t-1}$	0.839***	0.839***	0.048	0.049	1.044***	1.047***	0.178	0.178
	(4.41)	(4.40)	(0.32)	(0.33)	(4.27)	(4.28)	(0.97)	(0.97)
Leverage$_{i,t-1}$	-0.682***	-0.687***	-0.130	-0.130	-1.158***	-1.164***	-0.150	-0.150
	(-5.38)	(-5.42)	(-1.43)	(-1.43)	(-7.16)	(-7.19)	(-1.41)	(-1.41)
Cash ratio$_{i,t-1}$	0.065	0.062	-0.179*	-0.179*	0.135	0.133	-0.213*	-0.213*
	(0.83)	(0.79)	(-1.70)	(-1.71)	(1.36)	(1.33)	(-1.89)	(-1.89)

续表

		Patent invention$_{i,t}$				Patents total$_{i,t}$			
		Innovative		Non-innovative		Innovative		Non-innovative	
		(1)	(2)	(3)	(4)	(5)	(6)	(7)	(8)
Asset turnover$_{i,t-1}$		0.112**	0.111**	0.041	0.041	0.257***	0.256***	0.023	0.024
		(2.35)	(2.33)	(0.69)	(0.70)	(3.88)	(3.86)	(0.38)	(0.39)
Growth$_{i,t-1}$		-0.087***	-0.087***	-0.003	-0.003	-0.144***	-0.143***	-0.002	-0.003
		(-5.88)	(-5.85)	(-0.60)	(-0.61)	(-7.37)	(-7.35)	(-0.36)	(-0.36)
Constant		-5.982***	-5.923***	-1.672**	-1.664**	-7.043***	-6.992***	-2.063***	-2.054***
		(-9.44)	(-9.39)	(-2.21)	(-2.20)	(-9.43)	(-9.37)	(-2.63)	(-2.62)
Year		YES	YES	YES	YES	YES	YES	YES	YES
Industry		YES	YES	YES	YES	YES	YES	YES	YES
Observations		16,284	16,284	7,107	7,107	16,284	16,284	7,107	7,107
Adjusted R^2		0.28	0.28	0.20	0.20	0.33	0.33	0.21	0.21

4.5.7 国有企业与非国有企业

本节考察海归高管对企业创新的影响在国有企业和民营企业中的差异。相比于民营企业，国有企业可能在创新战略的实施方面更缺乏动力，原因具体表现在以下三点：首先，国有企业主导的行业大多与国民生计息息相关，例如供水、邮政、电力供应与传输等，因此国有企业对社会效益的关注程度更高；其次，国有企业拥有政府支持，在贷款等方面的融资约束较少，能够享受一定水平的利率优惠（Dewenter & Malatesta，2001），因此它们缺乏与民营企业在创新产品和创新服务等方面竞争的动力，更倾向于在已有优势行业中获取利润；最后，部分文献发现国有企业的运行效率总体上低于民营企业（Megginson et al.，1994；Dewenter & Malatesta，2001），由此推断国有企业行政效率的低下会阻碍他们的创新能力。基于以上分析，预测高管海外背景对企业创新的促进作用在民营企业中更为突出。

表4-17报告了国有企业与非国有企业的分组回归结果。其中，列（1）~列（2）、列（5）~列（6）属于国有企业（SOE），列（3）~列（4）、列（7）~列（8）属于民营企业（Non-SOE）。回归结果显示，高管海外背景哑变量（*Overseas dummy*）和高管海外背景人数变量（*Overseas number*）在民营企业分组的估计系数均在1%的水平上显著为正，但是在国有企业中系数为正但均不显著。以上结果说明海归高管在民营企业中更具有创新意识和创新动力。

表 4-17 国有企业 V.S 非国有企业

	Patent invention$_{i,t}$				Patens total$_{i,t}$			
	SOE		Non-SOE		SOE		Non-SOE	
	(1)	(2)	(3)	(4)	(5)	(6)	(7)	(8)
Overseas dummy$_{i,t-1}$	0.091		0.138***		0.051		0.165***	
	(0.86)		(3.07)		(0.43)		(3.27)	
Overseas number$_{i,t-1}$		0.115		0.086***		0.095		0.092***
		(1.48)		(2.70)		(1.15)		(2.64)
Institutional ownership$_{i,t-1}$	0.184	0.183	0.271***	0.270***	0.195	0.194	0.303***	0.302***
	(0.96)	(0.96)	(3.89)	(3.88)	(0.87)	(0.86)	(3.31)	(3.30)
Managerial ownership$_{i,t-1}$	1.356	1.348	0.315**	0.317**	1.518	1.505	0.468**	0.470**
	(1.13)	(1.12)	(2.22)	(2.23)	(0.97)	(0.96)	(2.21)	(2.21)
Firm age$_{i,t-1}$	-0.007	-0.007	-0.020***	-0.021***	-0.006	-0.006	-0.032***	-0.032***
	(-0.66)	(-0.67)	(-5.52)	(-5.56)	(-0.48)	(-0.48)	(-6.58)	(-6.63)
Firm size$_{i,t-1}$	0.217***	0.214***	0.190***	0.189***	0.264***	0.261***	0.241***	0.240***
	(4.83)	(4.72)	(8.48)	(8.45)	(5.30)	(5.19)	(9.22)	(9.18)
ROA$_{i,t-1}$	1.059***	1.059***	0.630***	0.630***	1.004**	1.007**	0.879***	0.880***
	(3.30)	(3.32)	(3.82)	(3.81)	(2.42)	(2.44)	(4.21)	(4.21)
Leverage$_{i,t-1}$	-0.666***	-0.666***	-0.481***	-0.485***	-0.863***	-0.863***	-0.860***	-0.865***
	(-3.41)	(-3.41)	(-4.68)	(-4.72)	(-3.54)	(-3.54)	(-6.45)	(-6.49)
Cash ratio$_{i,t-1}$	-0.344*	-0.355**	0.105*	0.104*	-0.287	-0.299	0.151**	0.151**
	(-1.95)	(-2.02)	(1.77)	(1.75)	(-1.27)	(-1.33)	(2.01)	(2.01)

续表

| | Patent invention$_{i,t}$ | | | | Patents total$_{i,t}$ | | | |
	SOE		Non-SOE		SOE		Non-SOE	
	(1)	(2)	(3)	(4)	(5)	(6)	(7)	(8)
Asset turnover$_{i,t-1}$	0.088	0.081	0.080**	0.080**	0.198**	0.192*	0.162***	0.161***
	(1.01)	(0.93)	(2.11)	(2.12)	(1.97)	(1.90)	(3.07)	(3.06)
Growth$_{i,t-1}$	-0.042*	-0.040	-0.046***	-0.046***	-0.065**	-0.063*	-0.078***	-0.078***
	(-1.70)	(-1.60)	(-4.58)	(-4.59)	(-1.99)	(-1.91)	(-5.80)	(-5.80)
Constant	-5.187***	-5.114***	-4.375***	-4.325***	-6.603***	-6.523***	-5.561***	-5.511***
	(-4.83)	(-4.72)	(-8.22)	(-8.18)	(-5.51)	(-5.40)	(-8.90)	(-8.84)
Year	YES	YES	YES	YES	YES	YES	YES	YES
Industry	YES	YES	YES	YES	YES	YES	YES	YES
Observations	5,348	5,348	17,876	17,876	5,348	5,348	17,876	17,876
Adjusted R^2	0.31	0.31	0.29	0.29	0.34	0.34	0.37	0.37

4.6 本章小结

近年来,伴随着我国大力引进海归人才的相关政策,海归高管已成为我国资本市场中不可忽视的重要主体。根据手工搜集的数据,以 2015 年为例,拥有海归高管的公司已达到上市公司总数的 19.71%。已有研究考察高管的海外背景对企业的跨国并购、海外融资、对外出口、高管薪酬契约等方面的影响(Giannetti et al., 2014;王化成等,2015),但尚无文献关注高管海外背景与企业创新的关系。

本章基于 2001 年至 2016 年中国沪深 A 股非金融业上市公司数据,以企业创新为研究的切入点,实证检验海归高管对企业创新行为的影响。研究结论表明,具有海外经历的高管促进了企业创新能力的提升,海归高管人数越多、在高管团队中占比越大时,对企业创新的促进作用越强。拓展性研究中进一步探讨海归高管获取海外背景的国家特征、学历学位特征、担任职位高低等细分特征对企业创新的影响。研究发现,仅当高管从经济发展水平更高、投资者法律保护制度更加健全的国家拥有留学或工作经历时,高管海外背景对企业创新的正向影响才成立;高管海外学习经历对企业创新的影响程度大于高管工作经历,当高管在海外取得研究生及以上学历时对企业创新的促进作用更为显著;当海归高管担任高级职位时,对企业创新的影响更强。分样本回归结果还发现,高管海外背景对企业创新的正向影响在创新型行业以及民营企业中更为显著。

本章的研究从高管个体特征视角拓展了企业创新影响因素领域的文献,实证研究表明海归高管在企业中发挥了重要作用,提升了公司的创新能力。从现实意义上看,本章的发现为我国政府的海外人才引进战略及创新型国家战略的实施提供了经验证据,为企业的海归人才招聘和引进提供决策参考。

第 5 章　海归高管与企业风险承担

合理的风险承担是企业谋求生存和发展、提升资源配置效率的重要因素，也是社会经济可持续增长的源泉和动力。面临复杂而多变的商业环境时，作为企业风险活动的直接决策者，高管评估和应对风险的态度和能力对企业风险承担具有关键性影响。那么，海归高管是否能够促进企业承担风险呢？本章采用实证研究的方法考察海归高管对企业风险承担的影响及其作用机理。

5.1　引言

企业风险承担体现企业面临风险决策时的偏好程度，以及企业追逐高收益过程中愿意付出的代价（Lumpkin & Dess，1996）。不承担任何风险的企业一定无法获得成功（Nakano & Nguyen，2012），企业主动地、合理地承担风险不仅有助于企业自身发展，也对整个经济社会可持续发展具有至关重要的意义。对微观企业而言，承担风险有助于企业获得较高的投资回报率，提升经营业绩与企业价值，促进股东财富的最大化；对宏观经济而言，市场整体较高的风险承担意愿能够促进社会生产率的提高，促进资本积累与技术进步，有助于宏观经济的可持续发展（John et al.，2008）。

作为企业决策者，面对复杂而多变的经济制度环境，高管的风险承担意愿和能力在很大程度上影响企业的风险承担决策。企业在经营过程中往往面临来自宏观经济状况、汇率波动、行业竞争、新产品研发等多方面的不确定性，是选择风险迎难而上，还是畏惧风险退缩不前，反映了管理层决策过程中的风险偏好。根据高阶梯队理论，高管个体的认知能力和特征会影响到其行为选择，并最终作用于企业的产出（Hambrick & Mason，1984）。拥有海外经历的高管具备国际化的视野和较为前卫的思维观念，他们接受海外文化的长期熏陶，风险承担意识可能更强。同时，海归高管在海外拥有学习和工作经验，可能掌握更加前沿的科学文化知识和企业管理经验，在海外的人脉资源积累使得他们拥有国际化的社会网络资源，更有能力应对复杂多变的组织环境，具备出色的风险应对和资源整合能力。基于以上分析，预期高管海外经历对企业风险承担具有正向影响。

鉴于此，本章采用2001—2015年中国沪深A股上市公司数据，采用盈余波动性度量风险承担水平，实证检验海归高管对企业总体风险承担的影响。主要研究结论有以下几点：第一，高管海外经历提升了企业总体风险承担水平。相对于没有聘用海归高管的上市公司，聘用海归高管的上市公司风险承担水平更高，并且当高管团队中海归高管人数越多、所占比例越大时，企业风险承担水平更高。在采用替代指标检验、Heckman两阶段方法、工具变量法以及倾向评分匹配法等多种稳健性检验方法后，高管海外背景对企业风险承担的正向影响依旧存在。第二，高管海外经历获取国的经济发展程度和投资者法律保护水平会影响高管的价值观念和行为选择，仅当高管从经济发展水平更高、投资者法律保护制度更加健全的国家取得留学或工作经历时，高管海外背景对企业风险承担的正向影响才成立，反之则不成立。第三，高管海外背景的类型对企业风险承担水平具有重要的影响，高管海外学习背景对企业风险承担的影响程度大于高管工作背景，且当高管在海外拥有硕士以上学位时对风险承担的促进作用更为显著。第四，当海归高管在企业中担任关键职位（董事长或总经理）时，高管的决策自主权与影响力更大，因而对企业风险承担的影响更为显著。此外，本章还检验了高管海外经历对高管过度自信心理的影响，采用高管超额薪酬、管理层盈利预测高估、过度投资、企业并购等四种常用方法度量高管过度自信的水平，发现高管海外经历对过度自信的影响并不显著，该结果说明高管海外经历对企业风险承担的影响主要由于海归高管更具风险承担的能力和意识，而非由于其具有过度自信等非理性心理。

本章的理论研究贡献可以归纳为以下三点：第一，从企业风险承担视角拓展高管海外背景经济后果领域的研究，并丰富了高阶梯队理论。自Hambrick & Mason（1984）提出高阶梯队理论（Upper Echelons Theory）以来，众多学者从高管个体特征视角探究高管对企业行为的影响，本章从高管海外经历视角出发，研究高管海外经历对企业风险承担的影响，拓展了高阶梯队理论领域的研究。第二，从高管海外背景获取国特征、高管职位特征、学历特征等多个维度丰富了高管海外背景的相关文献。已有关于高管海外背景领域的研究仅从高管是否具有海外背景的维度进行区分，但不同国家的制度背景和环境的差异性会对海归高管的思维和决策产生异质性影响。本章运用手工搜集的高管海外经历的详细数据，对高管海外具体经历进行细致性划分，是对高管海外经历领域文献的有益补充和完善。第三，本章还从高管海外经历视角丰富了企业风险承担影响因素领域的研究。已有文献关注到高管的军队背景（Benmelech & Frydman，2015）、政治党派特征（Christensen et al.，2015；Hutton et al.，2014）、过往职业经历（Schoar & Zuo，2017）等特征对企业风险承担的影响，尚无文献基于高管海外经历视角探究其对企业风险承担决策的影响，本章从该角度拓展了高管背景特征对企业风险承担影响领域的研究。

本章的后续内容安排如下：第二节为理论分析与研究假设推导；第三节为研究设计，包括数据来源与样本选择、模型设定与变量定义；第四节为实证结果分析，包括样本分布、描述性统计、相关性分析、回归结果分析和稳健性检验；第五节为拓展性研究，进一步细分高管海外背景获取国的经济发展水平和投资者法律保护水平、高管海外学习背景和工作背景、海归高管的学历特征和职位特征等对于企业风险承担的影响；第六节是本章小结。

5.2 理论分析与研究假设

高阶梯队理论认为高管并非是完全理性的，高管个人的认知基础和价值观会导致高管做出有限理性的决策，因此应充分关注高管个体特征对企业行为决策的影响（Hambrick & Mason，1984）。在企业经营中时常遇到不确定的竞争环境（Schwenk，1984），由于信息不对称，高管无法获知全方位的信息，依据高阶梯队理论，高管只能基于已有价值观念进行有限理性决策。高管的海外经历作为高管的重要人生经历，会对高管的认知能力和行为选择产生影响，并最终传导到企业风险决策当中。

首先，与本土成长起来的高管相比，海归高管受到海外文化熏陶，在思维观念上可能更具风险承担意识。Li et al.（2013）认为文化可以通过两条路径影响企业风险承担决策：一是文化可以作用于高管的认知能力及风险决策，二是文化对国家的正式制度和投资者保护环境等具有影响。他们基于35个国家跨国数据的实证研究发现，个人主义的价值观念显著促进了企业风险承担决策，而追求和谐与风险规避的文化特征对企业风险承担决策具有负面影响。个人主义价值观念注重个人能力的彰显，强调公平竞争和自由意识，当高管受到个人主义价值观念的熏陶时，更容易依靠自己的主观判断进行决策，能够更为强势地在管理层团队中发表自己的主张和见解，也更倾向于承担风险（Kreiser et al.，2010）。相反，集体主义的价值观念更强调集体内部的稳定和团结，力求通过和谐共处的人际关系实现团队效用最大化，受到集体主义价值观念影响的高管更为保守和内敛，更愿意服从大局而非彰显个人才能，因此在决策中的表现可能更偏向风险规避。中国自古以来崇尚"以和为贵"，推崇集体主义的价值观念，在文化底蕴方面讲求中庸和保守。因此，相对于中国本土成长的高管，拥有海外背景的高管受到海外文化的熏陶，个人主义的观念更为突出，更加注重个性的解放和自由，在决策中表现得更加风险偏好，更愿意接受新鲜的挑战，并不断适应变化的环境。综上所述，从风险承担意识角度，相对于本土成长的高管，海归高管对企业风险承担的正向影响更强。

其次，与本土成长起来的高管相比，海归高管拥有国际化的社会网络资源，且接受了先进的科学文化知识，可能更具风险承担能力。企业风险承担决策需要较多的资源配置（Almeida & Campello，2007），高管的资源整合能力和风险控制手段对企业承担决策非常重要（何威风等，2016）。优秀的管理者既能拥有主动承担风险的魄力和勇气，又需要具备避免使企业陷入过高风险困境的慧眼和能力。与本土成长的高管相比，具有海外背景的高管的风险承担能力可能更强，具体理由如下：第一，具有海外背景的高管拥有海外的学习和工作经验，掌握良好的科学文化知识和管理经验，能容易理解国际化经营的理念和商业知识，更能洞悉国际市场需求，降低企业经营决策中的不确定性，有效处理企业投资和融资过程中面临的复杂风险问题，促进企业积极走向海外市场，寻求对外扩张。第二，拥有海外背景的高管更可能拥有国际化的社会网络资源，资源配置和整合能力更强。社会网络作为一种非正式的制度安排，具有资源配置效应，能够协助企业以较低的成本便捷地获取较多资源（Dahl & Pedersen，2005），因而社会网络已成为很多企业谋求资源的关键途径。经营者的社会网络资源同样可以视作企业的社会资本（边燕杰和邱海雄，2000）。海归高管在海外的工作和学习经历能够帮助他们利用和整合国际化的资源，复合型背景也有助于他们了解国际性的商业规则和运作手段，因而更可能帮助企业建立稳定而持续的供应链关系，增强经营活动中资源配置的持续性和稳定性。第三，从应对风险时的心理素质角度，由于海归高管在海外留学和工作期间处于与祖国差异较大的生活环境，需要独立应对生活、社交以及情感等方面的压力，不断克服文化上的碰撞和冲击，经过多年锻炼更有可能具备沉着冷静的心理素质，进而更能应对企业中的不同风险环境，做出更负责任的风险承担决策。

根据以上讨论，基于对海归高管的风险承担意识和风险承担能力的分析，我们提出如下研究假设：

H5-1：在其他条件相同的情况下，海归高管能提升企业总体风险承担水平。

不同类型的高管海外背景对企业风险承担的影响可能存在差异性。已有文献表明区域经济发展水平、法律制度环境以及投资者法律保护制度会影响企业的风险承担决策（John et al.，2008；Acharya et al.，2011）。由此推断，不同国家的制度背景特征会影响海归高管的风险承担意识，并最终作用于微观企业行为。具体而言，预期高管从经济发展程度更高、投资者法律保护水平更好的国家获取海外背景时，承担风险的意识更强，原因有以下两方面：首先，依据代理理论，公司内部人可能为了攫取私人利益而侵占企业资源，为了追求职业生涯的稳定和个人收益最大化，他们可能放弃净现值为正、但风险较高的投融资项目。当地区经济发展水平更高、投资者法律保护制度更加完善时，高管受到的约束和监督更多，高管个人私利与股东利益的偏离程度更低，更容易做出接近于企业价值最大化的投资决策，因而这类海归高管的风险承担意愿更强。其次，当企业处于经济发展水平较为落后、投资者法律保护制度不够完善的地区时，企业对银行融资的依赖程度较高（John et al.，2008）。作为债权人，银行为了赚取剩余收益会更有动机说服企业采取保守型的投资决策，进而不利于企业风险承担水平的提升。基于以上分析，推断当海归高管从经济发展水平更高、投资者法律保护制度更健全的国家获

取留学和工作经历时,对企业风险承担的促进作用更显著。据此,提出第二个假设:

H5-2:在其他条件相同的情况下,当高管从经济发展水平更高、投资者法律保护制度更健全的国家获得海外背景时,海归高管对企业风险承担的促进作用更强。

5.3 研究设计

5.3.1 数据来源及样本选择

本研究使用的高管海外背景特征数据全部是从中国沪深 A 股上市公司年报中手工整理得到的。数据搜集方法与第四章相同,在此不再赘述。机构投资者数据和管理层盈利预测数据来自万德(Wind)数据库,企业财务数据和其他公司治理数据均来自国泰安(CSMAR)数据库。

本章的初始样本为 2001—2015 年我国全部沪深 A 股上市公司。选取 2001 年作为样本起点的原因是高管背景特征信息自 2001 年开始披露的较为规范,本研究在数据搜集阶段能获得的最新的财务报表数据年份为 2016 年,但由于企业风险承担的变量计算需要未来一年的数据,因此研究样本截止到 2015 年。在初始样本的基础上,进行了以下几方面的处理:①因金融业上市公司财务报表结构体系的特殊性,剔除金融业上市公司;②剔除相关变量存在缺失值的样本。经过上述筛选程序,我们共得到 2543 家上市公司 23086 个公司—年度的非平衡面板数据。为了防止异常值对回归结果的影响,所有连续变量均经过 1% 和 99% 的缩尾(Winsorize)处理。

5.3.2 模型设计与变量定义

为检验假设 5-1,即高管海外背景对企业总体风险承担水平的影响,建立如下回归模型,并进行了公司层面的聚类(cluster at the firm level)处理。

$$
\begin{aligned}
Risk\ taking_{i,t} = & \beta_0 + \beta_1 Overseas_{i,t} + \beta_2 Top5_{i,t} + \beta_3 Board\ size_{i,t} + \\
& \beta_4 Institutional\ ownership_{i,t} + \beta_5 State\ control_{i,t} + \\
& \beta_6 Firm\ size_{i,t} + \beta_7 Leverage_{i,t} + \beta_8 Sales\ growth_{i,t} + \\
& \beta_9 Firm\ age_{i,t} + \beta_{10} Asset\ turnover_{i,t} + \sum Industry + \\
& \sum Year + \varepsilon
\end{aligned} \quad (5-1)
$$

在模型 5-1 中，β_0 为截距项，β_i 为变量的估计系数，ε 为随机扰动项。

Overseas 代表高管海外背景，采用两种方式进行度量：①Overseas dummy 代表是否有海外背景，如果上市公司当年度至少有一名具有海外背景的高管取 1，否则取 0；②Overseas number 代表海归高管的人数，等于上市公司当年度聘请的海归高管的总人数。此外，在稳健性检验中，还采用具有海外背景的高管占所有高管人数的比例（Overseas percentage）以及 CEO 海外背景（Overseas CEO）度量高管海外背景的强度。

Risk taking 代表企业风险承担变量。已有文献常用的企业风险承担的度量指标包括：盈余波动性（John et al., 2008；Boubakri et al., 2013；Faccio et al., 2016）、股票收益率的波动性（张敏等，2015）、企业研发支出规模（如 Coles et al., 2006；Li et al., 2013）等。由于中国股票市场成立时间较短，股票同涨同跌现象较为严重，股票的波动性程度较大，因此股票市场回报率难以代表企业的风险承担水平。研发支出受到企业会计准则的影响较大，且非创新型企业的研发支出数据缺失值较多，因而基于研发支出波动性度量企业风险承担的适用性较差。基于以上原因，本研究选取盈余回报率的波动性度量企业风险承担，盈余回报的波动性越大反映经营的高风险项目越多，企业风险承担水平越高（John et al., 2008；Zhang, 2009）。基于以上分析，本研究定义两个衡量企业风险承担的变量：Risk taking1 和 Risk taking2。

Risk taking1 为基于总资产收益率（ROA）计算的盈余波动性，计算公式如（5-2）所示：

$$Risk\ taking1 = \sqrt{\frac{1}{N-1}\sum_{n=1}^{N}(Adjusted\_ROA_{in} - \frac{1}{N}\sum_{n=1}^{N}Adjusted\_ROA_{in})^2}\ (N=3) \quad (5-2)$$

其中，$Adjusted\ ROA_{in} = \frac{Ebit_{in}}{Asset_{in}} - \frac{1}{N}\sum_{k=1}^{N}\frac{Ebit_{kn}}{Asset_{kn}}$

公式（5-2）中，i 表示企业，n 表示观测年份，从 1 至 3 进行取值；N 代表行业企业总体数量，k 代表企业所属行业内的第 k 家企业。ROA 为总资产收益率，由公司息税前利润（Ebit）与企业年末总资产（Asset）之比计算得出，并采用年份滚动的方法，将前后一年共三年（即 t-1 年至 t+1 年）

作为一个观测时段①,计算企业盈余回报率的标准差。为了消除行业之间风险波动差异的影响,采用经行业均值调整的总资产收益率(Adjusted ROA)进行调整,即将公司盈余回报率减去该企业所处行业内所有企业盈余回报率平均值。行业分类依据证监会 2012 年公布的标准,由于制造业行业数量繁多,对制造业企业进一步取两位代码进行细分。为了使系数得到更好的显示,参考 Faccio et al. (2016) 的研究,将计算得出的盈余波动性变量乘以100,该做法对模型估计的显著性水平不构成影响。

*Risk taking*2 代表基于营业利润率(OROA)计算的盈余波动性,计算公式如 5-3 所示:

$$Risk\ taking2 = \sqrt{\frac{1}{N-1}\sum_{n=1}^{N}(Adjusted\_OROA_{in} - \frac{1}{N}\sum_{n=1}^{N}Adjusted\_OROA_{in})^2}\ (N=3) \tag{5-3}$$

其中,$Adjusted\ OROA_{in} = \frac{Operating\ income_{in}}{Asset_{in}} - \frac{1}{N}\sum_{k=1}^{N}\frac{Operating\ income_{kn}}{Asset_{kn}}$

模型 5-3 中,OROA 代表营业利润率,等于公司营业利润(Operating income)与年末总资产之比。滚动计算前后一年(共三年)营业利润率的标准差,并经行业平均水平进行调整,计算方法与 *Risk taking*1 相似,不再赘述。

模型 5-1 中控制的可能影响企业风险承担的公司治理变量包括:①*Top*5,前五大股东的持股比例,计算方法为前五大股东的持股数量与公司总股数之比。一方面,增加风险性项目投资能够提升公司总体收益,对于大股东而言也能获得更多的利益,因而大股东持股比例越高,企业风险承担水平可能更高(Faccio et al.,2016);另一方面,大股东也可能为了寻求私人利益,偏好稳健型投资项目(John et al.,2008),因此,对 *Top*5 的估计系数符号不做方向性预期。②*Board Size*,董事会规模,等于董事会总人数。董事会达成一致性意见的可能性随董事会人员构成的增加而降低,特别是在企业做出高风险决策时需要调和的因素更多,因此预期 *Board Size* 的系数显著为负。③*Institutional ownership*,机构投资者持股比例,计算方法为机构投资者

---

① 如果采用不同的样本观测期间(如 t 年至 t+2 年)进行计算,不改变本研究的主要发现。

持股数量与公司总股数之比。根据已有文献,机构投资者在公司治理决策中既可能扮演"短期主义者",追求短期利益最大化后退出企业,也有可能作为"长期监督者",促进企业风险承担,因此不对 Institutional ownership 的估计系数方向进行预期。④State control,国有控股,如果企业的实际控制人为国有性质则取 1,否则取 0。由于国有企业需要承担较多的社会责任,出于政治因素进行决策的可能性较大,投资决策可能更为稳健(李文贵和余明桂,2012),因此预期 State control 的系数显著为负。

模型 5-1 中控制的可能影响企业风险承担的财务特征变量包括:① Firm size,企业规模,等于企业年末总资产的自然对数。规模更小的企业风险偏好性更强,其风险承担水平显著更高(Coles et al.,2006;Low,2009),因此预期 Firm size 的系数显著为负。②Leverage,资产负债率,等于公司年末负债总额除以资产总额,风险承担水平更高的企业债务负担可能更为沉重,因此预期 Leverage 的系数为正。③Sales growth,销售收入增长率,等于企业当年销售总收入相对于上一年销售总收入的增长率。销售收入增长率越高的企业成长性越好,盈利能力越强,企业承担高风险进而获取高利润的动机减弱,因此预期 Sales growth 的系数为负。④Firm age 为企业年龄,等于观测年份与公司成立年份之差。已有研究表明,企业经营的年限越长,承担风险的水平越高(余明桂等,2013;张敏等,2015),因此预期 Firm age 的估计系数显著为正。⑤Asset turnover 为资产周转率,等于企业年度营业总收入除以年末总资产。此外,控制行业(Industry)和年份(Year)变量,其中行业分类依据证监会 2012 年行业划分标准,并对制造业企业取两位代码进行细分。主要变量的说明和定义见表 5-1。依据假设 5-1,预期 β_1 的估计系数显著为正,即高管海外背景对企业总体风险承担具有正向影响。

为了检验假设 5-2,即不同背景特征的海归高管对企业风险承担的影响,分别构建模型 5-4 和模型 5-5:

$$Risk\ taking_{i,t} = \beta_0 + \beta_1 Overseas\ developed_{i,t} + \beta_2 Overseas\ emerging_{i,t} + Controls_{i,t} + \sum Industry + \sum Year + \varepsilon \quad (5-4)$$

$$Risk\ taking_{i,t} = \beta_0 + \beta_1 Overseas\ high_{i,t} + \beta_2 Overseas\ low_{i,t} + Controls_{i,t} + \sum Industry + \sum Year + \varepsilon \quad (5-5)$$

在模型 5-4 中,解释变量分别为 Overseas developed 和 Overseas emerging。

Overseas developed 代表企业当年度聘用的从发达国家获得海外背景的高管人数，*Overseas emerging* 代表企业当年度聘用的从发展中国家获得海外背景的高管人数。被解释变量为企业风险承担（*Risk taking*），控制变量的选取也与模型 5-1 相同。依据假设 5-2 的推断，预期 *Overseas developed* 的估计系数显著为正，且估计系数大于 *Overseas emerging* 的估计系数。

在模型 5-5 中，解释变量分别为 *Overseas high* 和 *Overseas low*。*Overseas high* 代表企业当年度聘用的从高投资法律保护水平国家获得海外背景的高管人数，*Overseas low* 代表企业当年度聘用的从低投资法律保护水平国家获得海外背景的高管人数。各国投资者法律保护指数取自世界银行，投资者法律保护水平的高低以中国大陆地区的水平为基准，具体指数参见附录。如果高管同时具有多个国家的海外背景，则取投资者法律保护水平最高的国家相对应的投资者法律保护指数作为替代指标。采用多个国家投资者法律保护指数的均值作为替代指标检验的结果也很稳健。依据假设 5-2 的推断，预期 *Overseas high* 的估计系数显著为正，且估计系数大于 *Overseas low* 的估计系数。

表 5-1 变量定义

变量名称	变量符号	变量说明
Panel A：企业风险承担变量		
企业风险承担	*Risk taking*1	基于行业调整的资产回报率 *ROA* 衡量的公司风险承担水平，具体计算方法见正文
企业风险承担	*Risk taking*2	基于行业调整的营业利润回报率 *OROA* 衡量的公司风险承担水平，具体计算方法见正文
Panel B：高管海外背景变量		
高管海外背景哑变量	*Overseas dummy*	如果上市公司在 t 年聘用至少一名具有海外背景的高管则取 1；否则取 0
海归高管人数	*Overseas number*	上市公司 t 年度聘用的海归高管人数
海归高管比例	*Overseas percentage*	上市公司 t 年度聘用的海归高管人数除以高管总人数
海外背景 CEO	*Overseas CEO*	如果上市公司的 CEO 具有海外背景则取 1；否则取 0
海外背景董事长	*Overseas Chairman*	如果上市公司的董事长具有海外背景则取 1；否则取 0
海外背景 CEO 及董事长	*Overseas CEO & Chairman*	如果上市公司的 CEO 和董事长都具有海外背景则取 1；否则取 0

续表

变量名称	变量符号	变量说明
发达国家海归高管	Overseas developed	上市公司 t 年度聘用的具有发达国家海外背景的高管人数
发展中国家海归高管	Overseas emerging	上市公司 t 年度聘用的具有发展中国家海外背景的高管人数
高投资者法律保护国家海归高管	Overseas high	上市公司 t 年度聘用的具有投资者法律保护水平高于中国的国家海外背景的高管人数
低投资者法律保护国家海归高管	Overseas low	上市公司 t 年度聘用的具有投资者法律保护水平低于中国的国家海外背景的高管人数
高管海外学习背景	Overseas study	上市公司 t 年度聘用的具有海外学习背景的高管人数
高管海外工作背景	Overseas work	上市公司 t 年度聘用的具有海外工作背景的高管人数
博士学位海归高管	Overseas PhD	上市公司 t 年度聘用的在海外取得博士学位的高管人数
硕士学位海归高管	Overseas graduate	上市公司 t 年度聘用的在海外取得硕士学位的高管人数
学士学位海归高管	Overseas undergraduate	上市公司 t 年度聘用的在海外取得学士学位的高管人数
高中经历海归高管	Overseas high school	上市公司 t 年度聘用的在海外具有高中学习经历的高管人数
培训经历海归高管	Overseas training	上市公司 t 年度聘用的在海外具有六个月以上培训经历的高管人数
Panel C：其他变量		
机构投资者持股比例	Institutional ownership	上市公司 t 年度机构投资者的持股数量除以公司总股数
高管持股比例	Managerial ownership	上市公司 t 年度高管的持股数量占公司总股数的比例
公司年龄	Firm age	观测年度减去公司成立年度
公司规模	Firm size	上市公司年末总资产加 1 取自然对数
总资产收益率	ROA	上市公司 t 年度净利润除以年末总资产
资产负债率	Leverage	公司年末总负债除以年末总资产
现金比率	Cash ratio	公司资产负债表中列示的货币资金总额除以年末总资产
资产周转率	Asset turnover	上市公司 t 年度营业总收入与年末总资产的比值
销售收入增长率	Sales growth	上市公司 t 年度销售收入总额除以上年度销售收入总额再减 1
国有控股	State control	哑变量，如果上市公司为国有控股性质取 1；否则取 0

续表

变量名称	变量符号	变量说明
第一大股东持股比例	Top1	上市公司 t 年度第一大股东的持股数量除以公司总股数
董事会规模	Board size	上市公司 t 年度董事会总人数
董事会独立性	Board independence	上市公司 t 年度独立董事人数除以董事会总人数
市账比率	Market-to-book ratio	上市公司 t 年度市值与账面价值的比率
研发支出	R&D expenditure	上市公司 t 年度研发支出除以年末总资产
同行业海归高管聘用比率	Mean overseas	与上市公司处于同一行业的其他上市公司聘用具有海外背景的高管的比例的均值
海归人才引进政策	Policy	借鉴 Giannetti 等（2015）的研究，如果观测年度在各省海归人才引进政策颁布后年度取 1；否则取 0
行业	Industry	根据 2012 年中国证监会行业分类标准，并对制造业取两位代码进行细分
年份	Year	年份哑变量

5.4 实证结果分析

5.4.1 描述性统计

表 5-2 报告了主要变量的描述性统计结果。Panel A 为企业风险承担变量，企业风险承担水平（$Risk\ taking1$ 和 $Risk\ taking2$）的均值分别为 3.062 和 2.954，标准差分别为 3.756 和 3.573，说明样本企业的风险承担水平存在较大差异。

Panel B 报告高管海外背景变量的描述性统计。$Overseas\ dummy$ 的均值为 0.157，说明样本期间内平均有 15.70% 的上市公司聘用具有海外背景的高管。$Overseas\ number$ 和 $Overseas\ percentage$ 的均值分别为 0.220 和 0.036，说明中国上市公司中海归高管的人数和比例相对较低，海归高管仍是中国人力资本市场较为稀缺的资源。$Overseas\ developed$ 和 $Overseas\ emerging$ 的均值分别为 0.215 和 0.005，表示上市公司中拥有发达国家海外背景和发展中国家背景的海归高管比例分别为 21.5% 和 0.5%，$Overseas\ high$ 和 $Overseas\ low$ 的均值分别为0.211和0.009，代表上市公司中拥有从投资者法律保护水平更高国家和投资者法律保护水平更低国家获得留学、工作背景的高管比例分别为21.1%和0.9%。综合以上结果，绝大多数具有海外背景的高管曾在经济发展程度和市场环境更为良好的发达国家留学和工作。

Panel C报告其他控制变量的描述性统计，$Top5$的均值为0.534，说明我国上市公司的股权集中度较高，"一股独大"现象较为严重。$Board\ size$的均值为9.096，说明样本公司中董事会平均由9人组成。$Institutional\ ownership$的均值为0.229，说明机构投资者在样本公司中的平均持股数为22.9%。$State\ control$的均值为0.227，说明样本公司中有控股公司的比例为22.7%。样本公司的负债水平（$Leverage$）平均数为0.479，表明上市公司的负债融资比例较高，债务压力较大。$Sales\ growth$的平均值为0.213，最大值为3.607，最小值为-0.741，说明样本公司的成长能力差异较大。$Firm\ age$的均值为12.885，反映出中国资本市场的发展历史相对较短。

表5-2 描述性统计

变量	样本量	均值	标准差	中位数	最小值	最大值
Panel A：企业风险承担变量						
$Risk\ taking1$	23,086	3.062	3.756	1.743	0.000	17.510
$Risk\ taking2$	23,086	2.954	3.573	1.741	0.000	18.317
Panel B：高管海外背景变量						
$Overseas\ dummy$	23,086	0.157	0.364	0.000	0.000	1.000
$Overseas\ number$	23,086	0.220	0.611	0.000	0.000	3.000
$Overseas\ percentage$	23,086	0.036	0.104	0.000	0.000	1.000
$Overseas\ CEO$	23,086	0.048	0.215	0.000	0.000	1.000
$Overseas\ Chairman$	23,086	0.045	0.207	0.000	0.000	1.000
$Overseas\ CEO\ \&\ Chairman$	23,086	0.009	0.096	0.000	0.000	1.000
$Overseas\ developed$	23,086	0.215	0.596	0.000	0.000	3.000
$Overseas\ emerging$	23,086	0.005	0.079	0.000	0.000	0.000
$Overseas\ high$	23,086	0.211	0.600	0.000	0.000	3.000
$Overseas\ low$	23,086	0.009	0.096	0.000	0.000	0.000
$Overseas\ work$	23,086	0.087	0.385	0.000	0.000	2.000
$Overseas\ study$	23,086	0.183	0.554	0.000	0.000	2.000

续表

变量	样本量	均值	标准差	中位数	最小值	最大值
Overseas senior	23,086	0.178	0.540	0.000	0.000	2.000
Overseas junior	23,086	0.042	0.218	0.000	0.000	1.000
Panel C：其他变量						
Top5	23,086	0.534	0.156	0.540	0.012	0.882
Board size	23,086	9.096	1.946	9.000	3.000	15.000
Institutional ownership	23,086	0.229	0.244	0.140	0.000	0.814
State control	23,086	0.227	0.419	0.000	0.000	1.000
Firm size	23,086	21.709	1.235	21.557	18.856	25.485
Leverage	23,086	0.479	0.229	0.477	0.051	0.489
Sales growth	23,086	0.213	0.584	0.121	-0.741	3.607
Firm age	23,086	12.885	5.367	13.000	1.000	26.000
Asset turnover	23,086	0.649	0.468	0.536	0.025	2.548

5.4.2 相关性分析

表 5-3 报告了主要变量的相关性分析，其中左下方代表 Pearson 相关性系数，右上方代表 Spearman 相关性系数。*Risk taking*1 与 *Overseas dummy* 正相关，说明在不考虑其他因素的情况下，海归高管正向影响企业风险承担。在控制变量方面，前五大股东持股比例（*Top*5）、董事会规模（*Board size*）、机构投资者持股比例（*Institutional ownership*）、企业性质（*State control*）、公司规模（*Firm size*）、销售收入增长率（*Sales growth*）和资产周转率（*Asset turnover*）与企业风险承担显著负相关，说明股权集中度越高、董事会规模越大、机构投资者持股比例越高、国有产权性质、公司规模越大、成长性越高且资产周转速度越快的企业，风险承担水平越低；负债水平（*Leverage*）、公司年龄（*Firm age*）与企业风险承担显著正相关，说明负债规模更大、公司经营年限更长的公司，风险承担水平更高。考察自变量方差膨胀因子的最大值为 1.23，远远低于 10 的最高标准（Kennedy，1988），因此合理推测本研究中不存在严重的多重共线性问题。

表 5-3 相关性分析

变量		(1)	(2)	(3)	(4)	(5)	(6)
Risk taking1	(1)	1	0.003	0.003	-0.071***	-0.056***	-0.060***
Overseas dummy	(2)	0.001	1	0.997***	0.030***	-0.012	0.051***
Overseas number	(3)	-0.006	0.832***	1	0.034***	-0.011	0.053***
Top5	(4)	-0.128***	0.034***	0.059***	1	0.057***	-0.058***
Board size	(5)	-0.060***	-0.006	0.008	0.073***	1	-0.016*
Institutional ownership	(6)	-0.088***	0.045***	0.056***	0.052***	-0.002	1
State control	(7)	-0.015*	-0.057***	-0.051***	0.138***	0.158***	-0.049***
Firm size	(8)	-0.235***	0.072***	0.099***	0.189***	0.218***	0.369***
Leverage	(9)	0.261***	-0.038***	-0.025***	-0.119***	0.092***	0.060***
Sales growth	(10)	-0.011	0.015*	0.012	0.086***	-0.008	-0.051***
Firm age	(11)	0.089***	-0.011	0.005	-0.341***	-0.085***	0.314***
Asset turnover	(12)	-0.024***	-0.008	0.007	0.052***	0.043***	0.081***
变量		(7)	(8)	(9)	(10)	(11)	(12)
Risk taking1	(1)	-0.025***	-0.182***	0.029***	-0.143***	0.054***	-0.036***
Overseas dummy	(2)	-0.057***	0.062***	-0.041***	0.021**	-0.013	0.007
Overseas number	(3)	-0.056***	0.066***	-0.040***	0.021**	-0.011	0.009
Top5	(4)	0.133***	0.114***	-0.110***	0.113***	-0.349***	0.047***
Board size	(5)	0.147***	0.195***	0.114***	0.044***	-0.082***	0.070***
Institutional ownership	(6)	-0.106***	0.393***	0.061***	-0.040***	0.390***	0.092***
State control	(7)	1	0.063***	0.064***	0.011	-0.170***	0.057***
Firm size	(8)	0.102***	1	0.322***	0.067***	0.204***	0.060***
Leverage	(9)	0.054***	0.234***	1	0.013*	0.185***	0.099***
Sales growth	(10)	-0.013*	0.036***	0.032***	1	-0.160***	0.155***
Firm age	(11)	-0.168***	0.171***	0.185***	-0.033***	1	-0.046***
Asset turnover	(12)	0.051***	0.064***	0.115***	0.074***	-0.012	1

5.4.3 回归结果分析

表 5-4 列出了海归高管与企业风险承担的检验结果。第（1）至第（2）列的被解释变量均为 Risk taking1，第（3）至第（4）列的被解释变量均为 Risk taking2。第（1）列和第（3）列的解释变量为 Overseas dummy，考察高管团队中海归高管的有无对风险承担水平的影响；第（2）列和第（4）

列的解释变量为 *Overseas number*，考察企业高管团队中海归高管人数对风险承担水平的影响。回归结果显示，*Overseas dummy* 的估计系数为正，且在 1% 的水平上显著（估计系数分别为 0.358 和 0.301；t 值分别为 3.24 和 2.76），说明相对于没有聘用具有海归高管的企业，聘用了海归高管的企业的风险承担水平更高；*Overseas number* 的估计系数为正，且在 1% 的水平上显著（估计系数分别为 0.186 和 0.177；t 值分别为 2.97 和 2.79），说明聘用海归高管的人数越多，企业风险承担意愿更强，该检验结果支持了假设 1。从经济意义上，*Overseas dummy* 增加一个标准差，*Risk taking*1 和 *Risk taking*2 分别增长 1.84% 和 1.60%；相应地，当 *Overseas number* 增加一个标准差，*Risk taking*1 和 *Risk taking*2 分别增长 1.34% 和 1.32%。以上结果说明，高管海外背景无论在统计意义还是在经济意义上，均对企业风险承担具有促进作用。

控制变量的回归结果如下：前五大股东持股比例（*Top*5）的估计系数为正，但不显著，说明股权集中度较高时，企业风险承担水平相对较高；董事会规模（*Board Size*）的估计系数为负，说明董事会人数越多，达成一致性意见的难度越大，企业做出风险决策的可能性越低；机构投资者持股比例（*Institutional ownership*）的估计系数显著为负，说明机构投资者在风险决策中更为谨慎；产权性质（*State control*）的估计系数为正，说明国有企业的风险承担水平更高；企业规模（*Firm size*）的估计系数显著为负，说明小企业的风险承担意愿更强，更倾向于投资风险更高的项目；负债水平（*Leverage*）的估计系数显著为正，说明负债水平越高的公司承担了更大的风险；公司年龄（*Firm age*）的估计系数显著为正，说明公司经营年限越长，风险承担能力越高。

表 5-4　高管海外背景和企业总体风险承担

	*Risk taking*1$_{i,t}$		*Risk taking*2$_{i,t}$	
	(1)	(2)	(3)	(4)
Overseas dummy$_{i,t}$	0.358***		0.301***	
	(3.24)		(2.76)	
Overseas number$_{i,t}$		0.186***		0.177***
		(2.97)		(2.79)

续表

	Risk taking$1_{i,t}$		Risk taking$2_{i,t}$	
	(1)	(2)	(3)	(4)
Top$5_{i,t}$	0.215	0.194	0.275	0.253
	(0.70)	(0.64)	(0.94)	(0.87)
Board size$_{i,t}$	-0.019	-0.019	-0.030	-0.030
	(-0.82)	(-0.83)	(-1.43)	(-1.44)
Institutional ownership$_{i,t}$	-0.905***	-0.906***	-0.865***	-0.866***
	(-4.89)	(-4.86)	(-4.87)	(-4.86)
State control$_{i,t}$	0.416***	0.415***	0.299***	0.300***
	(3.62)	(3.60)	(2.86)	(2.86)
Firm size$_{i,t}$	-1.011***	-1.012***	-0.828***	-0.830***
	(-18.07)	(-18.06)	(-16.58)	(-16.62)
Leverage$_{i,t}$	5.893***	5.891***	4.505***	4.504***
	(17.17)	(17.15)	(14.99)	(14.98)
Growth$_{i,t}$	-0.015	-0.013	0.115*	0.116*
	(-0.25)	(-0.22)	(1.78)	(1.80)
Firm age$_{i,t}$	0.054***	0.053***	0.052***	0.051***
	(5.21)	(5.12)	(5.24)	(5.18)
Asset turnover$_{i,t}$	-0.272**	-0.274**	-0.037	-0.039
	(-2.29)	(-2.31)	(-0.32)	(-0.34)
Constant	21.789***	21.867***	18.596***	18.684***
	(18.64)	(18.67)	(17.04)	(17.12)
Year	YES	YES	YES	YES
Industry	YES	YES	YES	YES
Observations	23,086	23,086	23,086	23,086
Adjusted R^2	0.203	0.203	0.151	0.151

为了检验假设5-2，首先检验高管海外背景获取国的经济发展水平，对模型5-4进行回归。两个解释变量分别为：*Overseas developed* 代表企业当年度聘用的从发达国家获得海外背景的高管人数，*Overseas emerging* 代表企业当年度聘用的从发展中国家获得海外背景的高管人数。检验结果报告在表5-5中，从回归结果可见，无论采用 *Risk taking*1 还是 *Risk taking*2 作为企业风险承担的衡量指标，*Overseas developed* 均在1%的水平上显著为正（估计系

数分别为0.197和0.187；t 值分别为3.03和2.83），说明具有发达国家海外背景的高管更能促进企业风险承担；相反，*Overseas emerging* 的系数在统计上不显著，说明具有发展中国家海外背景的高管对企业风险承担无显著影响，该结果支持了假设5-2的推断。

表5-5 经济发展程度、高管海外背景与企业风险承担

	Risk taking$1_{i,t}$		Risk taking$2_{i,t}$	
	(1)	(2)	(3)	(4)
Overseas developed$_{i,t}$	0.197***		0.187***	
	(3.03)		(2.83)	
Overseas emerging$_{i,t}$		-0.015		0.015
		(-0.06)		(0.06)
Top5$_{i,t}$	0.195	0.230	0.254	0.287
	(0.64)	(0.75)	(0.87)	(0.98)
Board size$_{i,t}$	-0.019	-0.018	-0.030	-0.030
	(-0.82)	(-0.80)	(-1.44)	(-1.41)
Institutional ownership$_{i,t}$	-0.906***	-0.906***	-0.866***	-0.866***
	(-4.87)	(-4.83)	(-4.86)	(-4.82)
State control$_{i,t}$	0.415***	0.401***	0.300***	0.286***
	(3.61)	(3.48)	(2.86)	(2.74)
Firm size$_{i,t}$	-1.012***	-1.001***	-0.830***	-0.820***
	(-18.07)	(-17.88)	(-16.63)	(-16.41)
Leverage$_{i,t}$	5.891***	5.882***	4.504***	4.495***
	(17.15)	(17.09)	(14.98)	(14.91)
Growth$_{i,t}$	-0.013	-0.012	0.116*	0.117*
	(-0.22)	(-0.20)	(1.80)	(1.82)
Firm age$_{i,t}$	0.054***	0.053***	0.051***	0.051***
	(5.13)	(5.08)	(5.19)	(5.14)
Asset turnover$_{i,t}$	-0.274**	-0.276**	-0.039	-0.041
	(-2.31)	(-2.31)	(-0.34)	(-0.35)
Constant	21.868***	21.669***	18.685***	18.497***
	(18.69)	(18.45)	(17.13)	(16.87)
Year	YES	YES	YES	YES
Industry	YES	YES	YES	YES

续表

	Risk taking1$_{i,t}$		Risk taking2$_{i,t}$	
	(1)	(2)	(3)	(4)
Observations	23,086	23,086	23,086	23,086
Adjusted R^2	0.203	0.202	0.151	0.150

其次，为检验高管海外背景获取国的投资者法律保护水平对企业风险承担的影响，对模型5-5进行回归。两个解释变量分别为：Overseas high 代表企业当年度聘用的从高投资者法律保护水平国家获得海外背景的高管人数，Overseas low 代表企业当年度聘用的从低投资者法律保护水平国家获得海外背景的高管人数。检验结果报告在表5-6中，从回归结果可见，无论采用Risk taking1还是Risk taking2作为企业风险承担的衡量指标，Overseas high 均在1%的水平上显著为正（估计系数分别为0.182和0.169；t值分别为2.84和2.60），说明从高投资者法律保护水平国家获取海外背景的高管更能促进企业风险承担；相反，Overseas low 的系数为正，但在统计上不显著，说明从低投资者法律保护水平国家获取海外背景的高管对企业风险承担无显著影响，该结果符合预期。

表5-6 投资者法律保护程度、高管海外背景与企业风险承担

	Risk taking1$_{i,t}$		Risk taking2$_{i,t}$	
	(1)	(2)	(3)	(4)
Overseas high$_{i,t}$	0.182***		0.169***	
	(2.84)		(2.60)	
Overseas low$_{i,t}$		0.414		0.554
		(1.12)		(1.52)
Top5$_{i,t}$	0.195	0.230	0.254	0.288
	(0.64)	(0.75)	(0.87)	(0.98)
Board size$_{i,t}$	-0.019	-0.019	-0.030	-0.030
	(-0.82)	(-0.82)	(-1.43)	(-1.45)
Institutional ownership$_{i,t}$	-0.905***	-0.908***	-0.865***	-0.868***
	(-4.86)	(-4.84)	(-4.85)	(-4.83)
State control$_{i,t}$	0.415***	0.401***	0.299***	0.286***
	(3.60)	(3.49)	(2.85)	(2.74)

续表

	$Risk\ taking1_{i,t}$		$Risk\ taking2_{i,t}$	
	(1)	(2)	(3)	(4)
$Firm\ size_{i,t}$	-1.011***	-1.003***	-0.828***	-0.822***
	(-18.04)	(-17.93)	(-16.59)	(-16.49)
$Leverage_{i,t}$	5.890***	5.883***	4.503***	4.498***
	(17.14)	(17.09)	(14.97)	(14.92)
$Growth_{i,t}$	-0.013	-0.013	0.117*	0.117*
	(-0.22)	(-0.21)	(1.81)	(1.81)
$Firm\ age_{i,t}$	0.053***	0.053***	0.051***	0.051***
	(5.12)	(5.08)	(5.18)	(5.14)
$Asset\ turnover_{i,t}$	-0.275**	-0.274**	-0.040	-0.038
	(-2.32)	(-2.30)	(-0.35)	(-0.33)
Constant	21.841***	21.718***	18.656***	18.560***
	(18.65)	(18.51)	(17.08)	(16.95)
Year	YES	YES	YES	YES
Industry	YES	YES	YES	YES
Observations	23,086	23,086	23,086	23,086
Adjusted R^2	0.203	0.202	0.151	0.150

5.4.4 稳健性检验

为了增强实证结果的可靠性，分别从两个方面进行稳健性检验：一方面，对核心变量进行替代指标检验，分别采用替代指标度量企业风险承担和高管海外背景；另一方面，针对高管海外背景和总体风险承担关系之间可能存在的内生性问题，分别采用Heckman两阶段方法、工具变量法、倾向评分匹配法解决内生性问题。稳健性检验的结果总体上并未改变原有的研究结论，稳健性检验的详细结果未予列示。

（一）企业风险承担替代指标检验

企业风险承担为本研究的关键变量，为了保证度量方式的可靠性，本研究改变计算企业风险承担的窗口期，以每五年（t-2年至t+2年）作为一个滚动的观测时段，计算企业经行业调整后的总资产回报率（ROA）和营业利润回报率（OROA）在五年内的标准差，分别记为 $Risk\ taking3$ 和 Risk tak-

ing4，并作为被解释变量带入模型 5-1 中进行回归。回归结果表明，以 $Risk\ taking$3 为被解释变量时，高管海外背景变量均在 1% 的统计水平上显著为正（估计系数分别为 0.350 和 0.201，t 值分别为 2.68 和 2.75），以 $Risk\ taking$4 为被解释变量时，高管海外背景变量均在 5% 的统计水平上显著为正（估计系数分别为 0.313 和 0.192，t 值分别为 2.32 和 2.54）。以上结果表明，采用企业风险承担替代指标进行检验时，海归高管与企业风险承担依旧显著正相关，说明本章的研究结论较为稳健。

（二）高管海外背景的替代指标检验

高管海外背景也是本研究的关键变量。除采用是否聘用海归高管（$Overseas\ dummy$）和聘用海归高管的人数（$Overseas\ number$）进行度量外，在稳健性检验部分采用海归人数占高管团队总人数的比例（$Overseas\ percentage$）和 CEO 海外背景哑变量（$Overseas\ CEO$）作为替代指标进行检验。海归高管占比越大、且 CEO 具有海外背景时，说明企业拥有海归高管的强度越大。该稳健性检验的结果表明，$Overseas\ percentage$ 和 $Overseas\ CEO$ 的估计系数均在 1% 的水平上显著为正，进一步说明海归高管对企业风险承担具有促进作用。

（3）剔除仅具有港澳台背景的高管

在界定高管海外背景时，考虑到中国香港特别行政区、澳门特别行政区以及台湾地区在制度背景及法律渊源等方面与内地（大陆地区）存在一定的差异，将在港澳台具有留学和工作经历的高管界定为海归高管。在本节中，考虑到中国香港、澳门和台湾地区在地域以及文化等方面与内地（大陆地区）更为接近，因此将仅具有港澳台留学和工作经历的高管不视为海归，予以剔除。检验结果表明，$Overseas\ dummy$ 和 $Overseas\ number$ 的估计系数均在 1% 的统计水平上显著为正，说明高管的海外背景能提升企业风险承担水平。

（三）Heckman 两阶段方法

具有海外背景的高管可能更倾向于加入风险承担水平更高的公司，因此本研究可能受到样本自选择问题的影响。为此，本研究采用 Heckman 两阶段自选择修正模型（Heckman，1979）修正样本自选择偏差。

在第一阶段中，参考以往文献（如 Giannetti et al.，2015），建立企业聘用海归高管的影响因素模型，被解释变量为 $Overseas\ dummy$，如果企业当年度聘用了至少一名海归高管取 1，否则取 0。此外，在模型中加入了以下可能影响高管海外背景的变量：国有控股、第一大股东持股比例、董事会规模、董事会独立性、公司年龄、公司规模、负债规模、资产回报率、同行业聘用海归高管比例的均值，以及行业和年份变量。特别地，Heckman 两阶段模型需要一个与聘用海归高管的可能性紧密相关、而与企业风险承担无关的工具变量，同行业聘用海归高管比例的均值（Mean overseas）符合这样的要求。由于同行业企业面临相似的行业环境和竞争压力，同行业其他企业的人才聘用决策可能会对本企业的人才聘用产生影响，但是其他企业的聘用决策无法直接对本企业的企业风险承担决策产生影响。Probit 模型如式（5 - 6）所示。

$$\begin{aligned}Overseas\ dummy_{i,t} = &\beta_0 + \beta_1 State\ control_{i,t-1} + \beta_2 Top\ 1_{i,t-1} + \beta_3 Board\ size_{i,t-1} + \\&\beta_4 Board\ independence_{i,t-1} + \beta_5 Firm\ age_{i,t-1} + \\&\beta_6 Firm\ size_{i,t-1} + \beta_7 Leverage_{i,t-1} + \beta_8 ROA_{i,t-1} + \\&\beta_9 Market-to-book\ ratio_{i,t-1} + \beta_{10} Sales\ growth_{i,t-1} + \\&\beta_{11} Mean\ Overseas_{i,t-1} + \sum Year + \sum Industry + \varepsilon \quad (5-6)\end{aligned}$$

逆米尔斯比率（Inverse Mills ratio）由第一阶段模型计算得出，并带入第二阶段模型进行回归，第二阶段模型如式（5 - 1）所示。Heckman 第二阶段的回归结果表明，Overseas number 的估计系数仍旧在 5% 的水平上显著为正（估计系数分别为 0.136 和 0.136；t 值分别为 2.23 和 2.10），说明在控制了潜在自选择问题影响后，高管海外背景对企业风险承担仍然具有显著的促进作用。

（四）工具变量法

本章试图探讨海归高管对企业风险承担的影响，但研究中可能存在遗漏变量的内生性问题，即可能存在共同影响海归高管聘用和企业风险的变量。工具变量法可以较好地解决遗漏变量偏误引起的内生性问题。应用工具变量法的核心是找到作为解释变量（即高管海外背景）的工具变量。首先，选择同行业其他企业聘用海归高管比例的均值（Mean overseas）作为第一个工具变量。同行业企业面临相似的行业特征和经营风险，同行业其他企业聘用海归高管的意愿可能影响本企业的人才选聘决策，但不会直接影响本企业的风险承担水平，因此 Mean overseas 满足工具变量相关性和外生性的要求。其次，借鉴 Giannetti et al.（2015）的研究，选择各省的宏观海归人才引进政策（*Policy*）作为第二个工具变量，在各省海外人才引进政策颁布后期间[①] *Policy* 取 1，否则取 0。*Policy* 也符合工具变量的相关性和外生性的要求：海归人才引进政策的颁布会影响企业人才聘用决策，但不会对企业风险承担水平产生直接影响。工具变量的过度识别检验（Over identification）的结果表明工具变量与扰动项无关，符合要求。

工具变量第一阶段的回归结果表明，工具变量 *Mean overseas* 和 *Policy* 的估计系数显著为正，说明工具变量的解释力较好。工具变量法第二阶段的回归结果显示，*Instrumented overseas dummy* 的估计系数在 1% 的水平上显著为正（估计系数为 10.348；t 值为 2.59），*Instrumented overseas number* 的估计系数在 5% 的水平上显著为正（估计系数为 7.934 和；t 值为 2.28），说明在控制了潜在的遗漏变量问题后，海归高管与企业风险承担依旧显著正相关，进一步支持了研究结论。

（五）倾向评分匹配法

为了减轻因果倒置产生的内生性问题，采用倾向评分匹配法（Propensity Score Matching，PSM）进行稳健性检验。倾向评分匹配法的处理步骤主要是：首先，按照样本公司是否聘用海归高管（*Overseas dummy* 是否等于 0），将全样本分成"有海归高管公司"（处理组）和"无海归高管公司"（控制组）两个子样本。其次，采用倾向评分匹配法，运用 Probit 回归模型拟合出每个样本聘用海归高管的倾向得分，然后为每一个处理组样本匹配一个倾向评分最为接近的控制组样本。配对阶段的影响因素同模型 5-6。最终配对成功的样本有 3547 组，配对样本观测值数量为 7094。倾向评分匹配法的检验结果表明，海归高管变量（*Overseas dummy* 和 *Overseas number*）的估计系数显著为正，表明在使用配对方法控制样本选择性偏差后，海归高管能提升企业风险承担水平的结论依然成立，支持了本章的假设。

5.5 拓展性研究

在进一步研究中，依次进行如下两方面测试：首先，进一步细分海归高

[①] 各省市海归人才引进政策的颁布时间参考 Giannetti et al.（2015）的 Table I。

管的海外经历类型、学历特征以及职位特征等对企业风险承担的影响；其次，考虑到海归高管对企业风险承担的影响可能不仅因为风险承担意识和能力，也可能是由于海归高管过度自信，因而对高管海外背景与过度自信的关系进行检验。

5.5.1 高管海外学习背景与工作背景

本节进一步探究高管海外学习背景和海外工作背景对企业风险承担决策的影响。Overseas work 代表高管海外工作背景，定义为企业当年度聘用的具有海外工作经历的高管人数；Overseas study 代表高管海外学习背景，定义为企业当年度聘用的具有海外学习经历的高管人数。将上述两个变量分别带入模型 5-1 中进行回归，回归结果报告在表 5-7 中。从中可以看出，海外工作背景变量（Overseas work）分别在 5% 和 10% 的水平上显著正相关（估计系数分别为 0.172 和 0.166；t 值分别为 1.97 和 1.85），海外学习背景变量（Overseas study）均在 1% 的水平上显著正相关（估计系数分别为 0.196 和 0.182；t 值分别为 2.82 和 2.59）。从回归系数的大小上可以发现，Overseas study 的系数比 Overseas work 的系数更大，说明相对于海外工作经历，高管的海外学习经历对企业风险承担的影响更大。

表 5-7 高管海外学习背景、工作背景与企业风险承担

	Risk taking$1_{i,t}$		Risk taking$2_{i,t}$	
	(1)	(2)	(3)	(4)
Overseas work$_{i,t}$	0.172**		0.166*	
	(1.97)		(1.85)	
Overseas study$_{i,t}$		0.196***		0.182***
		(2.82)		(2.59)
Top5$_{i,t}$	0.215	0.197	0.273	0.257
	(0.70)	(0.64)	(0.93)	(0.88)
Board size$_{i,t}$	-0.020	-0.018	-0.031	-0.030
	(-0.87)	(-0.81)	(-1.48)	(-1.42)
Institutional ownership$_{i,t}$	-0.908***	-0.905***	-0.868***	-0.865***
	(-4.86)	(-4.84)	(-4.85)	(-4.83)

续表

	Risk taking1$_{i,t}$		Risk taking2$_{i,t}$	
	(1)	(2)	(3)	(4)
State control$_{i,t}$	0.412***	0.411***	0.297***	0.296***
	(3.58)	(3.57)	(2.84)	(2.82)
Firm size$_{i,t}$	-1.004***	-1.012***	-0.822***	-0.829***
	(-17.91)	(-18.08)	(-16.45)	(-16.63)
Leverage$_{i,t}$	5.886***	5.885***	4.500***	4.499***
	(17.11)	(17.14)	(14.94)	(14.96)
Growth$_{i,t}$	-0.011	-0.013	0.118*	0.117*
	(-0.19)	(-0.21)	(1.83)	(1.82)
Firm age$_{i,t}$	0.053***	0.053***	0.051***	0.051***
	(5.11)	(5.12)	(5.16)	(5.17)
Asset turnover$_{i,t}$	-0.274**	-0.275**	-0.039	-0.040
	(-2.29)	(-2.32)	(-0.33)	(-0.35)
Constant	21.723***	21.873***	18.547***	18.685***
	(18.49)	(18.70)	(16.91)	(17.14)
Year	YES	YES	YES	YES
Industry	YES	YES	YES	YES
Observations	23,086	23,086	23,086	23,086
Adjusted R^2	0.202	0.203	0.151	0.151

5.5.2 高管海外学习背景的学历特征

为进一步探究高管海外学习背景对企业风险承担的影响，细分高管在海外获取的学历特征，定义五个变量：Overseas PhD、Overseas graduate、Overseas undergraduate、Overseas high school、Overseas training 分别代表企业当年度聘用的在海外获得博士学位、硕士学位、学士学位、高中学习经历、六个月以上培训经历的高管的人数。将上述五个变量分别带入模型 5-1 中进行回归，回归结果报告在表 5-8 中。从中可以发现，Overseas graduate 的估计系数在 1% 的水平上显著为正（估计系数为 0.329；t 值为 3.16），说明在海外取得硕士学位的高管对企业风险承担的正向促进作用最为显著；Overseas PhD 和 Overseas undergraduate 的估计系数为正，说明在海外取得博士和学士学位的高管对企业风险承担具有正向影响，但该影响在统计上不显著；Overseas high school 的估计系数显著为负,说明高管在海外获得高中求学经历反而对企业风险承担具有负面影响,可能的解释是此类高管过早在海外求学,独自面对异国的社会文化环境,心理的承受能力有限,在日后较为惧怕挑战,风险承担意愿较弱。

表 5-8 海归高管学历特征与企业风险承担

	Risk taking$1_{i,t}$				
	(1)	(2)	(3)	(4)	(5)
Overseas $PhD_{i,t}$	0.271				
	(1.59)				
Overseas $graduate_{i,t}$		0.329 ***			
		(3.16)			
Overseas $undergraduate_{i,t}$			0.148		
			(0.75)		
Overseas high $school_{i,t}$				-1.650 ***	
				(-3.77)	
Overseas $training_{i,t}$					-0.088
					(-0.36)
$Top5_{i,t}$	0.238	0.188	0.217	0.241	0.228
	(0.78)	(0.62)	(0.70)	(0.79)	(0.75)
Board $size_{i,t}$	-0.019	-0.018	-0.018	-0.017	-0.018
	(-0.83)	(-0.79)	(-0.81)	(-0.75)	(-0.81)
Institutional $ownership_{i,t}$	-0.910 ***	-0.900 ***	-0.904 ***	-0.900 ***	-0.906 ***
	(-4.85)	(-4.83)	(-4.83)	(-4.80)	(-4.83)
State $control_{i,t}$	0.403 ***	0.404 ***	0.406 ***	0.398 ***	0.401 ***
	(3.51)	(3.53)	(3.53)	(3.47)	(3.49)
Firm $size_{i,t}$	-1.003 ***	-1.014 ***	-1.002 ***	-1.003 ***	-1.001 ***
	(-17.92)	(-18.14)	(-17.88)	(-17.91)	(-17.89)
$Leverage_{i,t}$	5.886 ***	5.876 ***	5.882 ***	5.885 ***	5.880 ***
	(17.11)	(17.13)	(17.09)	(17.10)	(17.08)
$Growth_{i,t}$	-0.012	-0.012	-0.012	-0.012	-0.012
	(-0.21)	(-0.20)	(-0.20)	(-0.20)	(-0.20)

续表

	Risk taking1$_{i,t}$				
	(1)	(2)	(3)	(4)	(5)
Firm age$_{i,t}$	0.054 ***	0.054 ***	0.053 ***	0.053 ***	0.053 ***
	(5.12)	(5.16)	(5.07)	(5.06)	(5.09)
Asset turnover$_{i,t}$	-0.275 **	-0.278 **	-0.276 **	-0.275 **	-0.277 **
	(-2.31)	(-2.35)	(-2.31)	(-2.30)	(-2.32)
Constant	21.702 ***	21.915 ***	21.694 ***	21.698 ***	21.667 ***
	(18.49)	(18.79)	(18.46)	(18.49)	(18.47)
Year	YES	YES	YES	YES	YES
Industry	YES	YES	YES	YES	YES
Observations	23,086	23,086	23,086	23,086	23,086
Adjusted R^2	0.20	0.20	0.20	0.20	0.20

5.5.3 海归高管的职位特征

本节研究海归高管的职位特征对企业风险承担的影响。已有文献发现，高管个体的价值观念是否能对企业决策施加影响取决于高管的权力。例如，Li et al.（2013）发现，当管理层的自主决策权更大时，文化因素和高管的价值观念对企业风险承担决策的影响更为显著；Han et al.（2010）认为，高管决策自主权显著影响了高管个人主义价值观念的发挥。当高管处于更高职位时，更能对企业重大决策施加影响，其个人价值观念和风格也更容易得到发挥，因此预期处于关键决策职位的海归高管对企业风险承担的影响更为显著。

在中国现有的公司治理机制下，董事长和总经理是企业中最为关键的决策者。具体而言，董事长的职责包含高级管理人员的提名、董事会会议的召集和主持、审查经理层提出的议案及执行效果等。总经理是企业具体经营决策的负责人，负责执行董事会通过的经营计划和投资决策。关键决策者的风险偏好能够对整个企业的资源配置产生影响，如果董事长和总经理的风险容忍度较高，就能够对在企业中营造鼓励创新、锐意进取的企业文化氛围，则能够增强全体员工的风险承担意愿，提升企业整体的风险承担水平。反之，如果高层管理者较为风险规避，则企业文化偏向于保守和稳健，员工会倾向于迎合高管的风险规避心理，拒绝承担高风险投融资项目带来的潜在后果，进而会对企业整体风险承担水平产生抑制作用。

本研究考察高管职位特征对企业风险承担水平的影响，将董事长和总经理定义为关键高管，由此设定三个变量：①Overseas CEO 衡量总经理是否具备海外背景，如果总经理具有海外背景，赋值 Overseas CEO 为1，否则为0；②Overseas Chairman 衡量董事长是否具有海外背景，如果董事长具有海外背景，赋值 Overseas Chairman 为1，否则为0；③Overseas CEO & Chairman 衡量总经理及董事长是否具有海外背景，如果董事长和总经理都具有海外背景，赋值为1，否则为0。将以上三个变量分别带入模型5-1中进行回归，同时控制基本的高管海外背景哑变量 Overseas dummy，进而考察关键职位高管的海外背景对企业风险承担的增量影响。

海归高管职位特征对企业风险承担的回归结果报告在表5-9中。第（1）列和第（4）列的解释变量为 Overseas CEO，第（2）列和第（5）列的解释变量为 Overseas chairman，第（3）列和第（6）列的解释变量为 Overseas CEO & chairman，分别检验如果总经理和董事长分别具有海外背景，以及总经理与董事长同时具备海外背景时对企业风险承担的影响。回归结果显示，在控制了高管海外背景基本变量影响后，关键职位海归高管变量（Overseas CEO、Overseas chairman、Overseas CEO & chairman）的系数均显著为正，说明相对于普通高管，当关键职位高管具有海外背景时，对企业风险承担的影响显著更强。

表5-9 海归高管职位特征与企业风险承担

	$Risk\ taking1_{i,t}$			$Risk\ taking2_{i,t}$		
	(1)	(2)	(3)	(4)	(5)	(6)
Overseas CEO	0.213*			0.357**		
	(1.76)			(2.01)		
Overseas chairman		0.470**			0.459**	
		(2.10)			(2.07)	
Overseas CEO & chairman			0.597**			0.633***
			(2.52)			(2.73)

续表

	$Risk\ taking1_{i,t}$			$Risk\ taking2_{i,t}$		
	(1)	(2)	(3)	(4)	(5)	(6)
$Overseas\ dummy$	0.296***	0.304***	0.326***	0.191	0.245**	0.263***
	(4.11)	(2.80)	(5.17)	(1.63)	(2.31)	(4.25)
$Top5_{i,t}$	0.147	0.131	0.149	0.260	0.247	0.264*
	(0.90)	(0.42)	(0.92)	(0.88)	(0.83)	(1.66)
$Board\ size_{i,t}$	−0.019	−0.019	−0.020	−0.029	−0.029	−0.030**
	(−1.56)	(−0.83)	(−1.59)	(−1.38)	(−1.39)	(−2.46)
$Institutional\ ownership_{i,t}$	−0.947***	−0.954***	−0.943***	−0.866***	−0.875***	−0.864***
	(−8.26)	(−5.22)	(−8.23)	(−4.95)	(−5.00)	(−7.68)
$State\ control_{i,t}$	0.398***	0.389***	0.397***	0.293***	0.287***	0.294***
	(6.77)	(3.37)	(6.76)	(2.79)	(2.73)	(5.11)
$Firm\ size_{i,t}$	−1.016***	−1.012***	−1.015***	−0.828***	−0.824***	−0.826***
	(−45.86)	(−18.20)	(−45.76)	(−16.64)	(−16.64)	(−37.98)
$Leverage_{i,t}$	5.849***	5.844***	5.851***	4.503***	4.496***	4.503***
	(54.41)	(17.05)	(54.43)	(15.05)	(15.03)	(42.70)
$Growth_{i,t}$	−0.034	−0.034	−0.035	0.112*	0.112*	0.112***
	(−0.88)	(−0.57)	(−0.90)	(1.74)	(1.75)	(2.96)
$Firm\ age_{i,t}$	0.054***	0.054***	0.054***	0.051***	0.051***	0.052***
	(9.86)	(5.13)	(9.92)	(5.14)	(5.18)	(9.68)
$Asset\ turnover_{i,t}$	21.897***	21.799***	21.857***	18.597***	18.507***	18.560***
	(45.15)	(18.76)	(45.03)	(17.07)	(17.07)	(38.97)
Constant	YES	YES	YES	YES	YES	YES
	YES	YES	YES	YES	YES	YES
Year	23,086	23,086	23,086	23,086	23,086	23,086
Industry	0.203	0.203	0.203	0.151	0.152	0.151

5.5.4 高管海外背景与过度自信

本章的研究假设部分认为，由于海归高管更具风险承担的意识和能力，因而更能促进企业风险承担水平的提升。但另一个可能的解释是海归高管存在过度自信心理。依据行为经济学理论，当高管存在过度自信等非理性心理时，倾向于高估自己的能力，对公司的未来收益表现得更为乐观，更愿意主动承担风险。具体到海归高管层面，由于高管在海外拥有学习和工作经验，这种经历会给他们带来更高的认可度，因而在回国工作后，他们更渴望通过高风险的投融资活动迅速彰显自己的才华，在企业风险承担决策中表现得更为激进，进而提升了企业整体的风险承担水平。

基于以上分析，本节进一步检验海归高管是否更加过度自信。如果测试结果表明海归高管更为过度自信，则说明海归高管的风险承担意识和能力只是促进企业风险承担的原因之一，其过度自信心理也对其承担风险具有重要影响；如果测试结果表明海归高管对过度自信的影响并不显著，则说明海归高管并非拥有过度自信的心理，其对企业风险承担的正向影响主要源于在海外培养的风险承担意识与能力。

参考高管过度自信领域的相关文献，采用四种方法度量高管过度自信：第一，基于薪酬表现的度量。高管薪酬决策由董事会拟定，主要依据公司自身的规模、行业属性等条件，也充分考虑高管本人的才华和能力。高管相对于企业内其他管理者的薪酬水平越高，代表高管对薪酬的议价能力越强，越可能表现得更为过度自信（Hayward & Hambrick，1997）。参考易靖韬等（2015）、宋淑琴和代淑江（2015）的研究，定义高管超额薪酬变量 $Overpay$，$Overpay$ 等于高管前三名年薪总额除以董事、监事及高管的年薪总额，该变量数值越大代表高管更加过度自信。

第二，基于管理层盈利预测偏差的度量。管理层业绩预测是企业重要的信息披露决策，过度自信的管理者对企业业绩表现更为自信，在盈利预测方面更容易产生高估偏差（Hribar & Yang，2015）。参考姜付秀等（2009），定义预告业绩与实际业绩的偏差幅度变量 $Earnings\ forecast$，预告业绩的具体计算方法为：如果企业采取点估计的预告方式，则预告值即为预告业绩；如果企业披露业绩估计区间，则取预告区间的中间值为预告业绩；如果企业披露预计业绩变动百分比，则根据上年业绩和预计业绩变动百分比计算出预告业绩的区间范围，再按上述方法取值。如果业绩预告偏差幅度大于 +20% 则 $Earnings\ forecast$ 取 1，否则取 0。管理层盈利预测数据来自 Wind 数据库。

第三，基于企业投资扩张模型的度量。过度自信的心理会影响高管的投资决策，过度自信的高管更倾向于采用扩张型的投资策略。借鉴 Schrand & Zechman（2012）、Ahmed & Duellman（2013）及易靖韬等（2015）的研究，以营业收入增长率为解释变量、总资产增长率为被解释变量建立模型,并估计模型的残差。如果模型的残差大于行业中位数则 Overinvest 取 1,否则取 0。

第四,基于企业并购的度量。并购是企业重要的投资决策,由于并购效率具有不确定性、收益具有跨期性等特征,因此并购是企业资源配置战略的关键步骤。过度自信的高管更倾向于做出企业扩张决策,更愿意通过并购的方式扩大企业规模和影响力。Doukas & Petmezas (2007) 提出用并购次数法度量管理者过度自信。本章借鉴他们的研究,定义两个变量:M&A 代表企业并购哑变量,如果企业当年度发生并购行为取 1,否则取 0;M&A number 代表企业当年度的并购次数,并购次数越多代表高管更加过度自信。

表 5-10 报告了海归高管与过度自信的回归结果,其中第(1)至第(2)列的被解释变量为高管相对薪酬 Over pay,第(3)至第(4)列的被解释变量为盈利预测高估 Earnings forecast,第(5)至第(6)列的被解释变量为企业投资规模增长 Over invest,第(7)至第(8)列被解释变量为企业是否发生并购 M&A,第(9)至第(10)列被解释变量为企业并购次数 M&A number。回归结果显示,无论采用高管海外背景哑变量 Overseas dummy,还是海归高管人数变量 Overseas number,海外背景对过度自信的影响均不显著,且大多数回归中海归高管变量的估计系数为负。因此,并没有足够证据表明拥有海外背景的高管更为过度自信,我们有理由推测海归高管对企业风险承担产生促进作用的原因更体现在个人风险承担意识和能力方面。

表 5-10 排除路径:高管海外背景与过度自信

	$Over\ pay_{i,t}$		$Earnings\ forecast_{i,t}$		$Over\ invest_{i,t}$	
	(1)	(2)	(3)	(4)	(5)	(6)
$Overseas\ dummy_{i,t}$	0.003		-0.011		-0.038	
	(0.72)		(-0.24)		(-1.40)	
$Overseas\ number_{i,t}$		0.002		0.010		-0.032*
		(0.88)		(0.34)		(-1.89)
$Top5_{i,t}$	0.060***	0.060***	-0.566***	-0.566***	0.226***	0.231***
	(4.36)	(4.34)	(-4.46)	(-4.47)	(3.12)	(3.18)
$Board\ size_{i,t}$	-0.011***	-0.011***	0.003	0.003	-0.007	-0.007
	(-10.95)	(-10.96)	(0.26)	(0.26)	(-1.32)	(-1.31)

续表

	$Over\ pay_{i,t}$		$Earnings\ forecast_{i,t}$		$Over\ invest_{i,t}$	
	(1)	(2)	(3)	(4)	(5)	(6)
$Institutional\ ownership_{i,t}$	0.014**	0.014**	0.099	0.099	-0.003	-0.003
	(2.08)	(2.08)	(1.23)	(1.23)	(-0.05)	(-0.05)
$State\ control_{i,t}$	0.010**	0.010**	0.074	0.076	-0.174***	-0.175***
	(2.12)	(2.13)	(1.48)	(1.52)	(-6.56)	(-6.58)
$Firm\ size_{i,t}$	-0.025***	-0.025***	0.032*	0.031*	0.187***	0.188***
	(-11.59)	(-11.61)	(1.82)	(1.77)	(17.18)	(17.17)
$Leverage_{i,t}$	0.001	0.001	0.795***	0.796***	0.259***	0.259***
	(0.10)	(0.10)	(10.32)	(10.34)	(5.16)	(5.15)
$Growth_{i,t}$	0.006***	0.006***	0.081***	0.081***	-0.001	-0.001
	(3.50)	(3.51)	(4.00)	(3.98)	(-0.03)	(-0.04)
$Firm\ age_{i,t}$	0.003***	0.003***	0.022***	0.022***	-0.013***	-0.013***
	(7.44)	(7.43)	(5.33)	(5.36)	(-5.00)	(-4.97)
$Asset\ turnover_{i,t}$	0.010**	0.010**	-0.055	-0.055	-0.308***	-0.308***
	(2.13)	(2.13)	(-1.24)	(-1.23)	(-10.35)	(-10.34)
Constant	0.992***	0.993***	-1.992***	-1.982***	-4.248***	-4.270***
	(21.16)	(21.18)	(-5.32)	(-5.27)	(-18.32)	(-18.33)
Year	YES	YES	YES	YES	YES	YES
Industry	YES	YES	YES	YES	YES	YES
Observations	22,816	22,816	12,218	12,218	23,082	23,082
Adjusted R^2	0.117	0.117	0.076	0.076	0.048	0.048

	$M\&A_{i,t}$		$M\&A\ number_{i,t}$	
	(7)	(8)	(9)	(10)
$Overseas\ dummy_{i,t}$	-0.003		-0.008	
	(-0.40)		(-0.58)	
$Overseas\ number_{i,t}$		0.001		-0.001
		(0.18)		(-0.15)
$Top5_{i,t}$	0.013	0.012	0.020	0.020
	(0.67)	(0.65)	(0.53)	(0.53)
$Board\ size_{i,t}$	-0.003**	-0.003**	-0.004	-0.004
	(-2.01)	(-2.01)	(-1.36)	(-1.36)

续表

	$M\&A_{i,t}$		$M\&A\ number_{i,t}$	
	(7)	(8)	(9)	(10)
$Institutional\ ownership_{i,t}$	0.006	0.006	0.032	0.032
	(0.53)	(0.53)	(1.23)	(1.23)
$State\ control_{i,t}$	0.008	0.008	0.023	0.024
	(1.16)	(1.19)	(1.47)	(1.48)
$Firm\ size_{i,t}$	0.028***	0.028***	0.055***	0.055***
	(9.98)	(9.94)	(7.48)	(7.44)
$Leverage_{i,t}$	0.032***	0.032***	0.088***	0.088***
	(2.97)	(2.98)	(3.49)	(3.51)
$Growth_{i,t}$	0.027***	0.027***	0.041***	0.041***
	(6.24)	(6.23)	(4.86)	(4.85)
$Firm\ age_{i,t}$	0.001	0.001	0.001	0.001
	(1.04)	(1.06)	(1.12)	(1.14)
$Asset\ turnover_{i,t}$	0.002	0.002	0.005	0.005
	(0.32)	(0.33)	(0.37)	(0.38)
Constant	-0.500***	-0.498***	-1.102***	-1.101***
	(-7.98)	(-7.95)	(-6.89)	(-6.86)
Year	YES	YES	YES	YES
Industry	YES	YES	YES	YES
Observations	27,071	27,071	27,071	27,071
Adjusted R^2	0.020	0.020	0.017	0.017

5.6 本章小结

作为企业的决策主体，高管的风险承担意愿和能力对企业风险承担决策具有重要影响。前期关于企业风险承担领域的文献主要基于代理理论框架，从管理层激励、管理者的决策自主权等视角展开研究。有关企业风险承担的新兴研究基于高阶梯队理论视角，关注高管的人口统计学特征对企业风险承担的影响，例如高管的婚姻状况（Roussanov & Savor，2014）、高管的军队经历（Benmelech & Frydman，2015）、高管的早年灾害经历（Bernile et al.，2017），尚无文献基于高管海外背景特征视角研究对企业风险承担的影响。

海外经历作为高管重要的人生经历，可能对高管的认知模式具有塑造作用。由于海归高管接受了海外个人主义的文化熏陶，注重个人价值的彰显，更加具备风险承担的意识；同时，由于其更易于接触先进而前沿的科学文化知识和管理经验，拥有全球性的社会网络资源，资源配置和资源整合的能力更强，在应对风险的能力方面更为突出，因而更能促进企业风险承担。

本章基于2001年至2015年中国沪深A股非金融类上市公司的数据，并采用手工搜集的高管海外背景特征数据，实证检验高管海外背景对企业风险承担决策的影响。研究结果表明：

（1）高管海外经历提升了企业总体风险承担水平。相对于没有聘用海归高管的上市公司，聘用海归高管的上市公司风险承担水平更高，并且当高管团队中海归高管人数越多、所占比例越大时，企业风险承担水平更高。在采用替代指标检验、Heckman两阶段方法、工具变量法以及倾向评分匹配法等多种稳健性检验方法后，高管海外背景对企业风险承担的正向影响依旧存在。

（2）高管海外经历获取国的经济发展程度和投资者法律保护水平会影响高管的价值观念和行为选择，仅当高管从经济发展水平更高、投资者法律保护制度更加健全的国家拥有留学或工作经历时，高管海外背景对企业风险承担的正向影响才成立，反之则不成立。

（3）高管海外背景的类型对企业风险承担水平具有重要的影响，高管海外学习背景对企业风险承担的影响程度大于高管工作背景，且当高管在海外拥有硕士学位时对风险承担的促进作用更为显著。

（4）海归高管担任的职位高低会对企业风险承担产生影响，当海归高管在企业中担任董事长或总经理的关键职位时，在企业中的话语权和影响力更大，对企业风险承担决策的影响力也显著更强。

（5）通过检验高管海外经历对高管过度自信心理的影响，发现高管海外经历对过度自信的影响并不显著，说明高管海外经历对企业风险承担的影响主要由于海归高管更具风险承担的能力和意识，并非源于过度自信等非理性心理。

本章的理论研究意义主要体现在以下三个方面：第一，从企业风险承担视角拓展高管海外背景经济后果领域的研究，并丰富了高阶梯队理论。本章从高管海外经历视角出发，研究高管海外经历对企业风险承担的影响，拓展了高阶梯队理论领域的研究。第二，拓展了高管海外背景领域文献的研究框架。已有关于高管海外背景领域的研究仅从高管是否具有海外背景的维度进行区分，但不同国家的制度背景和环境的差异性会对海归高管的思维和决策产生异质性影响。本章采用手工搜集的高管海外经历的详细数据，对高管海外具体经历进行细致性划分，是对高管海外经历领域文献的有益补充和完善。第三，本章还从高管海外经历视角丰富了企业风险承担影响因素领域的研究。已有文献关注到高管的军队背景、政治党派特征、过往职业经历等特征对企业风险承担的影响，本章从高管海外经历视角拓展了企业风险承担影响因素领域的研究。

同时，本章也具有重要的现实意义。自改革开放战略实施以来，中国的经济取得了长足的发展，但是高端人才短缺始终是中国经济发展中面临的一大重要问题，如何选择并聘用合适的管理人才也是中国企业在经济全球化的宏观背景下不断探索的重要议题。海外背景是人力资本的一种表现形式，中国中央政府以及各省市地方政府自20世纪90年代以来也陆续出台形式各样的海归人才引进政策，希望通过吸引海归人才回国发展从而带动新兴战略产业的发展以及地方经济结构的升级转型。本章的研究结论表明海归高管能够促进企业积极承担风险，对宏观海归人才的引进以及微观企业高级管理人员的招聘和选拔具有一定的启示意义。

第6章 海归高管与企业社会责任

自二十世纪中叶起,西方国家逐渐形成了较为完善企业社会责任战略和制度。例如,德国率先制定了企业社会责任的国家战略,在全社会营造出鼓励企业履行社会责任的浓厚氛围,不断提升企业社会责任在公众心理认知中的感知程度;美国制定了全方位的企业社会责任法律体系和评价系统,同时充分发挥非政府组织和民众对企业社会责任的监督作用。相比较而言,企业社会责任的理念作为舶来品,直到二十世纪九十年代才传入我国,公众对企业社会责任的认知水平总体偏低。那么,作为接受了西方企业社会责任教育和熏陶的海归高管,能否促进中国企业履行社会责任呢?本章采用实证研究方法考察海归高管对中国企业社会责任履行情况的影响。

6.1 引言

企业社会责任(Corporate Social Responsibility,简称"CSR")是指企业在创造利润、促进股东财富最大化之外,还要进一步承担对利益相关者的责任(Davis,1973;Mcwilliams,2001)。企业与利益相关者建立相互信任的合作关系有助于企业获取竞争优势(Jones & Wicks,1999),如果企业对利益相关者的合理要求不闻不问,则必将危害企业的可持续发展(Donaldson & Dunfee,1999)。企业社会责任自20世纪90年代以来引起了世界范围内的极大关注。中国企业的社会责任履行情况虽有所改善,但总体水平仍令人担忧。如何增强中国企业履行社会责任的意愿、提升中国企业的社会责任履行质量值得深入的研究和探讨。

在经济全球化的大背景下,具有海外背景的管理者逐渐进入公众视线。与本土成长起来的高管相比,海归高管拥有全球性的视野、国际化的资源和社会网络、先进的科学技术以及较为前沿的思维观念,在资本市场上受到广泛的青睐。然而，有关高管海外背景的重要性和经济效果的研究总体上较为有限（Miletkov et al., 2013）。已有的研究发现，具有海外背景的管理者促进了企业技术创新（罗思平和于永达，2012）、对外投资（张娆，2015）、海外融资、海外并购，提升了企业的绩效（Giannetti et al., 2015），然而尚未有研究探索高管海外背景如何影响企业履行社会责任。

基于高阶梯队理论，从高管个体特征视角，本章研究高管海外背景对企业社会责任履行的影响。选取 2010 年至 2014 年中国沪深 A 股上市公司数据，结合手工搜集的高管背景特征信息，使用 OLS 回归、倾向评分匹配法和 Heckman 两阶段方法检验高管海外背景与企业社会责任间的内在联系。研究结论表明，高管团队的海外背景显著影响了企业社会责任的履行。相对于无海归高管的企业，拥有海归高管的企业的社会责任评分越高、评级越好；当企业高管团队中海归高管的人数越多、在高管团队中的比例越高时，企业社会责任表现越好；当企业面临的信息不对称程度越大时，高管能依赖用于理性判断的信息越少，此时作为高管认知结构和价值观念代理变量的海外背景对企业社会责任的影响更强。在解决了潜在的内生性问题和样本选择偏差之后，该结论依然成立。

本章的贡献主要体现在理论和现实两个方面：首先，通过理论分析和实证检验，将高管海外背景的经济后果拓展到企业社会责任领域，为高管海外背景的研究提供了一个新的视角，并从个体层面拓展了企业社会责任影响因素方面的文献，为新兴市场国家的企业社会责任作用机理提供了新的证据。其次，从现实意义上，研究结论为国家"海归"人才引进政策和企业高层次海外人才招聘和选拔提供了新的证据支持。

本章的后续内容安排如下：第二节为理论分析与研究假设推导；第三节为研究设计，包括数据来源与样本选择、模型设定与变量定义；第四节为实证结果分析，包括样本分布、描述性统计、相关性分析、回归结果分析和稳健性检验；第五节是本章小结。

6.2 理论分析与研究假设

Aguinis & Glavas（2012）指出基于个体层面的企业社会责任影响因素研究仍相对缺失。虽然社会责任的实践体现于企业组织层面，但是其战略制定、决策与实施均依赖于个体。高管作为企业决策的主要发起者和制定者，对企业的经营管理活动、资源分配以及形象树立和维护等都具有重大影响。企业社会责任需要企业的资金支出，是企业投资活动的重要组成部分，归根结底需要高管进行决策，因此，高管的承诺及参与在一定程度上预示着企业的社会责任表现（Greening & Gray，1994；Muller & Kolk，2010）。已有研究表明，高管的背景特征对企业的社会责任履行情况具有重要影响。Galaskiewicz（1991）发现当企业或其管理者成为公益或贸易协会的会员后，企业更倾向于进行慈善捐赠，原因在于公益组织的宣传教育使管理者意识到慈善事业的社会贡献和价值，其他会员的经验分享也扩展了他们对慈善事业行为方式的理解，出于认同感以及"同辈压力"（Peer Pressure），这类企业的管理者更倾向于履行社会责任。王文龙等（2015）发现私营企业主的宗教信仰对企业慈善捐赠行为及其捐赠金额具有正向影响。Haniffa et al.（2005）发现董事会成员的种族特征会影响企业社会责任信息的自愿披露。韩洁等（2015）认为连锁董事具有信息传递功能，会通过组织间相互模仿影响企业社会责任报告的自愿披露。

随着经济全球化进程的深入，具有海外背景的高管逐渐进入公众视野，并成为资本市场中不可忽视的重要主体。然而，现有研究尚未关注到高管海外背景对上市公司社会责任履行情况的影响。海外工作与学习经历作为高管的重要人生阅历，会影响高管的认知能力和价值观念，并最终影响企业决策。鉴于此，本章基于高阶梯队理论探究高管海外背景对企业社会责任的影响。

高阶梯队理论（Upper Echelons Theory）认为管理者的知识结构、价值观和心理偏好等因素在企业的战略抉择中发挥着重要作用，并最终影响企业的绩效和产出（Hambrick & Mason，1984）。由于管理者的价值观与心理因素较为抽象，学术界只能借助管理者的人口统计学指标对其进行间接测量，这些指标包括年龄、教育背景、职业经验、社会经济背景、团队异质性等。随着经济全球化进程的加速以及中国改革开放的不断深入，具有海外背景的高管逐渐进入人们的视野，并成为中国资本市场中不可忽视的重要主体。海外背景是高管的重要特征之一，海外的工作和求学经历对于个人而言是重要的人生历练与洗礼，在此过程中，个体往往经历多重文化冲击和碰撞。依据高阶梯队理论，高管的海外工作或求学经历将会对他们的思维方式和价值观产生影响，进而影响企业的战略决策和绩效表现。具体到企业社会责任领域，高管的海外经历可能影响他们对于社会责任的认知和价值观，进而影响其所在企业的社会责任实践。

一方面，海归高管更加认同企业社会责任的理念和思维。Campbell（2007）认为企业社会责任的理念和实践具有文化特性与制度依赖。欧美等发达国家的社会责任教育体系较为成熟和规范，很多国家有着长期的慈善教育传统，社会责任观念深入人心。自二十世纪中叶起，西方国家逐渐形成了较为完善的企业社会责任战略和制度。例如，德国率先制定了企业社会责任的国家战略，在全社会营造出鼓励企业履行社会责任的浓厚氛围，不断提升企业社会责任在公众心理认知中的感知程度；美国制定了全方位的企业社会责任法律体系和评价系统，同时充分发挥非政府组织和民众对企业社会责任的监督作用。相比较而言，企业社会责任的理念作为舶来品，直到二十世纪九十年代才传入我国，公众对企业社会责任的认知水平总体偏低（韩洁等，2015），我国人才培养体系中对于企业社会责任的教育相对缺失（Hambrick & Mason，1984）。因此，相对于中国本土成长起来的高管，具有海外经历的高管接受了西方系统的企业社会责任教育和熏陶，形成了重视社会责任的知识结构和思维观念。

另一方面，海归高管更加了解海外企业社会责任领域的先进实践经验。欧美国家企业对于社会责任的实践已经相当成熟。相较而言，由于监管框架、商业环境及消费者群体对企业履行社会责任的激励不足，我国企业的社会责任实践相对落后（Yin & Zhang，2012）。具有海外经历的高管更加熟悉海外企业的运作模式和企业社会责任的实践方式，更能将海外企业中先进管理理念和企业价值观运用到国内履职公司的管理实践中，因而提升其所在公司的企业社会责任绩效。

综上所述，海归高管长期接受海外文化的教育和熏陶，且对海外企业的社会责任实践经验具有切身体会。相对于从本土成长起来的高管，拥有海外背景的高管在社会责任方面具有更强烈的意识和观念，当企业面临战略抉择时，这类高管基于自身认知和价值观念，更能在企业社会责任方面引领企业与国际接轨，促进企业积极履行社会责任。基于以上分析和论述，提出研究假设：

H6-1a 相对于没有海归高管的公司，拥有海归高管的公司的企业社会

责任评分更高、评级更好。

H6-1b 公司中的海归高管人数越多、海归高管占高管团队中的比例越高时，企业社会责任评分越高、评级越好。

依据高阶梯队理论，由于企业内外部环境的复杂性、战略决策的复杂性及管理者的有限理性，管理者无法掌握全方位的信息，只能基于已有认知和价值观进行决策（王文龙等，2015）。当企业面临的信息不对称程度越高时，内部信息透明度越低（肖华等，2013；易开刚，2011），高管能用于做出理性判断的明确信息越少。此时，高管更加依赖自身的认知结构和价值观等因素进行决策。海外读书或求学经历对高管的价值观塑造具有重要影响，当企业信息不对称程度较高时，作为高管认知结构和价值观的重要代理变量，海外背景对高管决策的影响更加强烈。基于此，提出研究假设：

H6-2 当企业面临的信息不对称程度更高时，海归高管对企业社会责任的正向促进作用更大。

6.3 研究设计

6.3.1 数据与样本选择

本章以我国 2010—2014 年沪深 A 股主板和中小板上市公司为初始研究样本。选取 2010 年作为样本起点的原因是和讯网上市公司社会责任测评体系自 2010 年起公布，2014 年是研究开始时可获得的最新数据年份。在初始样本的基础上，还对样本进行了如下处理：①剔除金融保险行业上市公司，因为这类公司的财务报表结构具有特殊性；②剔除相关数据存在缺失值的样本，最终得到 8000 个观测值。

（1）因变量的衡量

本章的因变量是企业社会责任履行情况。借鉴贾兴平和刘益（2014）的研究，本研究选用和讯网上市公司企业社会责任测评体系数据，采用企业社会责任评分（$CSR\ score$）和社会责任评级（$CSR\ rating$）衡量上市公司企业社会责任的总体履行状况。社会责任总分越高、社会责任评级越好，说明企业社会责任的表现越优秀。与其他仅依据企业社会责任报告的测评方式不同，和讯网上市公司企业社会责任测评体系同时依托上市公司的社会责任报告及年报,因此,即使上市公司当年未披露企业社会责任报告,该测评体系亦可依据年报中的相关内容对企业社会责任履行情况进行打分和评级。在中国上市公司企业社会责任报告披露数量及质量有限的情况下,同时依托年报和社会责任报告的测评方法更具全面性。

(2) 自变量的衡量

本章的自变量是高管海外背景。学者们尚未对"高管"形成统一定义,在已有研究中,企业的管理层、管理者及高层管理团队都曾被用来作为高管。参考以往研究并考虑到对企业社会责任的决策权,本研究将上市公司年报中披露的董事会成员及高级管理人员定义为上市公司的高管。高管具有海外背景是指高管曾在中国大陆境外的国家或地区学习或工作。高管海外背景的数据来自于手工收集,在翻阅年报中关于高管简历信息的基础上,结合百度百科、新浪财经等资料进行补充。参考 Giannetti et al. (2015) 的研究,由于中国港澳台地区与内地(大陆)的制度背景等存在较大差异,故将港澳台地区工作和求学背景也算作海外工作背景。为确保海外背景信息的真实有效,高管的海外工作背景中排除在中外合资企业及中国大陆企业的海外分支机构的工作经历。

本章采用三个指标衡量高管的海外背景:①高管海外背景哑变量(Overseas dummy);②具有海外背景高管的人数(Overseas number);③具有海外背景高管的比例(Overseas percentage)。具体变量定义详见表6-1。

(3) 调节变量的衡量

信息不对称程度是本研究中用到的调节变量。借鉴权小锋等(2015)、王化成等(2015)的研究,采用上市公司的盈余管理水平度量上市公司面临的信息不对称程度。盈余管理水平由修正的琼斯模型(Dechow et al., 1995)计算得出,具体的方法为:通过式(6-1)中总应计利润(TA)模型估计得到 α_1、α_2、α_3 的特征参数,并带入模型(6-2)中计算得出非操控性应计利润(NDA),操纵性应计利润(DA)等于总应计利润减去非操控性应计利润。操纵性应计利润越大,表明盈余管理越多,信息不对称程度越大。

$$TA_t = \alpha_1 \frac{1}{A_{t-1}} + \alpha_2 \frac{(\Delta REV_t - \Delta REC_t)}{A_{t-1}} + \alpha_3 \frac{PPE_t}{A_{t-1}} + \sum YEAR + \sum IND + \varepsilon$$

(6-1)

$$NDA_t = \alpha_1 \frac{1}{A_{t-1}} + \alpha_2 \frac{(\Delta REV_t - \Delta REC_t)}{A_{t-1}} + \alpha_3 \frac{PPE_t}{A_{t-1}} \quad (6-2)$$

其中，NDA_t 为 t 年经过总资产调整后的非操控性应计利润，ΔREV_t 为 t 年与 $t-1$ 年营业收入之差，ΔREC_t 为 t 年与 $t-1$ 年应收账款之差，PPE_t 为 t 年固定资产，A_{t-1} 为 $t-1$ 年的总资产，α_1、α_2、α_3 为各变量的回归系数，ε 为随机扰动项。TA_t 是某公司第 t 年总应计利润，等于第 t 年营业利润减经营活动现金流量净额，并经过总资产调整。由模型（6-1）回归得到 α_1、α_2、α_3 估计值，代入模型（6-2），可得 NDA_t。TA_t 与 NDA_t 之差即为某公司在第 t 年的操纵性应计利润（DA）。

（4）控制变量的衡量

参考已有文献（如高勇强等，2012；张兆国等，2013；王海妹等，2014；陈丽蓉等，2015），本章将其他影响企业社会责任的因素作为控制变量。这些控制变量包括：国有控股（SOE）、董事会独立性（Board independence）、股权制衡（Power balance）、两职合一（Duality）、管理层持股比例（Managerial ownership）、机构投资者持股比例（Institutional ownership）、公司年龄（Firm age）、企业规模（Firm size）、盈利能力（ROA）、负债水平（Leverage）。此外，加入年份哑变量（Year）和行业哑变量（Industry）和分别控制年份效应和行业效应的影响。按照中国证监会公布的行业分类将行业分为 21 类，需要指出的是，由于制造业公司数目众多且行业分类相对笼统，因此取两位代码进一步细分。主要变量说明见表 6-1，描述性统计见表 6-2。其他财务数据和公司治理数据来自国泰安（CSMAR）数据库和 Wind 数据库。

6.3.2 模型设定

本章采用模型（6-3）验证假设 H6-1，即高管海外背景是否影响企业社会责任履行。

$$\begin{aligned}CSR_{i,t} = &\beta_0 + \beta_1 Overseas_{i,t-1} + \beta_2 Board\ independence_{i,t-1} + \\ &\beta_3 Power\ balance_{i,t-1} + \beta_4 Duality_{i,t-1} + \beta_5 Managerial\ ownership_{i,t-1} + \\ &\beta_6 Institutional\ ownership_{i,t-1} + \beta_7 Firm\ age_{i,t-1} + \beta_8 Firm\ size_{i,t-1} + \\ &\beta_9 ROA_{i,t-1} + \beta_{10} Leverage_{i,t-1} + \beta_{11} Growth_{i,t-1} + \\ &\sum Industry + \sum Year + \varepsilon \quad (6-3)\end{aligned}$$

其中，β_0 为截距项，β_i 为各变量对应的估计系数，ε 为随机扰动项。$CSR\ score_{i,t}$（$CSR\ ratings_{i,t}$）为 i 公司 t 年的企业社会责任总分（企业社会责任评级）；$Overseas$ 代表高管海外背景变量，用以下三种方式度量：$Overseas\ dummy$ 为高管海外背景哑变量，$Overseas\ number$ 为具有海外背景的高管人数，$Overseas\ percentage$ 为具有海外背景的高管占比；其余变量为控制变量，具体参见表 6-1 的定义；$Industry$ 和 $Year$ 分别代表行业和年份哑变量。如果 H6-1 成立，则 β_1 的系数应该显著为正。

本章采用模型（6-4）检验 H6-2，即信息不对称程度对于高管海外背景与企业社会责任的调节作用。

$$\begin{aligned}CSR_{i,t} = &\ \beta_0 + \beta_1 Overseas \times DA_{i,t-1} + \beta_2 Overseas_{i,t-1} + \beta_3 DA_{i,t-1} + \\ &\ \beta_4 Board\ independence_{i,t-1} + \beta_5 Power\ balance_{i,t-1} + \beta_6 Duality_{i,t-1} + \\ &\ \beta_7 Managerial\ ownership_{i,t-1} + \beta_8 Institutional\ ownership_{i,t-1} + \\ &\ \beta_9 Firm\ age_{i,t-1} + \beta_{10} Firm\ size_{i,t-1} + \beta_{11} ROA_{i,t-1} + \beta_{12} Leverage_{i,t-1} + \\ &\ \beta_{13} Growth_{i,t-1} + \sum Industry + \sum Year + \varepsilon \end{aligned} \quad (6-4)$$

其中，β_0 为截距项，β_i 为各变量对应的估计系数，ε 为随机扰动项。$Overseas \times DA_{i,t-1}$ 为高管海外背景相应变量与信息不对称程度（用操纵性应计利润衡量）的交乘项。如果 H6-2 成立，则 β_1 的系数显著为正。

需要说明的是，在模型（6-3）和（6-4）中均采用前一期的测试变量对当期因变量进行回归，从而降低潜在的内生性问题。同时，为了避免混合截面数据带来的聚类问题，采用了公司水平聚类标准差。为了防止异常值对回归结果的影响，所有连续变量都经过1%和99%的缩尾处理。

表 6-1　主要变量说明

变量	变量说明
第一组：企业社会责任变量	
$CSR\ score$	和讯网依据上市公司发布的社会责任报告和年报，对上市公司企业社会责任履行情况的总体评分，满分为100分，评分越高，代表社会责任履行情况越好

续表

变量	变量说明
第一组：企业社会责任变量	
CSR rating	和讯网对上市公司企业社会责任履行情况由 A 到 E 的评级，A 级最高，E 级最低。本研究中将 A 级取值为 5，E 级取值为 1，依次类推
第二组：高管海外背景变量	
Overseas dummy	海归高管哑变量，如果上市公司当年度至少有 1 名高管具有海外背景则取 1；否则取 0
Overseas number	海归高管人数，等于上市公司当年度具有海外背景的高管人数
Overseas percentage	海归高管占比，等于上市公司当年度具有海外背景的高管的人数除以高管总人数
第三组：其他变量	
SOE	哑变量，如果上市公司为国有控股则取 1；否则取 0
Board independence	董事会独立性，等于独立董事人数除以董事会总人数
Board size	董事会规模，等于董事会总人数
Power balance	股权制衡，等于第一大股东持股比例除以第二到第五大股东持股比例之和
Duality	哑变量，如果上市公司董事长和总经理为同一人则取 1；否则取 0
Managerial ownership	管理层持股比例，等于管理层的持股数量除以公司总股数
Institutional ownership	机构投资者持股比例，等于机构投资者的持股数量除以公司总股数
Firm age	公司年龄，等于观测年度减去公司成立年度
Firm size	公司规模，等于公司总资产取自然对数
ROA	总资产收益率，等于公司当年净利润除以总资产
Leverage	负债水平，等于公司当年度负债总和除以资产总和
Growth	成长性，等于公司营业总收入的增长率
DA	信息不对称程度，采用修正的琼斯模型计算得出操纵性应计利润，具体方法见正文描述
Year	年份，以 2010 年为基准，设置 4 个虚拟变量
Industry	行业，采用证监会行业分类指引将行业细分为 21 个行业（已剔除金融业），将制造业采用两位代码细分，设置 20 个虚拟变量

6.4 实证结果分析

6.4.1 描述性统计

表 6-2 是主要研究变量的描述性统计。从第一组可知,上市公司的社会责任总分(CSR score)平均为 28.812,远低于 60 分的及格水平;社会责任评级(CSR rating)的均值为 2.361,中位数为 2,表明上市公司社会责任评级主要集中在 D 级水平,上市公司社会责任履行质量有待提高。

第二组是高管海外背景变量的描述性统计。*Overseas dummy* 的均值为 0.379,说明平均有 37.9% 的公司拥有具有海外背景的高管;*Overseas number* 的最大值为 15,说明上市公司中最多聘请了 15 名具有海外背景的高管;*Overseas percentage* 的均值为 0.038,方差为 0.057,说明不同上市公司聘用海归高管的比例存在一定差异。

第三组是其他变量的描述性统计。*SOE* 的均值为 0.034,表明样本中 3.4% 的公司为国有控股公司;*Board independence* 的均值为 0.365,说明样本中独立董事占比平均为 36.5%,符合我国证监会对上市公司独立董事聘用比例的要求;*Board size* 的中位数为 9,说明上市公司董事会平均由 9 人构成;*Power balance* 的均值为 5.560,说明我国上市公司股权集中度较高,"一股独大"的现象较为严重;*Duality* 的均值为 0.208,说明样本中有 20.8% 的公司总经理和董事长由同一个人担任,管理权力相对集中;*Managerial ownership* 和 *Institutional ownership* 的均值分别为 0.080 和 0.306,说明机构投资者是上市公司的重要投资主体之一;样本公司中 *Firm age* 平均为 14.093,*Firm size* 的均值为 21.723;*ROA* 的均值只有 0.042,说明上市公司的盈利能力相对较差;*Leverage* 的均值为 0.436,表明上市公司的负债融资较多。

表 6-2 描述性统计

变量	样本量	均值	标准差	中位数	最小值	25 分位数	75 分位数	最大值
第一组：企业社会责任变量								
CSR score	8,000	28.812	19.546	21.930	-13.570	16.675	41.865	85.770
CSR rating	8,000	2.361	0.722	2.000	1.000	2.000	3.000	5.000
第二组：高管海外背景变量								
Overseas dummy	8,000	0.379	0.485	0.000	0.000	0.000	1.000	1.000
Overseas number	8,000	0.689	1.303	0.000	0.000	0.000	1.000	15.000
Overseas percentage	8,000	0.038	0.057	0.000	0.000	0.000	0.067	0.188
第三组：其他变量								
SOE	8,000	0.034	0.182	0.000	0.000	0.000	0.000	1.000
Board independence	8,000	0.365	0.043	0.333	0.091	0.333	0.400	0.444
Board size	8,000	8.993	1.782	9.000	4.000	8.000	9.000	18.000
Power balance	8,000	5.560	7.673	2.389	0.398	1.187	6.201	37.377
Duality	8,000	0.208	0.406	0.000	0.000	0.000	0.000	1.000
Managerial ownership	8,000	0.080	0.163	0.000	0.000	0.000	0.029	0.519
Institutional ownership	8,000	0.306	0.216	0.302	0.000	0.094	0.508	0.618
Firm age	8,000	14.093	5.199	14.000	1.000	11.000	18.000	33.000
Firm size	8,000	21.723	1.106	21.654	18.724	20.962	22.509	23.602
ROA	8,000	0.042	0.062	0.042	-0.389	0.017	0.075	0.135
Leverage	8,000	0.436	0.220	0.438	0.028	0.264	0.610	0.830

续表

变量	样本量	均值	标准差	中位数	最小值	25分位数	75分位数	最大值
第三组：其他变量								
Growth	8,000	0.158	0.303	0.125	−0.769	−0.012	0.289	0.926
DA	7,155	0.331	0.879	0.351	−5.564	0.077	0.669	2.299

6.4.2 相关性分析

表 6-3 报告了 Pearson 和 Spearman 相关性系数,其中左下方区域代表 Pearson 相关性系数,右上方区域代表 Spearman 相关性系数。*CSR Score* 与 *Overseas dummy* 显著正相关,表明在不考虑其他因素的情况下,高管海外背景正向影响企业社会责任,初步支持了 H6-1。计算自变量的方差膨胀因子(VIF)的最大值为 1.640,远低于多元回归模型中方差膨胀因子为 10.000 的最高标准(Kennedy,1988)。因此,本章的变量之间不存在严重的多重共线性问题。

表 6-3 Pearson(Spearman)相关性分析

变量		(1)	(2)	(3)	(4)	(5)	(6)
CSR Score	(1)	1	0.097***	-0.020**	0.016	0.039***	-0.069***
Overseas dummy	(2)	0.100***	1	-0.026**	-0.003	-0.037***	-0.035**
SOE	(3)	-0.016	-0.026**	1	0.002	0.015	-0.050***
Board independence	(4)	0.009	-0.006	-0.006	1	0.025**	0.065***
Power balance	(5)	0.025**	-0.038***	-0.001	0.027**	1	-0.115***
Duality	(6)	-0.083***	-0.035***	-0.050***	0.083***	-0.117***	1
Managerial ownership	(7)	-0.089***	-0.085***	-0.084***	0.070***	-0.227***	0.238***
Institutional ownership	(8)	0.178***	0.064***	0.074***	-0.038***	0.187***	-0.172***
Firm age	(9)	-0.033***	0.038***	-0.013	-0.033***	0.075***	-0.100***
Firm size	(10)	0.398***	0.119***	0.009	-0.002	0.159***	-0.174***
ROA	(11)	0.260***	0.032***	-0.026**	-0.008	-0.072***	0.008
Leverage	(12)	0.035***	0.024**	0.041***	-0.01	0.124***	-0.125***
变量		(7)	(8)	(9)	(10)	(11)	(12)
CSR Score	(1)	0.001	0.182***	-0.016	0.366***	0.389***	-0.023**
Overseas dummy	(2)	-0.059***	0.067	0.037***	0.124***	0.033***	0.025**
SOE	(3)	-0.063***	0.073***	-0.016	0.009	-0.033***	0.040***
Board independence	(4)	0.007	-0.025**	-0.025**	0.026**	-0.01	0.003
Power balance	(5)	-0.301***	0.201***	0.088***	0.182***	-0.102***	0.145***
Duality	(6)	0.194***	-0.173***	-0.101***	-0.180***	0.039***	-0.127***
Managerial ownership	(7)	1	-0.317***	-0.256***	-0.109***	0.192***	-0.216***
Institutional ownership	(8)	-0.447***	1	0.145***	0.291***	0.008	0.195***
Firm age	(9)	-0.379***	0.152***	1	0.042***	-0.106***	0.190***
Firm size	(10)	-0.199***	0.276***	0.007	1	0.025**	0.365***

续表

变量		(1)	(2)	(3)	(4)	(5)	(6)
ROA	(11)	0.119 ***	0.034 ***	-0.098 ***	0.111 ***	1	-0.404 ***
Leverage	(12)	-0.282 ***	0.193 ***	0.195 ***	0.328 ***	-0.359 ***	1

6.4.3 回归结果分析

(1) 高管海外背景和企业社会责任

表6-4列示了高管海外背景对企业社会责任的OLS回归结果。其中第1列至第3列的因变量为 CSR score，第4列至第6列的因变量为 CSR rating。第1列和第4列高管海外背景指标为 Overseas dummy，第2列和第5列高管海外背景指标为 Overseas number，第3列和第6列高管海外背景指标为 Overseas percentage。从结果中可见，无论是对企业社会责任评分的检验，还是对企业社会责任评级的检验，Overseas dummy 的回归系数均显著为正（分别为1.607和0.070），且均值1%的水平显著，表明相对于未聘用海归高管的公司，已聘用海归高管的公司，企业社会责任的得分更高、评级更好，支持了H6-1a的预期。Overseas number、Overseas percentage 的系数也均显著为正，且均在1%的统计水平显著，说明公司中海归高管的人数越多、海归高管在高管团队中所占比例越大，企业社会责任表现越好，进一步验证了H6-1b。

在控制变量方面，Board independence 的系数显著为正，说明独立董事所占比例越高的上市公司，企业社会责任的表现越好，与Khan et al. （2013）的结论一致。Power balance 的系数显著为负，说明股权集中度越高的上市公司，企业社会责任的履行意愿越低。Institutional ownership 的系数显著为正，说明机构投资者更加关注企业的可持续发展能力，促进企业维护利益相关者的权益。Firm size 和 ROA 的系数均显著为正，说明规模越大、盈利能力更强的公司更有实力履行企业社会责任。Leverage 的系数显著为负，说明企业面临的债务压力降低了社会责任的履行意愿。

表6-4 高管海外背景与企业社会责任回归结果

	CSR score$_{i,t}$			CSR rating$_{i,t}$		
	(1)	(2)	(3)	(4)	(5)	(6)
Overseas dummy$_{i,t-1}$	1.607 ***			0.070 ***		
	(2.926)			(3.295)		

续表

	CSR score$_{i,t}$			CSR rating$_{i,t}$		
	(1)	(2)	(3)	(4)	(5)	(6)
Overseas number$_{i,t-1}$		0.956***			0.041***	
		(3.791)			(3.865)	
Overseas percentage$_{i,t-1}$			19.361***			0.837***
			(3.899)			(4.312)
SOE$_{i,t-1}$	-2.548**	-2.430*	-2.470*	-0.096**	-0.091**	-0.092**
	(-2.002)	(-1.908)	(-1.939)	(-2.147)	(-2.040)	(-2.070)
Board independence$_{i,t-1}$	11.803**	11.915**	11.053*	0.459*	0.464**	0.427*
	(1.976)	(2.005)	(1.854)	(1.943)	(1.974)	(1.808)
Power balance$_{i,t-1}$	-0.090**	-0.088**	-0.089**	-0.004***	-0.004***	-0.004***
	(-2.534)	(-2.503)	(-2.509)	(-3.198)	(-3.166)	(-3.169)
Duality$_{i,t-1}$	-0.366	-0.340	-0.344	-0.018	-0.017	-0.017
	(-0.577)	(-0.538)	(-0.544)	(-0.742)	(-0.702)	(-0.706)
Managerial ownership$_{i,t-1}$	1.889	2.347	2.216	-0.017	0.002	-0.003
	(0.969)	(1.210)	(1.139)	(-0.232)	(0.026)	(-0.041)
Institutional ownership$_{i,t-1}$	9.613***	9.751***	9.607***	0.319***	0.325***	0.319***
	(7.015)	(7.163)	(7.029)	(5.975)	(6.127)	(5.987)
Firm age$_{i,t-1}$	0.049	0.048	0.047	0.002	0.002	0.002
	(0.808)	(0.802)	(0.786)	(0.671)	(0.664)	(0.646)
Firm size$_{i,t-1}$	6.024***	5.891***	6.001***	0.204***	0.198***	0.203***
	(21.720)	(21.153)	(21.731)	(19.170)	(18.684)	(19.194)
ROA$_{i,t-1}$	53.634***	53.457***	53.434***	1.220***	1.212***	1.211***
	(12.586)	(12.593)	(12.605)	(8.179)	(8.147)	(8.173)
Leverage$_{i,t-1}$	-6.383***	-6.379***	-6.392***	-0.136***	-0.136***	-0.136***
	(-4.868)	(-4.870)	(-4.871)	(-2.842)	(-2.846)	(-2.850)
年份效应	已控制	已控制	已控制	已控制	已控制	已控制
行业效应	已控制	已控制	已控制	已控制	已控制	已控制
截距项	-88.169***	-85.484***	-87.570***	-1.663***	-1.550***	-1.637***
	(-12.270)	(-13.086)	(-13.479)	(-6.603)	(-6.167)	(-6.531)
观测值数量	8,000	8,000	8,000	8,000	8,000	8,000
调整 R^2	0.340	0.339	0.339	0.258	0.261	0.260

(2) 信息不对称、高管海外背景和企业社会责任

表6-5给出了信息不对称对高管海外背景与企业社会责任调节作用（H6-2）的检验结果。在表6-4的基础上，表6-5增加DA以及Overseas dummy×DA（或Overseas number×DA，Overseas percentage×DA）。其中，第1列至第3列的因变量为CSR score，第4列至第6列的因变量为CSR rating。第1列和第4列高管海外背景指标为Overseas dummy，第2列和第5列高管海外背景指标为Overseas number，第3列和第6列高管海外背景指标为Overseas percentage。表6-5的各列结果显示，Overseas dummy×DA（或Overseas number×DA，Overseas percentage×DA）的回归系数均显著为正，说明在信息不对称程度更高的公司，高管海外背景对企业社会责任的促进作用更显著。当企业的面临的信息不对称程度更高时，信息环境更加不透明，企业高管能依赖用于理性判断的明确信息较少，此时作为高管认知结构与价值观的重要组成部分的高管海外背景对其决策的影响力更强，因而高管海外背景对企业社会责任的影响力更为显著。

表6-5 信息不对称、高管海外背景与企业社会责任

	$CSR\ score_{i,t}$			$CSR\ rating_{i,t}$		
	(1)	(2)	(3)	(4)	(5)	(6)
Overseas dummy × $DA_{i,t-1}$	0.293 *			0.015 ***		
	(1.784)			(3.252)		
Overseas $dummy_{i,t-1}$	1.744 ***			0.072 ***		
	(2.967)			(3.196)		
Overseas number × $DA_{i,t-1}$		0.194 ***			0.009 ***	
		(3.577)			(5.078)	
Overseas $number_{i,t-1}$		0.995 ***			0.042 ***	
		(3.734)			(3.897)	
Overseas percentage × $DA_{i,t-1}$			0.003 ***			0.001 ***
			(3.648)			(5.227)
Overseas $percentage_{i,t-1}$			20.046 ***			0.842 ***
			(3.754)			(4.055)
$DA_{i,t-1}$	0.001 ***	0.001 ***	0.001 ***	0.001 **	0.001 **	0.001 **
	(3.110)	(3.126)	(3.123)	(2.494)	(2.503)	(2.498)

续表

	$CSR\ score_{i,t}$			$CSR\ rating_{i,t}$		
	(1)	(2)	(3)	(4)	(5)	(6)
$SOE_{i,t-1}$	-2.912**	-2.805**	-2.836**	-0.103**	-0.099**	-0.100**
	(-2.083)	(-2.011)	(-2.030)	(-2.099)	(-2.015)	(-2.034)
$Board\ independence_{i,t-1}$	15.771**	15.903**	15.012**	0.593**	0.598**	0.561**
	(2.460)	(2.494)	(2.345)	(2.339)	(2.375)	(2.215)
$Power\ balance_{i,t-1}$	-0.100***	-0.099***	-0.099***	-0.005***	-0.005***	-0.005***
	(-2.692)	(-2.683)	(-2.679)	(-3.321)	(-3.303)	(-3.300)
$Duality_{i,t-1}$	-0.208	-0.160	-0.173	-0.013	-0.011	-0.011
	(-0.309)	(-0.238)	(-0.259)	(-0.499)	(-0.421)	(-0.444)
$Managerial\ ownership_{i,t-1}$	2.079	2.556	2.413	-0.021	-0.001	-0.007
	(0.996)	(1.231)	(1.158)	(-0.266)	(-0.009)	(-0.083)
$Intuitional\ ownership_{i,t-1}$	9.858***	9.987***	9.851***	0.309***	0.314***	0.308***
	(6.644)	(6.778)	(6.659)	(5.412)	(5.548)	(5.425)
$Firm\ age_{i,t-1}$	0.041	0.041	0.040	0.001	0.001	0.001
	(0.638)	(0.635)	(0.631)	(0.521)	(0.518)	(0.513)
$Firm\ size_{i,t-1}$	6.179***	6.047***	6.160***	0.209***	0.204***	0.208***
	(21.088)	(20.577)	(21.122)	(18.669)	(18.203)	(18.701)
$ROA_{i,t-1}$	53.135***	53.060***	52.996***	1.187***	1.184***	1.181***
	(12.118)	(12.129)	(12.137)	(7.777)	(7.758)	(7.777)
$Leverage_{i,t-1}$	-6.711***	-6.684***	-6.713***	-0.147***	-0.145***	-0.147***
	(-4.856)	(-4.840)	(-4.854)	(-2.909)	(-2.893)	(-2.914)
年份效应	已控制	已控制	已控制	已控制	已控制	已控制
行业效应	已控制	已控制	已控制	已控制	已控制	已控制
截距项	-112.842***	-110.118***	-112.259***	-2.443***	-2.330***	-2.417***
	(-16.922)	(-16.477)	(-17.001)	(-9.483)	(-9.050)	(-9.423)
观测值数量	7,155	7,155	7,155	7,155	7,155	7,155
调整 R^2	0.283	0.282	0.284	0.211	0.214	0.213

6.4.4 稳健性检验

为了保证回归结果的可靠性，本研究采用倾向评分匹配法、Heckman 两阶段回归方法、改变企业社会责任的衡量方法及重新定义海归高管等进行稳健性检验，具体稳健性检验结果未予列示。

(1) 倾向评分匹配法

为解决海归高管与企业社会责任之间的潜在内生性问题,即社会责任履行情况更好的公司更易吸引具有海外背景的高管,本研究使用倾向评分匹配法(Propensity Score Matching)进行测试。倾向评分匹配法不仅能控制内生性问题,还能控制样本选择偏差(Lawrence et al., 2011)。

倾向评分匹配法的具体步骤是:首先,以 2010 年至 2014 年中国 A 股上市公司为样本,建立上市公司聘用海归高管的影响因素的 Probit 模型,如模型(6-5)所示。参考以往文献(如 Giannetti et al., 2015),选择的影响因素包括:国有控股(SOE)、第一大股东持股比例($Top1$)、董事会规模($Board\ size$)、公司年龄($Firm\ age$)、公司规模($Firm\ size$)、负债水平($Leverage$)、盈利能力(ROA)、成长性($Growth$),以及行业和年份哑变量。

$$Overseas_{i,t} = \gamma_0 + \gamma_1 SOE_{i,t-1} + \gamma_2 Top1_{i,t-1} + \gamma_3 Board\ size_{i,t-1} + \gamma_4 Board\ independence_{i,t-1} + \gamma_5 Firm\ age_{i,t-1} + \gamma_6 Firm\ size_{i,t-1} + \gamma_7 ROA_{i,t-1} + \gamma_8 Leverage_{i,t-1} + \gamma_9 Growth_{i,t-1} + \sum Industry + \sum Year + \varepsilon \qquad (6-5)$$

其中,γ_0 是截距项,γ_i 是各变量对应的估计系数,ε 是随机扰动项。因变量($Overseas\ dummy$)是哑变量,如果公司拥有具备海外背景的高管则取 1,否则取 0。其次,通过 Probit 回归计算出每个公司的倾向得分,为每个聘用海归高管的公司(测试组公司)匹配一个与其概率最接近的未聘用海归高管的公司(控制组公司)。由于倾向性得分匹配一般需要将最大距离限制在 3% 以内(Lawrence et al., 2011),因而原样本中的目标公司并非都能匹配成功。最终配对成功的样本有 2839 个,再将原样本中匹配成功的样本和配对样本纵向合并,获得 5678 个样本。配对样本的回归结果表明,高管海外背景的三个变量($Overseas\ dummy$、$Overseas\ number$、$Overseas\ percentage$)的系数均在 1% 的水平上正向显著。可见,在控制样本选择偏差问题后,本章的结论依然成立。

(2) Heckman 两阶段自选择修正方法

为解决高管海外背景与企业社会责任之间的潜在自选择问题,本章使用 Heckman(1979)两阶段模型进行稳健性检验。第一阶段建立企业选择聘用海归高管的 Probit 模型(如模型(6-5)所示),计算出逆米尔斯比率

(*IMR*),并将其作为控制变量加入模型(6-3)中,进行第二阶段回归。Heckman 第二阶段的回归结果表明,自变量的系数为正且仍在 1% 的水平上显著,说明在控制自选择问题之后,高管海外背景对企业社会责任仍具有显著的促进作用。

(3)排除只具有港澳台背景的高管

高管的海外背景是本研究的关键变量。考虑到中国港澳台地区与中国内地(大陆)在地域和文化上非常相近,且政治经济联系非常密切,为了确保高管海外背景信息的真实性和有效性,本研究排除只具有在以上地区工作和求学背景的高管,仅将在除中国外的国家或地区拥有工作和求学经历定义为海外背景。该检验也支持了本章的研究结论。

(4)改变企业社会责任的度量方法

本研究探讨高管海外背景对企业社会责任的影响,因此企业社会责任是关键变量。参考权小锋等(2015)的研究,采用润灵环球公司发布的 2010 年至 2014 年企业社会评价评分和社会责任评级作为企业社会责任的替代指标。替代指标检验也支持了本章的研究结论。

6.5 本章小结

企业社会责任自 20 世纪 90 年代以来引起了世界范围内的极大关注。现有文献较少从个体层面的管理者背景特征视角研究企业社会责任的影响因素,且尚无文献研究海归高管是否能促进企业履行社会责任。本研究基于 2010 年至 2014 年中国 A 股上市公司研究样本,结合手工搜集的高管背景特征数据,从高阶梯队理论视角考察海归高管对企业社会责任的影响。研究结论表明,高管的海外背景有助于促进企业履行社会责任。相对于没有海归高管的公司,有海归高管的公司的社会责任评分更高、评级更好,且当海归高管人数越多、在高管团队中的占比越高时,企业社会责任表现越好;当企业面临的信息不对称程度更大时,高管很难依据明确的信息进行理性判断,此时,作为影响高管认知结构和价值观代理变量的海外背景将对其企业社会责任决策产生更显著的影响。在稳健性检验中,本研究采用倾向评分匹配法(PSM)和 Heckman 两阶段等方法控制内生性问题,并采用其他方法度量企业社会责任和高管海外背景,以排除计量偏差对于回归结果的影响。经过多项稳健性检验后，本研究的结论依然成立。

本研究的理论意义体现在三个方面：首先，本研究从高管的海外背景特征出发，探讨高管的海外经历如何影响其职能发挥，丰富了高管海外背景的经济后果及高阶梯队理论领域的研究。已有学者就高管海外背景对企业海外融资、海外并购、企业业绩、对外投资、技术创新等领域进行了较为深入的探讨，但尚无文献关注到高管海外背景对企业社会责任方面的影响。其次，本研究从个体层面拓展了企业社会责任影响因素领域的文献。Aguinis & Glavas（2012）指出从制度层面和组织层面研究企业社会责任影响因素的文献已较为丰富，而从个体层面研究企业社会责任的文献仍相对缺乏，本研究从高管海外背景这一独特视角出发，探究其对社会责任履行的影响，回应了Aguinis & Glavas（2012）指出的企业社会责任个体层面研究成果缺陷的问题。最后，本章为新兴市场国家的企业社会责任作用机理提供了新的证据。Frynas（2006）认为现有的企业社会责任领域研究大多聚焦北美和西欧国家，形成了一种"以西方为中心"的企业社会责任理论体系，而对新兴市场国家的企业社会责任运作机理和实践知之甚少，制度差异可能导致西方的企业社会责任理论无法成功应用于新兴国家的社会实践（Lindgreen，2009）。本章的研究以中国上市公司为样本，发现聘用具有海外背景的高管能够提升企业的社会责任表现，丰富了新兴市场国家的企业社会责任研究。

本章的研究还具有很强的现实意义。自21世纪以来，国家及各省市陆续发布了一系列海外高层次人才引进计划，如2008年12月，中共中央办公厅转发了《中央人才工作协调小组关于实施海外高层次人才引进计划的意见》（简称"千人计划"），为海外高层次人才回国创新创业提供了优厚的待遇和便利的条件。同时，越来越多的中国企业也倾向于招聘和引进拥有海外背景的管理者。通过实证研究，发现具有海外背景的管理者促进了企业社会责任的履行，为国家"海归"人才引进计划和企业高层次海外人才招聘提供了新的证据支持。

本章的研究仍存在不足之处：企业社会责任的衡量方法有多种，包括因子分析法、内容分析法、声誉指数法、指标法等，本研究选取了较为客观的和讯网企业社会责任评分和润灵环球指数度量企业社会责任，但是如何精确度量企业社会责任仍是一项富有挑战性的工作，由于时间和精力限制，无法穷尽所有衡量方法。本研究考察了高管海外背景和企业社会责任的影响，未来研究可以进一步探讨高管的其他背景特征对企业社会责任的影响，并阐述其中的影响机制和渠道。

第7章 海归高管与股价崩盘风险

股价崩盘作为资本市场中的一种极端现象，降低了资源配置效率，对投资者利益和资本市场的平稳健康发展造成了负面影响。自 2008 年全球金融危机以来，股价崩盘风险引起了监管层和投资者的广泛关注，如何降低股价崩盘风险也成为学术界的热点话题。与西方成熟的资本市场相比，中国资本市场的成立时间较短，制度设计尚不够完善，股价"暴涨暴跌"对中小投资者信心的影响更为剧烈。那么，海归高管是否能够降低企业内外部信息不对称性、降低股价崩盘风险？本章将通过实证研究的方法考察海归高管对股价崩盘风险的影响及其作用机理。

7.1 引言

2008 年全球性的经济危机引发了学术界对于股价崩盘风险的高度关注，股价崩盘风险的成因及其破解之道是近年来公司金融领域的热点话题。公司经理层出于私人利益最大化的动机倾向于隐藏坏消息，一旦积聚的坏消息到达一定程度集中爆发，会造成股价断崖式下跌，形成股价崩盘现象（Benmelech et al. , 2010；Jin & Myers, 2006）。股价崩盘不仅危害资本市场的稳定，也造成了股东利益的巨大损失，动摇投资者对资本市场的信心。鉴于股价崩盘风险的危害性，大批学者从宏观制度设计（褚剑和方军雄，2016；林乐和郑登津，2016）、企业信息环境（Hutton et al. , 2009；Kim & Zhang, 2014）以及管理层动机（Kim et al. , 2011a）等视角研究股价崩盘风险的成因，但基于高管个体特征视角的股价崩盘风险影响因素研究仍较为缺乏。

传统的经济学理论均假设管理者是同质的，高阶梯队理论则认为管理者异质性的背景特征与价值观念会对企业行为决策产生影响（Hambrick & Mason, 1984）。随着经济全球化的发展，海归高管已成为我国证券市场上不可忽视的重要群体。自20世纪90年代起,中国政府制定了一系列海归人才引进政策(Zweig,2006)。随着海归人才引进政策力度不断加大,中国留学回国与出国留学之间人数的逆差逐渐缩小,中国已经逐渐由"智力流失期"过渡到"智力回流期"(代昀昊和孔东民,2017)。具有海外背景的董事拥有较为丰富的阅历和国际化视野,道德与社会责任意识较强,在中国资本市场中具有"明星效应",更加注重个人的社会声誉。那么,具有海外背景的董事能否影响股价崩盘风险?其作用机理表现在哪些方面?

为回答上述问题,本章采用2001—2015年中国A股上市公司为样本,分析董事的海外背景对股价崩盘风险的影响及其作用机理。本章认为,中国资本市场为研究该问题提供了良好的研究场景。第一,与西方成熟的资本市场相比,中国资本市场的成立时间较短,制度设计尚不够完善,信息透明度较低,股价同步性较高(Jin & Myers,2006;Piotroski et al.,2010)。股价"暴涨暴跌"不仅会对金融市场的健康发展构成威胁,损害中小投资者的利益和信心,甚至可能影响实体经济的稳定。因此,在国内外差异化的制度背景下研究董事的海外背景对于中国上市公司信息环境的改良作用具有重要的现实意义。第二,虽然自改革开放战略实施以来,中国的实体经济和资本市场迎来飞速发展,但是劳动力市场的发展滞后和高端人才的短缺仍是影响中国经济纵深发展的关键障碍。中国大批留学生赴海外求学或工作,希望能够获取先进的科学知识、一流的管理经验以及专业化的实践技能。伴随着国家和各省市大力度的海归人才引进政策,一批优秀的海归人才回国效力。基于股价崩盘风险视角,研究海归高管的"智力回流效应"对中国以及其他新兴市场国家均具有较大的借鉴意义。

本章的主要研究发现有:第一,董事的海外背景降低了企业的股价崩盘风险,当企业聘用的具有海外背景的董事人数越多、在董事会中占比越高时,股价崩盘风险显著更低。该结果在控制了潜在的内生性问题的影响之后依然成立;第二,仅当董事的海外背景来源于投资者法律保护程度更好的国家(或地区)时,其对股价崩盘风险的抑制作用才能够成立,反之则不成立;第三,深入探究董事海外背景对股价崩盘风险的作用机理后发现,具有海外背景的董事吸引了更多的证券分析师关注、提升了企业的信息透明度,说明董事海外背景通过降低企业内外部信息不对称性的方式抑制了股价崩盘风险。

本章的贡献体现在以下四个方面：第一，从高管背景特征视角拓展了股价崩盘风险影响因素领域的研究。股价崩盘风险是公司财务近年来的热点话题，已有大量学者对此进行了广泛而深入的研究，但是从高管个人特征层面出发的研究偏少，尚无研究考察董事的海外背景特征对股价崩盘风险的影响。第二，本章从股价崩盘风险视角拓展了董事海外背景的经济后果领域的文献，并由此丰富了高阶梯队理论的研究成果。自高阶梯队理论提出以来，越来越多的学者关注高管异质性对企业决策的影响。海外背景作为董事的重要人力资本特征，目前研究较多从董事的咨询职能出发，发现海外背景的董事能对企业绩效（Giannetti et al., 2015）等方面产生影响。咨询与监督是董事的两大职能（Fama & Jensen, 1983），关于海外背景董事如何发挥有效的监督职能的探讨较少，并且尚无文献关注董事海外背景对于股价崩盘风险的影响。第三，有关董事海外背景的文献鲜有对高管海外背景获取国的制度背景特征进行深入挖掘。不同国家在经济发展水平和投资者法律保护程度等方面存在异质性特征，这些制度背景均会对高管的思维方式和行为模式产生影响，仅采用企业是否聘用了海外背景董事的度量方式较为粗糙。本章利用手工搜集的董事海外背景特征数据，不仅研究海外背景董事人数及其在董事会中的占比对股价崩盘风险的影响，还进一步分析董事海外背景来源国的投资者法律保护水平的差异化影响，研究内容更为细致和深入。第四，除发现董事海外背景能降低股价崩盘风险之外，本章进一步挖掘董事海外背景对股价崩盘风险产生影响的机制和路径，发现海归董事通过引入外部监督和治理机制、增强企业的信息透明度以及提高会计信息质量降低了股价崩盘风险，丰富了董事海外背景对企业决策的影响渠道及作用机理方面的研究。

本章的后续内容安排如下：第二节是理论分析与研究假设；第三节是研究设计，包括数据来源及样本选择、模型设计与变量定义；第四节汇报实证检验的结果，包括描述性统计、相关性分析、回归结果分析和稳健性检验；第五节为拓展性研究，检验海归董事对股价崩盘风险的作用机理，并细分董事海外背景的两种类型进行细分检验；第六节为本章小结。

7.2 理论分析与研究假设

本节分别从能力和动力两个方面就海归董事对企业股价崩盘风险的影响进行分析。

首先，受到海外文化的熏陶，海归董事的道德观念与社会责任意识更强，因而更有能力防范股价崩盘风险的发生。股价崩盘风险的形成在很大程度上源于企业的代理问题，高管出于私利动机隐藏负面消息，当坏消息积累到一定阈值集中释放时，会引起股价的断崖式下跌（Jin & Myers，2006）。高质量的董事会不仅能够通过履行监督职能增加管理层攫取私利的难度、对管理层形成有效约束，从而减少负面信息在企业囤积的可能性（梁权熙和曾海舰，2016），而且当股价崩盘风险积聚时，董事会还能通过降薪或解聘等方式对管理层的坏消息隐藏行为进行惩戒（于传荣等，2017）。具体到海归董事方面，Hambrick & Mason（1984）提出的高阶梯队理论表明，管理者的价值观念和责任意识等因素会通过影响他们的行为决策间接作用于企业的绩效表现。海外背景是董事的重要人力资本特征之一，受到海外投资者法律保护制度和企业社会责任文化的长期熏陶，海归董事的道德责任标准和投资者法律保护观念更强，更能将海外企业的先进管理经验和社会责任观应用于中国企业的管理实践中，对管理层的自利性捂盘动机进行监督和遏制，努力改善企业的信息环境，提升企业的信息透明度，从而降低股价崩盘风险。

其次，出于对社会声誉和职业前景的关注，海归董事更有动力发挥监督职能进而降低股价崩盘风险。拥有海外背景的高层次人才在中国的资本市场中仍属于较为稀缺的资源，上市公司对此类海归董事的需求较为旺盛，市场的流动性也较强，具有一定的"明星效应"。同时，由于海归董事在海外求学和工作中投入了大量的经济成本和时间成本，无论是社会舆论还是他们自身都对自己赋予了更多的期待和更严格的要求，因此拥有海外背景的董事更加注重个人的社会声誉。股价崩盘风险的上升作为一种重大恶性事件，不仅会对企业及管理者的声誉造成损害，也会影响管理者在劳动力市场的估值和职业发展。出于社会声誉机制和个人职业前景的考虑，海归董事更有动力完善公司的监督机制，降低股价崩盘风险，提升公司治理水平，促进股东利益最大化。综合以上分析和讨论，本章提出第一个研究假设：

H7-1：在其他条件相同时，董事海外背景能降低股价崩盘风险。

本章进一步地分析董事海外背景来源国的制度背景特征对股价崩盘风险的影响。已有跨国研究表明，国家层面非正式的社会规范和信息环境等会对股价崩盘风险产生影响（Callen & Fang，2015；Jin & Myers，2006）。当企业处于社会责任意识和道德水准较高的国家时，管理者会更多地思考自身行为会给外部利益相关者造成怎样的影响，尽可能约束自己的不当行为以维护良好的社会声誉。同时，良好的投资者法律保护制度能够通过严格的监管增加管理者违法违规的成本，从而提升公司治理水平（La Porta et al.，2000）、改善财务报告质量（Francis & Wang，2008）、抑制管理层选择性的信息披露行为（王化成等，2014）。海归董事的道德水平和监督能力可能受到当地投资者法律保护制度的影响，当董事拥有在投资者法律保护水平更高国家的留学或工作经历时，他们的道德责任感以及监督能力更强，更能对企业的负面信息隐藏行为予以抵制，从而降低了股价崩盘风险的可能性。综合以上分析和讨论，本章提出第二个研究假设：

H7-2：在其他条件相同时，当董事由投资者法律保护水平更高的国家获得海外背景时，对股价崩盘风险的抑制作用更强。

7.3 研究设计

7.3.1 数据来源及样本选择

本章所使用的数据来源主要包括：董事海外背景特征数据来源于手工搜集整理，从上市公司披露的年度报告中逐条手工摘录有关董事的海外经历信息，并结合和讯网人物频道、新浪财经等公开媒体资料进行复核和补充。由于中国港澳台地区在现实制度方面与大陆（内地）存在较大差异，本章将港澳台背景算作海外背景。参考 Giannetti et al.（2015）的研究，海外背景不包括在中外合资企业或中国企业的国外分支机构工作经历。因为个人受到海外文化的熏陶需要一定的时间，因而将高管简历中明确披露的低于六个月的海外深造或工作经历不算为海外背景。各个国家的投资者法律保护指数数据来自世界银行。其他财务报表数据和治理特征数据来自国泰安数据库。

本章选取 2001 年至 2015 年中国 A 股上市公司为初始研究样本。之所以选取 2001 年作为样本起点,是因为自 2001 年以后,高管简历信息披露的较为完善,便于搜寻到董事海外背景的详细信息。本章研究开始时能获取的最近财务报表数据截至 2016 年,但是因模型中股价崩盘风险的数据采用了前一期的指标,因而实际研究样本截至 2015 年。数据处理过程中,剔除了金融行业公司以及相关变量存在缺失值的样本,最终得到 23655 个公司—年份非平衡面板数据。

7.3.2 模型设计与变量定义

本章构建模型(7-1)检验董事海外背景对股价崩盘风险的影响。为了降低内生性问题的影响,所有的解释变量和控制变量均滞后一期。同时,采用公司水平的聚类稳健标准差,以避免混合截面数据潜在的聚类问题干扰。

$$Crash\ risk_{i,t} = \beta_0 + \beta_1 Overseas_{i,t-1} + \beta_2 NCSKEW_{i,t-1} + \beta_3 DTURN_{i,t-1} + \beta_4 Sigma_{i,t-1} + \beta_5 Return_{i,t-1} + \beta_6 Market-to-book\ ratio_{i,t-1} + \beta_7 Leverage_{i,t-1} + \beta_8 ROA_{i,t-1} + \beta_9 Abacc_{i,t-1} + \sum Industry + \sum Year + \varepsilon \quad (7-1)$$

被解释变量为股价崩盘风险(Crash risk)。参考已有文献(如 Jin & Myers, 2006; Hutton et al., 2009; Kim et al., 2011a、2011b),采用两个股价崩盘风险指标作为本章的自变量。第一个度量指标是负偏态系数(NCSKEW),第二个度量指标是收益上下波动比率(DUVOL)。指标的具体计算方法如下:

第一步,求经过市场收益调整后的个股收益率的残差,利用每家公司股票 i 的周收益率数据对式(7-2)进行回归:

$$R_{i,t} = \alpha_i + \beta_1 R_{m,t-2} + \beta_2 R_{m,t-1} + \beta_3 R_{m,t} + \beta_4 R_{m,t+1} + \beta_5 R_{m,t+2} + \varepsilon_{i,t} \quad (7-2)$$

其中,$R_{i,t}$ 为股票 i 在第 t 周考虑现金红利再投资的收益率,$R_{m,t}$ 为 A 股所有股票在第 t 周经流通市值加权的市场收益率,$\varepsilon_{i,t}$ 为随机误差项。为了降低交易非同步性带来的偏差,在模型(7-2)中加入了提前两期至滞后两期的市场收益率(Dimson, 1979)。

第二步,计算股票 i 在第 t 周经过市场调整后的个股周收益率:

$$W_{i,t} = \text{Ln}(1 + \varepsilon_{i,t})$$

第三步，基于 $W_{i,t}$，计算以下两个度量股价崩盘风险的指标：

(1) 负收益偏态系数 NCSKEW：

$$NCSKEW_{t+1} = -[n(n-1)^{3/2}\sum w_{i,t}^3]/[(n-1)(n-2)(\sum w_{i,t}^2)^{3/2}]$$

(7-3)

其中，n 为每年股票 i 的交易周数。NCSKEW 代表公司特质收益率偏度的负值，该数值越大，表示偏态系数负的程度越严重，崩盘风险越大。

(2) 收益上下波动比率 DUVOL：

$$DUVOL_{t+1} = \log\{[(n_u-1)\sum w_{i,t}^2]/[(n_d-1)\sum w_{i,t}^2]\}$$ (7-4)

其中，n_u 代表个股特质收益率大于年平均收益的周数，n_d 代表个股特质收益率小于年平均收益的周数。分别计算下跌周和上涨周的公司特有收益率的标准差得到下跌和上涨波动率，将股价下跌阶段波动率与上涨阶段波动率的比值记为 DUVOL。DUDOL 的数值越大，代表收益率分布更倾向于左偏，即股价崩盘风险越大。

解释变量为董事海外背景（Overseas），等于上市公司当年度聘用的具有海外背景的董事人数。在稳健性检验中，采用上市公司当年度聘用的海外背景董事人数占董事会总人数的比例（Overseas percentage）进行衡量。依据假设 7-1，董事海外背景对股价崩盘风险具有抑制作用，因而预期 Overseas 的估计系数 β_1 显著为负。

参考 Hutton et al.（2009）、Kim et al.（2011a，2011b）的做法，控制的影响股价崩盘风险的因素包括股票月平均超额换手率（Dturn）、股票持有特有收益率的标准差（Sigma）、公司特有收益率（Return）、市值账面价值比（Market-to-book ratio）、财务杠杆（Leverage）、总资产收益率（ROA）、信息透明度（Abacc）。同时，加入年份哑变量（Year）和行业哑变量（Industry），以控制宏观经济波动和行业因素的影响。上述各研究变量的定义如表 7-1 所示。

假设 7-2 考察董事海外背景获取国家或地区的投资者法律保护水平对股价崩盘风险的影响。为了验证假设 7-2，分别定义两个变量 Overseas high 和 Overseas low，Overseas high 表示从投资者法律保护水平高于中国的国家（或地区）获取海外背景的董事人数，Overseas low 代表从投资者法律保护水平低于中国的国家（或地区）获取海外背景的董事人数。分别将这两个变量带入模型（7-1）进行回归。依据假设 7-2，预期 Overseas high 的估计系数显著为负，而 Overseas low 的估计系数不显著。

表 7-1　变量定义表

变量	变量名称	变量定义
Panel A：股价崩盘风险变量		
NCSKEW	负收益偏态系数	股价崩盘风险指标，具体计算方法见正文
DUVOL	收益上下波动率	股价崩盘风险指标，具体计算方法见正文
Panel B：董事海外背景变量		
Overseas number	海外背景董事人数	公司当年度聘用的具有海外背景董事的人数
Overseas percentage	海外背景董事比例	公司当年度聘用的具有海外背景董事的人数占公司董事会成员总人数的比值
Overseas high	高投资者法律保护国海外背景	公司当年度聘用的从投资者法律保护指数高于中国的国家获得海外背景的董事人数
Overseas low	低投资者法律保护国海外背景	公司当年度聘用的从投资者法律保护指数低于中国的国家获得海外背景的董事人数
Overseas work	海外工作背景	公司当年度聘用的具有海外工作背景董事的人数
Overseas study	海外求学背景	公司当年度聘用的具有海外求学背景董事的人数
Panel C：控制变量		
Dturn	月均超额换手率	公司当年度股票的月平均换手率与上一年月平均换手率的差
Sigma	特有收益率的标准差	股票的周特有收益率的标准差
Return	特有收益率	股票的周特有收益率的平均值
Market-to-book ratio	市值账面价值比	公司股票的市值与账面价值的比率
Leverage	财务杠杆	公司当年末总负债除以年末总资产
ROA	资产收益率	公司当年度净利润除以年末总资产
Abacc	信息透明度	由修正的琼斯模型（Dechow et al., 1995）计算的操纵性应计利润
Analyst	分析师跟踪	公司当年度分析师跟踪的人数
Industry	行业	行业哑变量，对制造业取两位代码细分
Year	年份	年份哑变量

7.4 实证结果分析

7.4.1 描述性统计

表 7-2 报告了主要变量的描述性统计结果。为避免异常值对本章结论的干扰,已对所有连续变量进行了 1% 和 99% 水平的缩尾处理。从表 7-2 可以看出,股价崩盘风险变量($NCSKEW$ 和 $DUVOL$)的均值为 -0.182 和 -0.126,标准差为 0.656 和 0.511,说明不同公司之间股价崩盘风险的差异较大。海归董事人数 $Overseas\ number$ 的均值为 0.654,海归董事在董事会中比例 $Overseas\ percentage$ 的均值为 0.073,说明中国上市公司聘用的海归董事的比例相对较低,海归董事仍是较为稀缺的人才。$Overseas\ high$ 和 $Overseas\ low$ 的均值分别为 0.641 和 0.013,说明这类董事大多在制度环境较为完善的地区拥有工作或求学经历。其他控制变量的均值与前人文献大体一致。

表 7-2 描述性统计

变量	观测值	均值	标准差	中位数	最小值	最大值
Panel A:股价崩盘风险变量						
$NCSKEW_{t+1}$	23,655	-0.182	0.656	-0.156	-3.910	1.406
$DUVOL_{t+1}$	23,655	-0.126	0.511	-0.126	-3.051	1.100
Panel B:董事海外背景变量						
$Overseas\ number_t$	23,655	0.654	1.076	0.000	0.000	12.000
$Overseas\ percentage_t$	23,655	0.073	0.120	0.000	0.000	0.556
$Overseas\ high_t$	23,655	0.641	1.064	0.000	0.000	12.000
$Overseas\ low_t$	23,655	0.013	0.120	0.000	0.000	2.000
$Overseas\ work_t$	23,655	0.256	0.707	0.000	0.000	11.000
$Overseas\ study_t$	23,655	0.527	0.955	0.000	0.000	12.000
Panel C:控制变量						
$NCSKEW_t$	23,655	-0.170	0.657	-0.148	-3.910	1.469
$DTURN_{i,t}$	23,655	-0.268	3.120	0.011	-82.362	4.792
$Sigma_{i,t}$	23,655	0.069	0.075	0.060	0.004	0.161
$Return_{i,t}$	23,655	0.006	0.021	0.003	-0.045	0.044
$Market-to-book\ ratio_{i,t}$	23,655	3.884	4.007	2.764	-2.199	28.382

续表

变量	观测值	均值	标准差	中位数	最小值	最大值
$Leverage_{i,t}$	23,655	0.481	0.229	0.480	0.051	1.154
$ROA_{i,t}$	23,655	0.030	0.067	0.031	-0.333	0.193
$Abacc_{i,t}$	23,655	-0.002	0.086	-0.005	-0.240	0.312

7.4.2 相关性分析

表7-3报告了主要变量的相关性分析结果,其中左下角为Pearson相关性系数,右上角为Spearman相关性系数。从表中可以看出,股价崩盘风险的两个度量指标NCSKEW和DUVOL相关性系数较高,且在1%的水平上显著正相关,说明两个指标的一致性程度较好、指标选取较为合理。董事海外背景(Overseas)与股价崩盘风险(NCSKEW和DUVOL)变量显著负相关,说明在不考虑其他因素影响的情况下,董事海外背景对股价崩盘风险具有负向影响,初步支持了假设1的推断。此外,为了排除共线性问题的干扰,计算各变量之间的方差膨胀因子(VIF)均小于5,说明本章中不存在多重共线性问题。

表7-3 相关性分析

		(1)	(2)	(3)	(4)	(5)	(6)
$NCSKEW_{t+1}$	(1)	1	0.872***	-0.020**	0.050***	0.056***	-0.017**
$DUVOL_{t+1}$	(2)	0.861***	1	-0.021**	0.045***	0.048***	-0.018**
$Overseas$	(3)	-0.030***	-0.030***	1	-0.008	0.004	0.032***
$NCSKEW_t$	(4)	0.053***	0.049***	-0.022***	1	-0.089***	-0.040***
$DTURN_t$	(5)	0.030***	0.029***	-0.01	-0.052***	1	0.347***
$Sigma_t$	(6)	-0.009	-0.005	0.012	0.001	0.112***	1
$Return_t$	(7)	0.050***	0.047***	0.022***	-0.047***	0.258***	0.827***
$Market-to-book\ ratio_t$	(8)	0.093***	0.087***	0.001	0.048***	0.074***	0.148***
$Leverage_t$	(9)	-0.027***	-0.034***	-0.022***	-0.020***	0.110***	0.030***
ROA_t	(10)	-0.004	-0.013*	0.059***	-0.026***	-0.075***	-0.009
$Abacc_t$	(11)	0.001	-0.004	-0.023***	0.012	-0.008	0.008
		(7)	(8)	(9)	(10)	(11)	
$NCSKEW_{t+1}$	(1)	0.094***	0.130***	-0.043***	0.019**	-0.001	
$DUVOL_{t+1}$	(2)	0.080***	0.123***	-0.049***	0.009	-0.004	

续表

		(1)	(2)	(3)	(4)	(5)	(6)
$Overseas$	(3)	0.046***	0.023***	-0.033***	0.076***	-0.021**	
$NCSKEW_t$	(4)	-0.105***	0.049***	-0.036***	0.001	0.009	
$DTURN_t$	(5)	0.577***	0.109***	0.078***	-0.103***	0.001	
$Sigma_t$	(6)	0.452***	0.323***	0.044***	-0.069***	0.005	
$Return_t$	(7)	1	0.438***	-0.022***	0.121***	-0.031***	
$Market\text{-}to\text{-}book\ ratio_t$	(8)	0.256***	1	-0.087***	0.178***	-0.057***	
$Leverage_t$	(9)	0.003	0.027***	1	-0.410***	0.107***	
ROA_t	(10)	0.077***	0.000	-0.424***	1	-0.136***	
$Abacc_t$	(11)	-0.011	-0.007	0.095***	-0.026***	1	

7.4.3 回归结果分析

表7-4报告了董事海外背景与股价崩盘风险的回归结果。其中，第（1）和第（2）列的被解释变量为$NCSKEW$，第（3）和第（4）列的被解释变量为$DUVOL$。第（1）和第（3）列是单独纳入董事海外背景变量的回归结果，结果表明无论采用$NCSKEW$还是$DUVOL$度量股价崩盘风险，董事海外背景与股价崩盘风险均在1%的水平显著负相关；第（2）和第（4）列是纳入相关控制变量后的回归结果，结果显示，董事海外背景与股价崩盘风险依旧在1%的水平上显著为负，说明董事海外背景降低了股价崩盘发生的可能性，支持了假设7-1的预期。在控制变量方面，$NCSKEW_{i,t}$、$Return_{i,t}$、$Market\text{-}to\text{-}book\ ratio_{i,t}$显著正相关，这与Hutton et al.（2009）、许年行等（2012）的研究相同。从经济意义上，$Overseas\ number$每增加一个标准差，$NCSKEW$和$DUVOL$分别降低6.50%和7.69%[①]。以上结果表明，无论在统计意义还是在经济意义上，董事海外背景均对股价崩盘风险具有抑制作用。

表7-5报告了董事海外背景来源国的投资者法律保护水平对于股价崩盘风险的影响。其中，$Overseas\ high$和$Overseas\ low$分别代表从投资者法律保护更高或更低的国家获取海外背景的董事人数。从回归结果中可以看出，无论采用$NCSKEW$还是$DUVOL$度量股价崩盘风险，$Overseas\ high$的估计系数均

---

① 经济显著性的计算为解释变量的回归系数乘以描述性统计中的标准差,再除以被解释变量的均值。

在1%的水平显著为负，而 Overseas low 的估计系数在统计上不显著。以上结果说明，仅当董事从投资者法律保护制度更完善的国家获得海外留学或工作经历时，才会对现任职企业的股价崩盘风险产生抑制作用，该结果支持了假设 7-2。

表 7-4 董事海外背景与股价崩盘风险

	$NCSKEW_{i,t+1}$		$DUVOL_{i,t+1}$	
	(1)	(2)	(3)	(4)
$Overseas\ number_{i,t}$	-0.012 ***	-0.011 ***	-0.011 ***	-0.009 ***
	(-2.71)	(-2.65)	(-3.10)	(-2.98)
$NCSKEW_{i,t}$		0.043 ***		0.031 ***
		(6.26)		(5.91)
$DTURN_{i,t}$		-0.001		-0.000
		(-0.66)		(-0.13)
$Sigma_{i,t}$		-0.379 **		-0.198 *
		(-2.48)		(-1.79)
$Return_{i,t}$		1.776 **		1.090 **
		(2.53)		(2.23)
$Market-to-book\ ratio_{i,t}$		0.013 ***		0.009 ***
		(9.48)		(8.77)
$Leverage_{i,t}$		-0.091 ***		-0.097 ***
		(-3.84)		(-5.02)
$ROA_{i,t}$		-0.101		-0.200 ***
		(-1.46)		(-3.44)
$Abacc_{i,t}$		0.034		0.002
		(0.71)		(0.04)
Constant	-0.145 ***	-0.134 ***	-0.118 ***	-0.098 ***
	(-3.93)	(-3.40)	(-4.25)	(-3.32)
Year	YES	YES	YES	YES
Industry	YES	YES	YES	YES
Observations	23,655	23,655	23,655	23,655
Adjusted R^2	0.046	0.055	0.039	0.047

表7-5 董事海外背景国的投资者法律保护程度与股价崩盘风险

	$NCSKEW_{i,t+1}$		$DUVOL_{i,t+1}$	
	(1)	(2)	(3)	(4)
$Overseas\ high_{i,t}$	-0.011***		-0.010***	
	(-2.69)		(-3.07)	
$Overseas\ low_{i,t}$		0.005		0.016
		(0.15)		(0.68)
$NCSKEW_{i,t}$	0.043***	0.043***	0.030***	0.031***
	(6.26)	(6.29)	(5.91)	(5.94)
$DTURN_{i,t}$	-0.001	-0.001	-0.000	-0.000
	(-0.66)	(-0.61)	(-0.13)	(-0.07)
$Sigma_{i,t}$	-0.380**	-0.380**	-0.198*	-0.199*
	(-2.48)	(-2.47)	(-1.80)	(-1.79)
$Return_{i,t}$	1.777**	1.779**	1.091**	1.094**
	(2.53)	(2.53)	(2.23)	(2.23)
$Market\text{-}to\text{-}book\ ratio_{i,t}$	0.013***	0.013***	0.009***	0.009***
	(9.48)	(9.48)	(8.77)	(8.78)
$Leverage_{i,t}$	-0.091***	-0.093***	-0.097***	-0.098***
	(-3.84)	(-3.88)	(-5.02)	(-5.07)
$ROA_{i,t}$	-0.101	-0.111	-0.200***	-0.209***
	(-1.45)	(-1.59)	(-3.43)	(-3.58)
$Abacc_{i,t}$	0.034	0.037	0.002	0.005
	(0.71)	(0.78)	(0.04)	(0.13)
Constant	-0.134***	-0.135***	-0.098***	-0.099***
	(-3.39)	(-3.43)	(-3.31)	(-3.36)
Year	YES	YES	YES	YES
Industry	YES	YES	YES	YES
Observations	23,655	23,655	23,655	23,655
Adjusted R^2	0.055	0.054	0.047	0.047

7.4.4 稳健性检验

(1) 董事海外背景的替代指标检验

首先,董事的海外背景为本章的关键变量,除了前文中使用具有海外背景的董事人数(Overseas number)外,还采用海归董事在董事会中的人数占比（*Overseas percentage*）进行衡量。海归董事在董事会中的比例越大，这类董事的话语权越强，越可能降低股价崩盘风险。稳健性结果显示，*Overseas percentage* 的估计系数均显著为负，说明董事会中海归董事比例越高，企业发生股价崩盘风险的概率越低，进一步支持了研究假设。

（2）倾向评分匹配法

考虑到本章的研究结论可能受到内生性问题的干扰，即海归董事更倾向于加入信息透明度较高、股价崩盘风险较低的公司，因而采用倾向评分匹配法进行稳健性测试。在倾向评分匹配法的测试中，首先依据企业是否聘用海外背景董事哑变量构建 Probit 模型，为聘用组样本匹配一组在特征上最为接近的未聘用组样本。参考以往文献（Giannetti et al., 2015），选取的影响因素包括：国有控股（*SOE*）、前五大股东持股比例（*Top5*）、董事会规模（*Board size*）、董事会独立性（*Board independence*）、公司年龄（*Firm age*）、公司规模（*Firm size*）、财务杠杆（*Leverage*）、盈利水平（*ROA*）、市值账面价值比（*Market-to-book ratio*）、成长性（*Growth*）、同行业其他企业聘用海外背景董事人数的均值（*Industry mean*），以及行业和年份变量。基于配对样本的回归结果表明，*Overseas number* 的估计系数显著为负，说明在控制了潜在的内生性问题之后，董事的海外背景降低了股价崩盘风险，进一步支持了本章的研究结论。

（3）Heckman 两阶段方法

本章还采用 Heckman 两阶段回归方法控制潜在的自选择问题。Heckman 两阶段测试的第一阶段模型与 PSM 相同。需要说明的是，Heckman 第一阶段模型中需要一个与解释变量密切相关但与被解释变量无关的工具变量。*Industry mean* 符合这样的要求，原因在于同行业其他企业聘用海外背景董事的意愿会传染给本企业，但是这并不会对本企业的股价崩盘风险造成影响，因而符合相关性和外生性的要求。在第一阶段 Probit 模型的基础上计算出逆米尔斯比率（*IMR*）并带入第二阶段回归中。回归结果表明，*Overseas number* 的估计系数均在 5% 的水平上显著为负，说明在控制了潜在自选择问题的影响后，董事的海外背景对股价崩盘风险的抑制作用依然存在。

7.5 拓展性研究

在拓展性研究中,本章进一步探究海归董事对股价崩盘风险的作用机制,细分海归高管的海外经历类型等对于股价崩盘风险的影响。

7.5.1 海归高管对股价崩盘的影响机制探究

股价崩盘风险的增加主要是由企业不透明的信息环境以及管理层自利性的信息披露行为导致的,良好的外部监督机制和更加透明的信息环境有助于降低股价崩盘风险。因此,本节基于信息透明度视角考察董事海外背景降低股价崩盘风险的作用机理。参考以往研究(如权小锋等,2015;王化成等,2015),采用分析师跟踪人数和企业操纵性应计利润的大小两个指标度量信息透明度,构建如下两个模型:

$$Analyst_{i,t+1} = \beta_0 + \beta_1 Overseas\ number\ (Overseas\ percentage)_{i,t} + \beta_i Controls + \sum Industry + \sum Year + \varepsilon \quad (7-5)$$

$$Abacc_{i,t+1} = \beta_0 + \beta_1 Overseas\ number\ (Overseas\ percentage)_{i,t} + \beta_i Controls + \sum Industry + \sum Year + \varepsilon \quad (7-6)$$

其中,$Analyst$ 代表企业当年度的分析师跟踪人数。证券分析师是资本市场信息传播的重要媒介,分析师通过对宏观经济形势解读和公司层面信息的挖掘,向投资者传递关于资本市场、行业以及公司的信息,降低了投资者与公司内部的信息不对称性,提高了信息透明度。$Abacc$ 代表采用修正的琼斯模型(Dechow et al.,1995)计算的企业可操纵性应计利润。可操纵性应计利润 $Abacc$ 的数值越大代表企业的信息透明度越低。模型(7-5)和(7-6)分别采用董事海外背景($Overseas\ number$ 或 $Overseas\ percentage$)作为解释变量,对分析师跟踪($Analyst$)和信息透明度($Abacc$)进行回归,预期 $Overseas\ number$ 的回归系数在模型(7-5)中显著为正、在模型(7-6)中显著为负。

表7-6报告了回归结果。结果显示,董事海外背景与分析师跟踪人数显著正相关,与企业可操纵性应计利润显著负相关,并且当海归董事在董事会中的占比越高时,这一影响更为显著。该结果说明海归董事通过改善企业的信息环境、增强企业的信息透明度降低了股价崩盘风险。

表7-6 董事海外背景对股价崩盘风险的作用机制

	$Analyst_{i,t+1}$		$Abacc_{i,t+1}$	
	(1)	(2)	(3)	(4)
$Overseas\ number_{i,t}$	0.430***		-0.002***	
	(3.78)		(-3.01)	
$Overseas\ percentage_{i,t}$		3.588***		-0.018***
		(3.82)		(-2.85)
$Board\ size_{i,t}$	0.050	0.079*	0.000	0.000
	(1.06)	(1.67)	(1.09)	(0.68)
$Institutional\ ownership_{i,t}$	4.737***	4.749***	-0.022***	-0.022***
	(7.31)	(7.36)	(-6.25)	(-6.27)
$Duality_{i,t}$	1.166***	1.172***	0.000	0.000
	(5.35)	(5.39)	(0.23)	(0.21)
$Firm\ age_{i,t}$	-0.189***	-0.189***	0.000	0.000
	(-8.06)	(-8.07)	(0.04)	(0.04)
$Firm\ size_{i,t}$	2.389***	2.396***	0.000	0.000
	(20.24)	(20.16)	(0.53)	(0.49)
$ROA_{i,t}$	30.536***	30.524***	-0.118***	-0.118***
	(18.92)	(18.90)	(-8.29)	(-8.29)
$Leverage_{i,t}$	-1.237***	-1.241***	0.026***	0.026***
	(-2.99)	(-2.99)	(5.40)	(5.40)
$Growth_{i,t}$	0.339***	0.338***	0.004***	0.004***
	(4.37)	(4.36)	(2.81)	(2.82)
Constant	-50.555***	-50.970***	-0.023	-0.021
	(-20.16)	(-20.06)	(-1.41)	(-1.29)
Year	YES	YES	YES	YES
Industry	YES	YES	YES	YES
Observations	23,533	23,533	23,420	23,420
Adjusted R^2	0.364	0.363	0.022	0.022

7.5.2 高管海外学习背景与海外工作背景

本节进一步研究董事海外背景类型对股价崩盘风险的影响。海外工作背景和海外求学背景是董事海外背景的两种具体表现形式。Overseas work 代表高管海外工作背景,定义为企业当年度聘用的具有海外工作经历的高管人数；*Overseas study* 代表高管海外学习背景，定义为企业当年度聘用的具有海外学习经历的高管人数。将这两个变量分别带入模型（7-1）中进行回归。表7-7报告了董事的海外背景类型对股价崩盘风险的影响。当 *NCSKEW* 为被解释变量时，*Overseas work* 和 *Overseas study* 均在5%的水平上显著为负（估计系数分别为 -0.014 和 -0.011）；当 *DUVOL* 为被解释变量时，*Overseas work* 和 *Overseas study* 均在1%的水平上显著为负（估计系数分别为 -0.014 和 -0.010）。以上结果说明，董事的海外工作背景经历和海外求学经历均对任职公司的股价崩盘风险具有显著的抑制作用。

表7-7 董事海外工作背景与求学背景

	$NCSKEW_{i,t+1}$		$DUVOL_{i,t+1}$	
	(1)	(2)	(3)	(4)
$Overseas\ work_{i,t}$	-0.014**		-0.014***	
	(-2.25)		(-3.03)	
$Overseas\ study_{i,t}$		-0.011**		-0.010***
		(-2.48)		(-2.78)
$NCSKEW_{i,t}$	0.043***	0.043***	0.030***	0.031***
	(6.25)	(6.27)	(5.90)	(5.93)
$DTURN_{i,t}$	-0.001	-0.001	-0.000	-0.000
	(-0.64)	(-0.64)	(-0.12)	(-0.11)
$Sigma_{i,t}$	-0.378**	-0.381**	-0.196*	-0.199*
	(-2.46)	(-2.49)	(-1.77)	(-1.81)
$Return_{i,t}$	1.769**	1.784**	1.083**	1.097**
	(2.52)	(2.54)	(2.21)	(2.24)
$Market\text{-}to\text{-}book\ ratio_{i,t}$	0.013***	0.013***	0.009***	0.009***
	(9.48)	(9.46)	(8.78)	(8.75)
$Leverage_{i,t}$	-0.092***	-0.091***	-0.097***	-0.097***
	(-3.86)	(-3.82)	(-5.04)	(-5.00)
$ROA_{i,t}$	-0.104	-0.104	-0.202***	-0.203***
	(-1.49)	(-1.50)	(-3.46)	(-3.48)
$Abacc_{i,t}$	0.032	0.035	-0.001	0.003
	(0.67)	(0.75)	(-0.01)	(0.08)

续表

	$NCSKEW_{i,t+1}$		$DUVOL_{i,t+1}$	
	(1)	(2)	(3)	(4)
Constant	-0.135***	-0.134***	-0.099***	-0.099***
	(-3.42)	(-3.41)	(-3.35)	(-3.33)
Year	YES	YES	YES	YES
Industry	YES	YES	YES	YES
Observations	23,655	23,655	23,655	23,655
Adjusted R^2	0.054	0.054	0.047	0.047

7.6 本章小结

本章基于手工搜集的董事海外背景特征数据，实证检验董事海外背景对股价崩盘风险的影响及其作用机理。实证结果表明：第一，海归董事显著降低了的股价崩盘风险。受到海外投资者法律保护制度和企业社会责任文化的长期熏陶，海归董事的道德责任标准和投资者法律保护观念更强，更有能力和意识对管理层的自利性捂盘动机进行遏制。同时，出于对社会声誉和职业前景的关注，海归董事更有动力发挥监督职能进而降低股价崩盘风险。第二，当董事从投资者法律保护水平更高的地区获得海外背景时，其对股价崩盘风险的抑制作用更加显著。这说明海外较完善的投资者法律保护制度增强了海归董事的道德责任感及监督能力，使得他们更加能够抵制隐藏企业负面信息的行为。第三，影响机制检验结果表明，海归董事通过改善企业的信息环境、提升信息透明度来降低了股价崩盘风险。第四，考虑到董事海外背景的类型之后，发现董事的海外工作经历和海外求学经历均能降低股价崩盘风险。

本章不仅从董事背景特征层面丰富了股价崩盘风险的影响因素研究，也拓展了董事海外背景的经济后果领域的文献。从实践层面上，本章发现海外背景董事在企业中发挥了良好的监督职能，能够通过提高企业信息的透明度来降低极端恶性的股价崩盘现象，该研究结论对于企业加强董事会治理、改善企业信息披露环境、选聘高层次的管理人才等具有借鉴意义，对于国家宏观海归人才引进政策的实施也具有一定的参考价值。

第8章 海归高管与企业价值创造

前述章节已经发现海归高管能够增强企业创新和风险承担能力，提升企业社会责任绩效和信息披露质量，本章将采用实证研究方法系统研究海归高管是否有助于提升企业的价值创造能力。同时，考察上市公司聘用海归高管时的市场反应，以检验投资者对海归高管的认可程度，并深入考察高管海外背景特征对长短期会计业绩的影响，从而丰富和加强研究结论。

8.1 引言

企业价值是公司财务学界和实务界关注的重点议题。企业承担风险是为了获取未来收益和投资回报，实现企业价值最大化。在第四章和第七章的研究中，我们发现海归高管能够促进企业创新和风险承担，提升了企业社会责任绩效，并降低了股价崩盘风险。本章进一步探讨海归高管是否能够改善企业绩效、提升企业价值。本章认为海归高管能够利用其科学文化知识和管理经验更好地为企业创造价值，预期相比本土成长起来的高管，海归高管更具有价值创造效应。

现实中不乏优秀的海归人才带领企业取得辉煌业绩的成功案例，侧面印证了海归高管的价值创造功能。例如，2010年，TCL集团在公司海外并购项目处于扭亏攻坚的关键时刻，启用具有海外背景的韩方明作为公司高管。韩方明曾经在哈佛大学从事博士后研究工作，拥有出色的外交经验和国际视野。韩方明的加入完成了TCL决策层的"新陈代谢"，极大地推动了TCL集团在海外市场的战略布局，提升了企业在国际市场的竞争力，是利用海归人才打赢国际化硬仗的出色代表。再如，百度董事长李彦宏毕业于美国布法罗纽约州立大学计算机科学系，30岁时就在美国硅谷挣到人生中的第一个百万美元，并获得风险投资商的投资，回到国内成立了百度公司，其在海外学习到的先进的技术和前卫的思想观念为百度日后的发展奠定了坚实的基础。又如，搜狐董事长张朝阳也曾就读于美国麻省理工学院物理系，在美国接触到互联网的新兴科技和理念，在麻省理工学院的教授和风险投资家的资助下回国创业，成为中国内地"互联网第一人"。李彦宏和张朝阳均在多种场合坦言，在海外的学习历练、遇挫时的打磨成就了他们日后的创业之路。

为此，本章采用 2001—2015 年沪深交易所上市的 A 股非金融类上市公司样本，实证检验高管海外背景对企业价值的影响。研究结果表明：第一，高管海外背景能够通过承担风险提升企业价值。海归高管对当期及未来的市场价值（用 $Tobin\ Q$ 值衡量）均有显著的促进作用。第二，采用事件研究法对上市公司发布的海归高管聘用公告进行市场反应测试后发现，投资者对上市公司聘用海归高管做出了积极的反应，而且对于创新型行业聘用具有海外背景的高管更加正面，说明投资者总体认可海归高管的能力，对上市公司积极招揽人才的行为表示支持。第三，海归高管虽然能对市场价值起到促进作用，但对于会计业绩（采用资产回报率 ROA 和净资产收益率 ROE 进行度量）的正向影响仅体现在将来，对当期会计业绩并无显著影响，其中的原因在于海归高管在企业创新活动投入较多，而创新投入到创新产出需要一定的周期性，在当期很难得到迅速体现。

本章的研究贡献总结为以下两个方面：首先，拓展管理者海外背景特征经济后果领域的研究。纵观已有文献，虽然国内外学者对管理者特质与企业业绩的关系进行了较多探讨，但鲜有研究关注到高管海外背景对企业价值的影响，本章从这一视角拓展了高管海外背景经济后果领域的研究。其次，丰富了企业风险承担产生经济后果领域的研究。风险承担是否具有价值创造效应仍然存在争议，高风险的投资项目可能让企业获得良好回报、夺得核心竞争优势、提升企业价值，又可能会增加企业经营失败的可能性，降低企业价值。本研究发现海归高管通过积极承担风险提升了企业价值，丰富了企业风险承担经济后果领域的研究。

本章的后续内容安排如下：第二节为研究假设推导；第三节为研究设计，包括数据来源与样本选择、模型设计与变量定义；第四节为实证结果分析，包括描述性统计、相关性分析、回归结果分析和稳健性检验；第五节为拓展性研究，通过事件研究法检验投资者对上市公司聘用海归高管的反应，并进一步检验高管海外背景对企业会计业绩的影响；第六节是本章小结。

8.2 研究假设

高管是公司经营战略和财务决策的制定者和执行者，高管团队的履职态度和履职能力能够影响代理成本的大小，并最终作用于企业价值。代理理论认为，所有权和经营权的分离导致了委托人和代理人之间的利益冲突，而合理的激励机制能够促使管理层的利益与股东的利益趋于一致，进而减少道德风险问题，实现企业价值最大化的目标（Jensen & Meckling，1976）。已有较多学者从高管薪酬激励视角探究公司治理机制对企业价值的影响，但是少有研究关注高管背景特征对企业价值影响及其作用机理。

中国特殊的制度背景和差序格局的社会交往特征使得"因人成事"的现象尤其普遍。在转型时期背景下，中国的法律制度建设不够完善，相对于正式契约关系，企业对关系型非正式契约较为依赖，通过缔约者之间的博弈与合作促进契约的执行。张川等（2013）基于中国上市公司的研究发现，首任高管的特殊才华、管理艺术和社会资本赋予了企业强大的缔约能力，因而首任高管的离职会导致企业社会资本的部分丧失，会对企业价值造成负面影响。海外背景是高管的重要特征之一，也是人力资本的具体表现形式，高管海外背景对企业价值具有怎样的影响值得关注。

海归高管拥有异质性的人力资本与社会资本，能够为企业带来独特价值。相对于本土成长起来的高管，海归高管拥有以下特点：第一，海归高管拥有海外的学习和工作经验，掌握良好的科学文化知识和管理经验，容易理解国际化经营的理念和商业知识，更能洞悉国际市场需求，有效处理企业投资和融资过程中出现的复杂风险问题，降低企业经营决策中的不确定性，促进企业海外投资、融资及对外扩张的战略实施。第二，拥有海外背景的高管更可能拥有国际化的社会网络资源，资源配置和整合能力更强。社会网络作为一种非正式的制度安排，具有资源配置效应，能够协助企业以较低的成本便捷地获取较多资源（Dahl & Pedersen，2005），因而社会网络已成为很多企业谋求资源的关键途径。海归高管在海外的工作和学习经历能够帮助他们利用和整合国际化的资源，复合型背景也有助于他们了解国际性的商业规则和运作手段，因而更可能帮助企业建立稳定而持续的交易模式，增强企业经营中资源配置和供给的持续性和稳定性,从而有利于企业价值的提升。第三,海归高管在中国上市公司中属于稀缺资源,"明星效应"使得海归高管更有动力提升企业价值。就目前而言,拥有海外背景的高层次人才在中国人力资源市场中仍属于稀缺资源,上市公司对于海归高管的需求较为旺盛,这类人才的市场流动性也较强。出于个人职业前景和劳动力市场议价的考虑,海归高管的"明星效应"使得他们在履职过程中更加勤勉努力,因而更有助于企业价值的提升。第四,海归高管在海外求学和工作中投入了大量的经济成本和时间成本,无论是社会舆论还是他们自身都对自己赋予了更多的期待和更严格的要求。海归高管更加注重个人的社会声誉,在履职过程中的内在驱动力更强,能够降低代理成本,促进股东利益最大化。

基于以上分析,并结合本研究前几章内容的探讨,提出如下研究假设:

H8-1:在其他条件相同的情况下,海归高管通过促进企业风险承担提升了企业价值。

8.3 研究设计

8.3.1 数据来源及样本选择

本章使用的财务数据均来源于国泰安(CSMAR)数据库。本章的初始研究样本为2001—2016年我国沪深A股全部上市公司样本。在此基础上,还对样本观测值进行了如下筛选:①由于金融保险行业的财务报表数据结构与其他行业上市公司具有较大差异,且其会计核算体系和监管方面均具有特殊性,因此对该行业数据进行了剔除;②剔除了相关变量存在缺失值的样本。最终,本章节得到了来自2554个上市公司的24015个公司—年份非平衡面板数据。为避免极端值对实证结果的影响,对所有连续变量分别进行1%和99%水平的缩尾(Winsorize)处理。

8.3.2 模型设计与变量定义

参考前人文献(Anderson & Reeb,2003;邓新明等,2014;邵帅和吕长江,2015)的研究,基于市场业绩和会计业绩两个方面度量企业价值,分别建立模型(8-1)至模型(8-3)以检验高管海外背景对企业价值的影响。借鉴Hsu(2009)、袁建国等(2015)的研究,进一步考察高管海外背景对远期企业价值的提升功能。回归中进行了公司层面的聚类（cluster at the firm level）处理。

$$Tobin\ Q_{i,t+2} / Tobin\ Q_{i,t+1} / Tobin\ Q_{i,t} = \beta_0 + \beta_1 Overseas_{i,t} + \beta_2 Top1_{i,t} +$$
$$\beta_3 Institutional\ ownership_{i,t} + \beta_4 Managerial\ ownership_{i,t} + \beta_5 Firm\ age_{i,t} +$$
$$\beta_6 Firm\ size_{i,t} + \beta_7 Leverage_{i,t} + \beta_8 Asset\ turnover_{i,t} + \beta_9 Sales\ growth_{i,t} +$$
$$\sum Industry + \sum Year + \varepsilon \qquad (8-1)$$

$$ROA_{i,t+2} / ROA_{i,t+1} / ROA_{i,t} = \beta_0 + \beta_1 Overseas_{i,t} + \beta_2 Top1_{i,t} +$$
$$\beta_3 Institutional\ ownership_{i,t} + \beta_4 Managerial\ ownership_{i,t} + \beta_5 Firm\ age_{i,t} +$$
$$\beta_6 Firm\ size_{i,t} + \beta_7 Leverage_{i,t} + \beta_8 Asset\ turnover_{i,t} + \beta_9 Sales\ growth_{i,t} +$$
$$\sum Industry + \sum Year + \varepsilon \qquad (8-2)$$

$$ROE_{i,t+2} / ROE_{i,t+1} / ROE_{i,t} = \beta_0 + \beta_1 Overseas_{i,t} + \beta_2 Top1_{i,t} +$$
$$\beta_3 Institutional\ ownership_{i,t} + \beta_4 Managerial\ ownership_{i,t} + \beta_5 Firm\ age_{i,t} +$$
$$\beta_6 Firm\ size_{i,t} + \beta_7 Leverage_{i,t} + \beta_8 Asset\ turnover_{i,t} + \beta_9 Sales\ growth_{i,t} +$$
$$\sum Industry + \sum Year + \varepsilon \qquad (8-3)$$

在模型（8-1）至模型（8-3）中，β_0为截距项，β_i为变量的估计系数，ε为随机扰动项。在被解释变量方面，*Tobin Q* 代表企业的市场业绩，*ROA* 和 *ROE* 代表企业的会计业绩。分别定义为：*Tobin Q* 等于企业市场价值与资产重置成本之比，市场价值等于公司股权的市场价值（股本总数乘以年末股票收盘价）与总负债的账面价值之和，资产重置成本等于公司年末总资产的账面价值；*ROA* 为总资产收益率，等于企业当年度净利润除以年末总资产；*ROE* 为净资产收益率，等于企业年度净利润除以年末所有者权益总额。*Tobin Q*、*ROA* 和 *ROE* 的数值越大，代表企业的业绩越好。为了分别检验高管海外背景对当期及远期企业价值的影响，分别用当期、下一期及下两期的被解释变量对当期解释变量进行回归。

模型（8-1）至模型（8-3）中控制的公司治理变量包括：①*Top*1 代表第一大股东持股比例，等于第一大股东持股数量占上市公司总股数的比例；②*Institutional ownership* 表示机构投资者持股比例，等于机构投资者持股数量占上市公司总股数的比例；③*Managerial ownership* 表示高管持股比例，等于高管的持股数量占上市公司总股数的比例；④*Firm age* 代表公司年龄，等于上市公司自成立至观测年份的年限。

模型（8-1）至模型（8-3）中控制的财务指标包括：①Firm size 表示公司规模，等于公司年末总资产加 1 取自然对数；②Leverage 表示资产负债率，等于公司年末总负债除以年末总资产，该数值越大代表企业负债水平越高；③Asset turnover 表示资产周转率，等于企业当年度营业总收入与年末总资产的比值，该数值越大说明企业资产的质量越高、利用效率越好；④Sales growth 表示销售收入增长率，等于企业本年度销售收入总额除以上年度销售收入总额再减 1，该数值越大说明企业的成长前景越好。此外，控制行业（Industry）和年份（Year）变量，其中行业变量分类依据证监会 2012 年行业划分标准，并对制造业企业取两位代码进行细分。依据假设 H8-1，预期 β_1 的估计系数显著为正，即高管海外背景对企业价值具有正向促进作用。

8.4 实证结果分析

8.4.1 描述性统计

表 8-1 报告本章样本的描述性统计。Panel A 为企业价值变量的描述性统计，市场价值（Tobin Q）的均值为 2.561，远高于国外文献中 Tobin Q 的水平，说明中国股票市场中存在过高定价的现象；会计业绩（ROA 和 ROE）的均值分别为 0.030 和 0.052，标准差分别为 0.067 和 0.184，说明样本公司之间盈利水平差异较大。

Panel B 报告高管海外背景变量的描述性统计。高管海外背景哑变量（Overseas dummy）的均值为 0.157，说明仅有 15.7% 的样本拥有至少一名海外背景的高管。海归高管人数（Overseas number）的最大值为 10，说明样本公司中最多有 10 名高管拥有海外背景。此外，拥有发达国家海归的高管人数（Overseas developed）显著高于拥有发展中国家海外背景的高管（Overseas emerging），从较高投资者法律保护水平国家获得海外背景的高管人数（Overseas high）高于从较低投资者法律保护水平国家归国的人数（Overseas low），这与中国留学生选择留学目的地的现实情况相吻合。Overseas work 和 Overseas study 的均值分别为 0.088 和 0.182，说明拥有海外工作背景和海外学习背景高管的比例分别为 8.8% 和 18.2%。Overseas senior 和 Overseas junior 的均值分别为 0.180 和 0.040，说明海归高管担任高层职位和低层职位的比例分别为18.0%和4.0%。

Panel C 报告其他控制变量的描述性统计。从公司治理变量方面，第一大股东持股比例（*Top*1）的均值为0.369，说明中国上市公司中"一股独大"的现象仍旧较为普遍，机构投资者持股比例（*Institutional ownership*）和管理层持股比例（*Managerial ownership*）的均值分别为22.1%和7.3%，公司年龄（*Firm age*）的均值为12.887，说明中国上市公司较为年轻。从财务指标方面，样本企业的公司规模（*Firm size*）为21.683，负债比率（*Leverage*）为0.202，总资产周转率（*Asset turnover*）为0.633，成长性水平（*Sales growth*）为0.217。以上控制变量的描述性统计结果与前人研究文献非常相近。

表8-1 描述性统计

变量	样本量	均值	标准差	中位数	最小值	最大值
Panel A：企业价值变量						
Tobin Q	24,015	2.561	1.962	1.934	0.580	13.115
ROA	24,015	0.030	0.067	0.031	-0.333	0.205
ROE	24,015	0.052	0.184	0.064	-1.133	0.685
Panel B：高管海外背景变量						
Overseas dummy	24,015	0.157	0.364	0.000	0.000	1.000
Overseas number	24,015	0.220	0.617	0.000	0.000	10.000
Overseas developed	24,015	0.215	0.604	0.000	0.000	10.000
Overseas emerging	24,015	0.005	0.074	0.000	0.000	3.000
Overseas high	24,015	0.213	0.608	0.000	0.000	10.000
Overseas low	24,015	0.007	0.089	0.000	0.000	2.000
Overseas work	24,015	0.088	0.393	0.000	0.000	8.000
Overseas study	24,015	0.182	0.556	0.000	0.000	10.000
Overseas senior	24,015	0.180	0.548	0.000	0.000	9.000
Overseas junior	24,015	0.040	0.214	0.000	0.000	3.000
Panel C：其他变量						
*Top*1	24,015	0.369	0.159	0.346	0.003	0.900
Institutional ownership	24,015	0.221	0.243	0.128	0.000	0.810
Managerial ownership	24,015	0.073	0.199	0.000	0.000	0.666
Firm age	24,015	12.887	5.446	13.000	1.000	36.000

续表

变量	样本量	均值	标准差	中位数	最小值	最大值
Firm size	24,015	21.683	1.261	21.525	18.856	26.216
Leverage	24,015	0.202	0.160	0.188	0.000	0.695
Asset turnover	24,015	0.633	0.462	0.520	0.025	2.548
Sales growth	24,015	0.217	0.606	0.120	-0.741	4.502

8.4.2 相关性分析

表 8-2 报告了本章相关变量的相关性分析。高管海外背景（Overseas dummy）与企业市场业绩（Tobin Q）、会计业绩（ROA 和 ROE）均显著正相关，说明在不考虑其他因素的情况下，高管海外背景对企业价值具有正向影响，符合预期。在控制变量方面，管理层持股比例（Managerial ownership）、公司年龄（Firm age）、成长性水平（Sales growth）与企业价值变量显著正相关，说明管理层持股比例越大、公司年龄越大、成长性水平越高时，企业价值越高；第一大股东持股比例（Top1）和负债比率（Leverage）与企业价值变量显著负相关，说明第一大股东持股比例越大、负债规模越高，企业价值越低。

所有控制变量之间的相关性系数都比较小，说明多重共线性问题在本章中并不严重。此外，为进一步检测多重共线性问题，计算最大的方差膨胀因子（VIF）为 1.35，远远小于限制值 10，以上均说明多重共线性问题不会构成重大影响。

表 8-2 相关性分析

Variables		(1)	(2)	(3)	(4)	(5)	(6)
Tobin Q	(1)	1	0.278***	0.174***	0.045***	-0.125***	0.002
ROA	(2)	0.076***	1	0.850***	0.057***	0.098***	0.140***
ROE	(3)	0.076***	0.587***	1	0.049***	0.106***	0.177***
Overseas dummy	(4)	0.042***	0.045***	0.027***	1	-0.038***	0.059***
Top1	(5)	-0.128***	0.097***	0.068***	-0.034***	1	-0.015*
Institutional ownership	(6)	-0.013*	0.120***	0.094***	0.048***	0.070***	1
Managerial ownership	(7)	0.130***	0.140***	0.062***	0.059***	-0.093***	-0.132***
Firm age	(8)	0.067***	-0.044***	0	-0.006	-0.264***	0.342***

Variables		(1)	(2)	(3)	(4)	(5)	(6)
Firm size	(9)	-0.416***	0.130***	0.109***	0.077***	0.197***	0.405***
Leverage	(10)	-0.241***	-0.355***	-0.156***	-0.042***	0.008	-0.030***
Asset turnover	(11)	-0.054***	0.133***	0.126***	-0.006	0.078***	0.093***
Sales growth	(12)	0.038***	0.191***	0.156***	0.013*	0.038***	-0.048***
Variables		(7)	(8)	(9)	(10)	(11)	(12)
Tobin Q	(1)	0.153***	-0.003	-0.473***	-0.351***	-0.035***	0.041***
ROA	(2)	0.186***	-0.088***	0.064***	-0.396***	0.196***	0.318***
ROE	(3)	0.090***	-0.014*	0.184***	-0.168***	0.233***	0.334***
Overseas dummy	(4)	0.071***	-0.007	0.068***	-0.041***	0.009	0.022***
Top1	(5)	-0.207***	-0.262***	0.165***	0.017**	0.091***	0.056***
Institutional ownership	(6)	-0.051***	0.420***	0.433***	-0.068***	0.108***	-0.022***
Managerial ownership	(7)	1	-0.067***	-0.036***	-0.174***	0.011	0.075***
Firm age	(8)	-0.123***	1	0.243***	0.036***	-0.032***	-0.142***
Firm size	(9)	-0.115***	0.223***	1	0.239***	0.072***	0.077***
Leverage	(10)	-0.198***	0.044***	0.207***	1	-0.078***	-0.013
Asset turnover	(11)	-0.039***	-0.002	0.070***	-0.087***	1	0.166***
Sales growth	(12)	0.022***	-0.027***	0.036***	-0.013*	0.078***	1

8.4.3 单变量测试

表8-3报告了企业价值变量的单变量测试结果,根据是否聘用海归高管将样本分成两个子样本,并分别对企业价值变量进行均值检验。托宾Q值(Tobin Q)在聘用海归高管样本组中的均值为2.761,高于未聘用样本组的2.518,且该差异在1%的水平上显著。会计业绩(ROA和ROE)在聘用海归高管组的均值为0.037和0.064,远高于未聘用海归高管公司的均值0.028和0.049,且该均值差异都在1%的统计水平上显著。该结果初步说明海归高管所在的公司无论在市场业绩还是会计业绩方面的表现均显著高于未聘用海归高管的公司,单变量测试结果初步支持了研究假设。

表 8-3 单变量测试

	Oversea dummy = 1		Oversea dummy = 0		Differences
	Obs	Mean	Obs	Mean	T value
Tobin Q	3,774	2.761	20,241	2.518	0.243***
ROA	3,774	0.037	20,241	0.028	0.009***
ROE	3,774	0.064	20,241	0.049	0.015***

8.4.4 回归结果分析

首先，从市场绩效角度检验海归高管对企业价值的影响。表8-4报告了模型8-1的回归结果，被解释变量为企业市场绩效（Tobin Q）。考虑到高管海外背景对企业价值的影响可能需要一定的时间和周期才能体现，因此分别检验高管海外背景对企业当期、下一期及下两期市场价值的影响。其中，第（1）和第（2）列的被解释变量为企业当期市场价值 $Tobin\ Q_{i,t}$；第（3）和第（4）列的被解释变量为企业 t+1 期市场价值 $Tobin\ Q_{i,t+1}$；第（5）和第（6）列的被解释变量为企业 t+2 期市场价值 $Tobin\ Q_{i,t+2}$。

回归结果显示，Overseas dummy 的系数在第（1）、（3）、（5）列分别为 0.255、0.252 和 0.251，均在 1% 的统计水平上显著为正，说明聘用海归高管对企业价值具有显著的正向影响。Overseas number 的系数第（2）、（4）、（6）列分别为 0.146、0.130 和 0.126，且均在 1% 的统计水平上显著为正，说明聘用海归高管的人数越多，对企业市场价值的促进作用越显著。从经济意义角度分析，如果 Overseas dummy 增长一个标准差，当期及未来两期企业市场价值分别增长 1.56%、1.54% 和 1.54%；相应的，如果 Overseas number 增长一个标准差，当期及未来两期企业市场价值分别增长 1.25%、1.12% 和 1.08%。以上结果总体上说明，高管海外背景无论在统计意义还是在经济意义上，均对企业市场价值具有正向促进作用。从影响的时间趋势上来看，Overseas dummy 和 Overseas number 变量的系数和显著性水平从 t 期到 t+2 期呈现递减趋势，说明高管海外背景对企业市场价值的影响随着时间的推移有弱化的趋势。

表 8-4 高管海外背景和企业市场价值

	$Tobin\ Q_{i,t}$		$Tobin\ Q_{i,t+1}$		$Tobin\ Q_{i,t+2}$	
	(1)	(2)	(3)	(4)	(5)	(6)
$Overseas\ dummy_{i,t}$	0.255***		0.252***		0.251***	
	(4.98)		(4.63)		(4.22)	
$Overseas\ number_{i,t}$		0.146***		0.130***		0.126***
		(5.26)		(4.51)		(3.96)
$Top1_{i,t}$	0.430***	0.420***	0.486***	0.473***	0.420***	0.406***
	(3.17)	(3.09)	(3.39)	(3.30)	(2.71)	(2.62)
$Institutional\ ownership_{i,t}$	0.357***	0.359***	0.174*	0.176*	0.126	0.128
	(3.40)	(3.42)	(1.79)	(1.81)	(1.21)	(1.22)
$Managerial\ ownership_{i,t}$	0.045	0.049	-0.006	-0.001	0.123	0.127
	(0.33)	(0.36)	(-0.05)	(-0.01)	(0.80)	(0.82)
$Firm\ age_{i,t}$	0.021***	0.020***	0.023***	0.022***	0.027***	0.026***
	(4.23)	(4.14)	(4.48)	(4.38)	(4.84)	(4.73)
$Firm\ size_{i,t}$	-0.822***	-0.824***	-0.839***	-0.840***	-0.836***	-0.836***
	(-24.95)	(-24.96)	(-24.82)	(-24.78)	(-23.87)	(-23.81)
$Leverage_{i,t}$	-0.854***	-0.860***	-0.576***	-0.583***	-0.354*	-0.360*
	(-4.84)	(-4.87)	(-3.07)	(-3.10)	(-1.73)	(-1.76)
$Asset\ turnover_{i,t}$	0.029	0.028	-0.065	-0.066	-0.136**	-0.138**
	(0.54)	(0.52)	(-1.21)	(-1.24)	(-2.43)	(-2.45)
$Sales\ growth_{i,t}$	0.159***	0.160***	0.087***	0.088***	0.030	0.030
	(6.81)	(6.83)	(4.07)	(4.11)	(1.09)	(1.12)
Constant	21.450***	21.511***	21.039***	21.084***	19.243***	19.278***
	(29.83)	(29.85)	(28.93)	(28.92)	(26.97)	(26.93)
Year	YES	YES	YES	YES	YES	YES
Industry	YES	YES	YES	YES	YES	YES
Observations	24,015	24,015	23,234	23,234	20,754	20,754
Adjusted R^2	0.41	0.41	0.41	0.40	0.39	0.39

其次,从会计业绩角度检验高管海外背景的价值提升效应。表8-5报告了模型(8-2)的回归结果,被解释变量为总资产回报率(ROA),分别采用企业当期和未来两期的ROA作为被解释变量,检验高管海外背景对当期及未来会计业绩的影响。其中,第(1)和第(2)列的被解释变量为企业

当期会计业绩 $ROA_{i,t}$，第（3）和第（4）列的被解释变量为企业 t+1 期会计业绩 $ROA_{i,t+1}$；第（5）和第（6）列的被解释变量为企业 t+2 期会计业绩 $ROA_{i,t+2}$。

回归结果显示，当被解释变量为当期会计业绩 $ROA_{i,t}$ 时，Overseas dummy 和 Overseas number 的系数为正，但在统计水平上不显著，说明聘用海归高管对当期会计业绩不具有显著影响。原因在于公司申请专利只是技术开发工作的步骤之一，后续还需要调试、商业化等一系列管理措施（Nanda 和 Rhodes - Kropf，2013），因此需要一定的时间积累。但是，当被解释变量为未来两期会计业绩（$ROA_{i,t+1}$ 和 $ROA_{i,t+2}$）时，Overseas dummy 和 Overseas number 的系数均在 1% 的统计水平上显著为正，说明聘用海归高管及海归高管人数越多时，对企业未来两期的会计业绩具有显著的促进作用，说明海归高管能促进企业未来业绩增长。从经济意义角度分析，如果 Overseas dummy 增长一个标准差，当期及未来两期会计业绩（ROA）分别增长 1.05%、2.62% 和 3.14%；相应的，如果 Overseas number 增长一个标准差，当期及未来两期会计业绩（ROA）分别增长 0.73%、2.20% 和 2.20%。以上结果总体上说明，高管海外背景无论在统计意义还是在经济意义上，均对企业会计业绩具有正向促进作用。从影响的时间趋势上来看，高管海外背景变量的系数和显著性水平从 t 期到 t+2 期呈现递增趋势，说明高管海外背景对企业会计业绩的影响随着时间的推移有强化的趋势。

表 8-5 高管海外背景和企业会计业绩（ROA）

	$ROA_{i,t}$		$ROA_{i,t+1}$		$ROA_{i,t+2}$	
	(1)	(2)	(3)	(4)	(5)	(6)
Overseas dummy$_{i,t}$	0.002		0.005***		0.006***	
	(1.28)		(2.69)		(2.76)	
Overseas number$_{i,t}$		0.001		0.003***		0.003***
		(1.54)		(2.63)		(2.66)
Top1$_{i,t}$	0.013***	0.013***	0.020***	0.020***	0.023***	0.023***
	(3.03)	(3.01)	(4.41)	(4.34)	(4.73)	(4.65)
Institutional ownership$_{i,t}$	0.025***	0.025***	0.028***	0.028***	0.032***	0.032***
	(5.55)	(5.56)	(6.26)	(6.29)	(6.73)	(6.75)

续表

	$ROA_{i,t}$		$ROA_{i,t+1}$		$ROA_{i,t+2}$	
	(1)	(2)	(3)	(4)	(5)	(6)
$Managerial\ ownership_{i,t}$	0.043***	0.043***	0.038***	0.038***	0.041***	0.041***
	(4.09)	(4.09)	(4.05)	(4.04)	(4.70)	(4.69)
$Firm\ age_{i,t}$	-0.000*	-0.000*	-0.000*	-0.000*	-0.000	-0.000
	(-1.92)	(-1.93)	(-1.84)	(-1.89)	(-0.92)	(-0.99)
$Firm\ size_{i,t}$	0.011***	0.011***	0.006***	0.006***	0.004***	0.004***
	(15.14)	(15.10)	(9.17)	(9.14)	(5.28)	(5.26)
$Leverage_{i,t}$	-0.163***	-0.164***	-0.116***	-0.117***	-0.099***	-0.099***
	(-31.25)	(-31.26)	(-24.59)	(-24.62)	(-19.36)	(-19.41)
$Asset\ turnover_{i,t}$	0.012***	0.012***	0.013***	0.013***	0.010***	0.010***
	(6.86)	(6.86)	(7.64)	(7.64)	(5.73)	(5.73)
$Sales\ growth_{i,t}$	0.018***	0.018***	0.011***	0.011***	0.005***	0.005***
	(20.91)	(20.91)	(11.62)	(11.64)	(4.45)	(4.47)
Constant	-0.210***	-0.209***	-0.104***	-0.103***	-0.055***	-0.054***
	(-12.41)	(-12.36)	(-6.77)	(-6.69)	(-3.73)	(-3.66)
Year	YES	YES	YES	YES	YES	YES
Industry	YES	YES	YES	YES	YES	YES
Observations	24,015	24,015	23,277	23,277	20,823	20,823
Adjusted R^2	0.25	0.25	0.15	0.15	0.11	0.11

再次，本章还采用净资产收益率（ROE）衡量会计业绩。表8-6报告了模型（8-3）的回归结果，被解释变量为企业当期和未来两期的ROE，ROE的计算方法是企业当年度净利润除以股东权益。其中，第（1）和第（2）列的被解释变量为企业当期净资产收益率$ROE_{i,t}$；第（3）和第（4）列的被解释变量为企业t+1期净资产收益率$ROE_{i,t+1}$；第（5）和第（6）列的被解释变量为企业t+2期净资产收益率$ROE_{i,t+2}$。

回归结果显示，当被解释变量为当期$ROE_{i,t}$时，Overseas dummy 和 Overseas number 的系数为正，但在统计水平上不显著，说明聘用海归高管对当期净资产收益率不具有显著影响。当被解释变量为未来两期ROE（$ROE_{i,t+1}$和$ROE_{i,t+2}$）时，Overseas dummy 的估计系数在1%的统计水平上显著为正，Overseas number 的估计系数在5%的统计水平上显著为正，说明聘用海归高管对企业未来两期的会计业绩具有显著的促进作用。从经济意义角度分析，如果 Overseas dummy 增长一个标准差，当期及未来两期会计业绩（ROE）分别增长 1.51%、3.32% 和 4.23%；相应的，如果 Overseas number 增长一个标准差，当期及未来两期会计业绩（ROE）分别增长 1.27%、2.12% 和 2.54%。以上结果总体上说明，高管海外背景无论在统计意义还是在经济意义上，均对企业净资产收益率具有正向促进作用。该结果同样支持了假设 8-1。

表 8-6 高管海外背景和企业会计业绩（ROE）

	$ROE_{i,t}$		$ROE_{i,t+1}$		$ROE_{i,t+2}$	
	(1)	(2)	(3)	(4)	(5)	(6)
$Overseas\ dummy_{i,t}$	0.005		0.011***		0.014***	
	(1.48)		(2.64)		(3.18)	
$Overseas\ number_{i,t}$		0.003		0.005**		0.006**
		(1.31)		(2.04)		(2.40)
$Top1_{i,t}$	0.030***	0.030***	0.032***	0.031***	0.040***	0.039***
	(3.14)	(3.10)	(3.14)	(3.08)	(3.66)	(3.57)
$Institutional\ ownership_{i,t}$	0.056***	0.056***	0.058***	0.058***	0.063***	0.063***
	(6.40)	(6.42)	(6.49)	(6.51)	(6.48)	(6.50)
$Managerial\ ownership_{i,t}$	0.074***	0.074***	0.063***	0.063***	0.070***	0.070***
	(4.31)	(4.30)	(3.78)	(3.77)	(4.33)	(4.32)
$Firm\ age_{i,t}$	0.000	0.000	-0.000	-0.000	0.000	0.000
	(0.30)	(0.27)	(-0.08)	(-0.14)	(0.74)	(0.65)
$Firm\ size_{i,t}$	0.017***	0.017***	0.011***	0.011***	0.006***	0.006***
	(10.05)	(10.04)	(6.31)	(6.28)	(2.98)	(3.00)
$Leverage_{i,t}$	-0.200***	-0.200***	-0.154***	-0.154***	-0.117***	-0.117***
	(-14.10)	(-14.11)	(-12.32)	(-12.35)	(-8.53)	(-8.58)
$Asset\ turnover_{i,t}$	0.041***	0.041***	0.038***	0.038***	0.031***	0.030***
	(9.76)	(9.75)	(9.54)	(9.54)	(7.09)	(7.09)
$Sales\ growth_{i,t}$	0.040***	0.040***	0.024***	0.024***	0.011***	0.011***
	(16.91)	(16.92)	(9.08)	(9.11)	(3.88)	(3.90)
Constant	-0.365***	-0.364***	-0.210***	-0.208***	-0.080**	-0.079**
	(-9.13)	(-9.10)	(-5.43)	(-5.37)	(-2.05)	(-2.02)
Year	YES	YES	YES	YES	YES	YES

续表

	$ROE_{i,t}$		$ROE_{i,t+1}$		$ROE_{i,t+2}$	
	(1)	(2)	(3)	(4)	(5)	(6)
Industry	YES	YES	YES	YES	YES	YES
Observations	24,015	24,015	23,276	23,276	20,822	20,822
Adjusted R^2	0.09	0.09	0.06	0.06	0.04	0.04

8.4.5 稳健性检验

为了增强实证结果的可靠性，本章依次进行了以下稳健性检验：①采用替代指标度量企业价值；②采用替代指标度量高管海外背景；③分别采用Heckman两阶段方法、工具变量法、倾向评分匹配法解决内生性问题。稳健性检验的结果总体上并未改变原有的研究结论，稳健性检验的详细结果未予报告。

（1）替换企业价值的衡量指标

正文在计算权益市场价值时，考虑到上市公司总股本分成流通股和非流通股两大类，且中国流通股平均存在78%~86%的折价（Chen&Xiong, 2002），因而借鉴邓新明等（2014）的研究，重新计算企业市场价值Tobin Q值。Tobin Q1 = [流通股股价×流通股股数 + (1 - 82%) ×流通股股价×非流通股股数 + 年末总负债的账面价值] ÷年末总资产的账面价值。稳健性检验结果表明，采用Tobin Q1进行企业市场价值的替代指标时，高管海外背景指标依然在1%的水平上显著为正，进一步支持了本章的假设。

（2）替换海归高管的衡量指标

高管海外背景是本研究的关键变量，除采用是否聘用海归高管（Overseas dummy）和聘用海归高管的人数（Overseas number）进行度量外，在稳健性检验部分采用海归高管人数占高管团队总人数的比例（Overseas percentage）和CEO海外背景哑变量（Overseas CEO）作为替代指标进行检验。海归高管占比越大、或当CEO具有海外背景时，企业拥有海归高管的强度越大。稳健性检验结果表明，无论采用t期、t+1期还是t+2期企业市场价值Tobin Q作为被解释变量，Overseas percentage和Overseas CEO的估计系数均显著为正，进一步说明海归高管对企业价值具有促进作用。

（3）剔除仅具有港澳台背景的高管

在界定高管海外背景时,考虑到中国香港特别行政区、澳门特别行政区以及台湾地区在制度背景及法律渊源等方面与内地(大陆地区)存在一定的差异,将在港澳台具有留学和工作经历的高管界定为海归高管。在本节中,考虑到中国香港、澳门和台湾地区在地域以及文化等方面与内地(大陆地区)更为接近,因此将仅具有港澳台留学和工作经历的高管不视为海归,予以剔除。结果表明,*Overseas dummy* 和 *Overseas number* 的估计系数均在1%的统计水平上显著为正,说明高管的海外背景能提升企业价值,与前文的结论非常一致。

(4) Heckman 两阶段方法

考虑到本章研究可能受到自选择问题的干扰,即聘用海归高管的决策并不是随机发生的,海归高管更倾向于选择加入企业价值更高的公司。因此,采用 Heckman 两阶段自选择模型修正潜在的自选择偏差。参考以往文献建立企业选聘海归高管的 Probit 模型,计算出逆米尔斯比率(*Inverse Mills Ratio*),将其作为一个控制变量加入式(8-1)和式(8-2)中,进而控制潜在的样本选择偏差。Heckman 两阶段结果说明,在控制了潜在的样本自选择问题后,海归高管对企业价值的促进作用仍然存在。

(5) 工具变量法

为了控制潜在的遗漏变量偏误,即模型中可能遗漏既影响海归高管聘用又影响企业价值的相关变量,采用工具变量法进行稳健性检验。与前文相同,选取的两个工具变量分别为同行业中其他企业聘用海归高管比例的均值(*Mean overseas*)和清朝末年英国在中国建立殖民地所属省份(*British colony*)。两个工具变量均会对海归高管的聘用决策产生正向影响,但并不会直接影响企业当期的市场价值和会计业绩,符合工具变量相关性与外生性的前提要求。工具变量的回归结果表明,*Instrumented overseas number* 的估计系数分别在10%和1%的水平上显著为正,说明控制了潜在的遗漏变量偏误后,海归高管与企业价值依旧显著正相关,进一步支持了研究结论。

(6) 倾向评分匹配法

为了减轻聘用海归高管样本组和未聘用海归高管样本组潜在的系统性差异,采用倾向评分匹配法进行稳健性检验。倾向评分匹配法的配对样本回归结果表明,在控制了处理组和对照组公司潜在的系统性差异之后,高管海外背景变量依旧在至少5%的水平上显著为正,说明高管海外背景对企业价值具有显著的正向影响,进一步支持了研究结论。

8.5 拓展性研究

本节进一步研究企业聘用海归高管公告的市场反应,以此分析投资者对海归高管的认可程度。依据信号传递理论,由于海归高管在上市公司中属于较为稀缺和宝贵的资源,因而预期市场会对此类聘用公告做出正向反应。

本研究手工收集了所有上市公司聘用具有海外背景高管的公告,并对其进行细致筛选。为保证研究的市场反应不受其他事件干扰,如果聘用公告中同时含有其他干扰事件,例如盈利预测、利润分配、兼并收购、股份增发、关联交易、资产减值等等,则将该公告予以剔除,仅留下单独公布聘用海归高管的公告,最终得到159个聘用公告样本。

参考Brown & Warner(1985)的事件研究方法,采用市场调整模型来估计累积超额回报率(Cumulative abnormal return,CAR):

$$CAR_i[t_1,t_2] = \sum_{t=t_1}^{t_2}(R_{it} - R_{mt})$$

其中,R_{it}代表股票i在t日的个股回报率,R_{mt}代表通过流通市值平均法或总市值加权平均法计算的股票市场总体回报率。$CAR_i[t_1,t_2]$代表窗口期$[t_1,t_2]$内计算的累积超额回报,研究选取了三个窗口期,分别是[-1,0]、[-1,1]和[-2,2]。研究中用到的个股日回报率和股票市场日回报率数据均来自国泰安数据库。

表8-7报告了CAR的均值和中位数的分布情况,其中CAR_1为采用流通市值平均法计算的股票日回报率,CAR_2为采用总市值加权平均法计算的股票市场日回报率。全样本的检验结果表明,CAR值在[-1,0]窗口期内在1%的水平上显著为正,在[-1,1]和[-2,2]的窗口期内在5%的水平上显著为正,说明投资者对上市公司聘用具有海外背景的高管做出了正向的反应。

将全样本公司进一步地细化为创新型行业样本和非创新型行业样本。依据行业内拥有专利的企业比例是否超过50%来划分创新型行业和非创新型行业,创新型行业包括制造业(C)、建筑业(E)、信息传输、软件和信息技术服务业(I)以及科学研究和技术服务业(M)。根据上述分类,将159个全样本划分为 105 个创新型行业样本和 54 个非创新型行业样本。Panel B 和 Panel C 分别报告了创新型行业和非创新型行业聘用海外背景高管的市场反应。对于创新型行业样本，CAR_1 和 CAR_2 在 [-1，0] 的窗口期内在 5% 的水平上显著为正，又在 [-1，1] 的窗口期内在 10% 的水平上显著为正；对于非创新型行业样本，CAR_1 和 CAR_2 仅在 [-1，0] 的窗口期内在 10% 的水平上显著为正。以上结果说明，投资者总体对上市公司聘用海归高管做出了积极的反应，而且对于创新型行业聘用具有海外背景的高管更加正面。

表 8-7 聘用海外背景高管的市场反应

Panel A：全样本 (159)						
	CAR_1			CAR_2		
Event Window	Mean	Median	P-value	Mean	Median	P-value
[-1, 0]	0.0113	0.0031	0.0070***	0.0116	0.0029	0.0058***
[-1, 1]	0.0128	0.0037	0.0128**	0.0129	0.0045	0.0119**
[-2, 2]	0.0132	0.0064	0.0306**	0.0139	0.0051	0.0236**
Panel B：创新型行业样本 (105)						
	CAR_1			CAR_2		
Event Window	Mean	Median	P-value	Mean	Median	P-value
[-1, 0]	0.0094	0.0039	0.0459**	0.0098	0.0047	0.0373**
[-1, 1]	0.0099	0.0051	0.0829*	0.0101	0.0047	0.0743*
[-2, 2]	0.0094	0.0066	0.187	0.0106	0.0051	0.1400
Panel C：非创新型行业样本 (54)						
	CAR_1			CAR_2		
Event Window	Mean	Median	P-value	Mean	Median	P-value
[-1, 0]	0.0149	0.0041	0.0560*	0.0148	0.0029	0.0579*
[-1, 1]	0.0137	0.0026	0.1397	0.0137	0.0002	0.1441
[-2, 2]	0.0093	0.0016	0.3756	0.009	0.0006	0.3882

注：(1) CAR_1 为采用流通市值平均法计算的股票日回报率，CAR_2 为采用总市值加权平均法计算的股票市场日回报率；(2) ***、**、* 分别代表在 1%、5% 和 10% 的统计水平上显著，均为双尾；(3) 创新型行业的分类依据行业内拥有专利的企业比例是否超过 50% 进行划分。

8.6 本章小结

本章进一步探究拥有海外背景的高管对企业价值的影响。依据前文的分析，我们认为海外经历能够起到价值创造功能。海外留学和工作经历能为高管积累人力资本，海外积攒的先进科学文化知识、专业技能及管理经验有助于提高高管的工作质量和工作表现，使任职企业取得较好的业绩表现和市场评价。

通过研究 2001 年至 2015 年中国沪深两市 A 股上市公司的数据，基于高阶梯队理论，实证检验海归高管对当期和未来企业价值的影响。研究结论表明，海归高管通过促进企业风险承担发挥了价值创造功能。进一步研究显示，市场对于上市公司聘用海归高管的公告事件做出了显著的正向反应，说明投资者总体认可海归高管的能力，对上市公司积极招揽人才的行为表示欢迎和鼓励。此外，虽然海归高管对当期及远期市场价值均具有显著的促进作用，但是海归高管对会计业绩的改善作用仅体现在未来，对当期业绩并无显著影响，原因在于公司申请专利只是技术开发工作的步骤之一，还需要调试、商业化等后续管理措施，因此需要一定的时间积累。

本章的理论研究意义主要体现在以下两个方面：第一，拓展管理者海外背景特征经济后果领域的研究。纵观已有文献，虽然国内外学者对管理者特质对企业业绩的关系进行了较多探讨，但鲜有研究关注到高管海外背景对企业价值的影响，本章从这一视角拓展了高管海外背景经济后果领域的研究。第二，丰富了企业风险承担经济后果领域的研究。风险承担是否具有价值创造效应仍然存在争议，企业既可能通过投资于高风险的投资项目获得良好的回报、夺得核心竞争优势，提升企业价值，又可能会增加企业经营失败的可能性，降低企业价值。本研究发现海归高管通过积极的风险承担提升了企业价值，丰富了企业风险承担经济后果领域的研究。此外，本章的研究还对鼓励企业发挥风险的价值创造功能具有一定的现实意义。

第9章 总结与展望

本章是结语部分,主要内容为研究结论、研究特色与创新、政策建议、研究不足与展望。本章首先对全文特别是实证章节的内容进行系统性回顾。然后依据研究结论提出有针对性的政策建议,以期为相关决策部门提供有益参考。接着阐述本书的研究特色与创新,梳理本书的研究贡献。最后归纳本书的不足之处,并对未来研究方向进行展望。

9.1 研究总结

自改革开放战略实施以来,中国的实体经济和资本市场迅速融入全球经济大潮中,迎来飞速发展。然而,劳动力市场的发展滞后和高端人才的短缺仍是影响中国经济纵深发展的关键障碍。中国经济的巨大发展机遇与能够引导中国企业不断发展的管理人才短缺的不平衡性问题在未来一段时期内将更为严峻。吸引具备专业知识的人才是改善中国人才结构和提升企业家才能的关键途径。自二十世纪九十年代起,中国政府开始出台吸引海归人才的政策措施,为海外高层次人才回国就业、创业提供完善的制度保障和优厚的经费支持。然而,学术界针对高管海外背景特征的经济后果研究较为缺乏,海归高管是否对中国企业及实体经济的发展起到促进作用有待检验。

传统的经济学理论假设管理者是同质的,但在现实经济生活中,面对复杂而变化的经营环境,管理者的异质性特征无疑是影响企业决策的重要因素。高阶梯队理论认为管理者的认知模式和价值观念会影响高管的行为选择,并最终作用于企业决策。因而高管异质性对公司财务行为的影响是近年来公司治理和公司财务学领域的热点话题。海归高管掌握先进的科学文化知识和管理经验,拥有国际化的社会网络资源,且接受海外文化的长期熏陶,在战略选择和决策模式等方面与本土成长起来的高管存在较大异质性。加强有关海归高管对企业决策的影响和作用机理的研究，对国家人才战略的制定和企业人才选拔均具有重要意义。

基于以上制度背景和理论基础，本书采用实证研究方法，基于高阶梯队理论视角，实证检验海归高管对中国企业转型创新战略的影响。研究结论主要包括以下几个方面：

（1）海归高管对企业创新的影响研究

第一，海归高管能促进企业创新。相对于未聘用海归高管的企业，聘用海归高管企业的创新投入和创新产出均更高。海归高管人数越多、在高管团队中占比越大时，对企业创新的促进作用越强。创新是企业提升竞争能力和获得超额利润的重要手段，但是由于创新活动具有较高不确定性和失败风险，海归高管掌握较为先进的科学文化知识、拥有丰富的个人阅历及广博的国际视野，对企业创新活动的曲折过程有更为深刻的认识，能够对创新活动的潜在失败风险予以更多的宽容和理解，因而能够通过促进创新提升风险承担水平。第二，海归高管获取海外背景的国家特征、学历学位特征、担任职位高低等特征会对企业创新活动产生差异性影响。具体而言，仅当高管从经济发展水平更高、投资者法律保护制度更加健全的国家获得留学或工作经历时，高管海外背景对企业创新的正向影响才成立；高管海外学习经历对企业创新的影响程度大于高管工作经历对企业创新的影响程度，当高管在海外取得研究生及以上学历时对企业创新的促进作用更为显著；当海归高管担任高级职位时，均对企业创新的影响更强。第三，海归高管对企业创新的影响在不同行业和不同产权性质下具有差异性，海归高管对企业创新的正向影响在创新型行业以及民营企业中更为显著。

（2）海归高管对企业风险承担的影响研究

第一，海归高管拥有更强的风险承担意识和能力，能够提升企业总体风险承担水平。风险承担反映了企业面临风险决策时的偏好程度，经营业绩波动性是企业风险承担的最终结果，因而用以衡量企业总体风险承担情况。海归高管接受了海外个人主义文化的强烈熏陶，更加注重个人能力的彰显，能够更为强势地在管理层团队中发表自己的主张和见解，风险承担意识更强；海归高管掌握先进的科学知识和管理经验，拥有国际化的资源配置与资源整合能力，风险应对能力也更强。因此，当高管团队中海归高管人数越多、占比越大时,对企业风险承担的促进作用更为显著。第二,仅当高管从经济发展水平更高、投资者法律保护制度更加健全的国家获得留学或工作经历时,海归高管对企业风险承担的正向影响才成立。这是因为地区经济发展水平更高、投资者法律保护制度更加完善时,高管受到的约束和监督更多,高管个人私利与股东利益的偏离程度更低,更容易做出使企业价值最大化的投资决策,因而这类海归高管的风险承担意愿更强。第三,考虑高管海外背景类型时发现,高管海外学习经历对企业风险承担的影响程度大于高管工作经历,当海归高管在海外取得研究生学历时对风险承担的促进作用最为显著。第四,海归高管的职位特征对企业风险承担具有影响。当海外背景高管在企业中担任关键职位(董事长或总经理)时,更能够对企业风险决策施加影响力,在企业中树立积极进取的企业文化,提升企业风险承担水平。第五,高管海外经历对企业风险承担的影响主要源于海归高管更具风险承担的能力和意识,并非源于其具有过度自信的非理性心理。

(3) 海归高管对企业社会责任的影响研究

第一,海归高管促进企业履行社会责任。相对于没有海归高管的公司,有海归高管的公司的社会责任评分更高、评级更好,且当海外背景高管人数越多、在高管团队中的占比越高时,企业社会责任表现越好。海归高管更加认同企业社会责任的理念和思维,更加了解海外企业社会责任领域的先进实践经验,更能将海外企业中先进管理理念和企业价值观运用到国内履职公司的管理实践中,因而提升其所在公司的企业社会责任绩效。第二,当企业面临的信息不对称程度更大时,高管很难依据明确的信息进行理性判断,此时,作为影响高管认知结构和价值观代理变量的海外背景将对其企业社会责任决策产生更显著的影响。

(4) 海归高管对股价崩盘风险的影响研究

第一,海归董事显著降低了股价崩盘风险。受到海外投资者法律保护制度和企业社会责任文化的长期熏陶,海归董事的道德责任标准和投资者法律保护观念更强,更有能力和意识遏制管理层的自利性捂盘动机。同时,出于对社会声誉和职业前景的关注,海归董事更有动力发挥监督职能进而降低股价崩盘风险。第二,当董事从投资者法律保护水平更高的地区获得海外背景时,其对股价崩盘风险的抑制作用更加显著。这说明海外较健全的投资者法律保护制度增强了海归董事的道德责任感及监督能力，使得他们更抵制对企业的负面信息隐藏行为。第三，影响机制检验结果表明，海归董事通过改善企业的信息环境、提升信息透明度降低了股价崩盘风险。第四，考虑董事海外背景的类型之后，发现董事海外工作经历和海外求学经历均能降低股价崩盘风险。

（5）海归高管对公司价值创造的影响研究

第一，高管的海外背景能够通过承担风险提升企业价值。海归高管对当期及未来的市场价值（采用 Tobin Q）均有显著的促进作用，但对于会计业绩（采用资产回报率 ROA 和净资产收益率 ROE 进行度量）的正向影响仅体现在将来，对当期会计业绩并无显著影响，其中的原因在于海外背景高管对企业创新等长期性投资投入较多，而长期性投资从投入到产出需要一定的周期性，在当期业绩中很难得到迅速体现。第二，采用事件研究法对上市公司发布海归高管聘用公告进行市场反应测试后发现，投资者对上市公司聘用海外背景高管做出了积极的反应，而且对于创新型行业聘用海归高管更加正面，说明投资者总体认可海归高管的能力，对上市公司积极招揽人才的行为表示支持。

本书的主要研究特色与创新之处体现在以下三个方面：

第一，本书探讨海归高管对于企业创新转型决策的影响，从而丰富和发展了高阶梯队理论。已有研究基于高阶梯队理论重点关注了高管的性别、年龄、政治倾向、职业经历等对企业行为与组织绩效的影响，却很少关注高管海外经历对企业决策的影响。本书采用 2001—2016 年中国上市公司高管海外背景特征的详细数据，基于高管海外背景特征的视角，考察高管海外背景对企业转型创新的影响及其作用路径，探讨其在改善公司治理和提升企业价值方面的作用，从而丰富和拓展了高阶梯队理论。

第二，本书对高管海外背景获取国的制度文化差异进行细分研究，丰富了高管海外背景经济后果领域的研究成果。已有研究考察了高管海外背景对于企业投资效率（代昀昊和孔东民，2017）和企业绩效（Giannetti et al.，2015）等方面的作用，但鲜有文献对高管海外背景获取国特征进行细致探讨，不同国家在经济发展水平和投资者法律保护程度等方面存在异质性特征，这些制度背景均会对高管的思维方式和行为模式产生影响，但是现有研究极少对海归高管的具体特征进行详细划分。本书基于手工搜集的 2001—2016 年中国上市公司高管海外背景特征的详细数据，探究海归高管对企业风险承担的影响及其路径，并对高管海外经历获取国特征、高管职位特征、学历特征等多个维度进行细分研究，有助于加深对高管海外背景经济后果领域的认知。

第三，本书对于丰富企业创新及风险承担影响因素及其作用机理的文献有一定的贡献。已有文献关注到高管的性别（Faccio et al.，2016）、婚姻状况（Roussanov & Savor，2014）、军旅背景（Benmelech & Frydman，2015）、政治党派特征（Christensen et al.，2015；Hutton et al.，2014）、过往职业经历（Schoar & Zuo，2017）、早年灾害经历（Bernile et al.，2017）、是否拥有飞行执照（Cain & McKeon，2016）等特征对企业风险承担的影响。以上研究丰富了学术界关于高管个体异质性特征对企业风险承担决策作用机理的认知，但是现有研究大多基于发达国家的制度背景，基于中国本土的特殊制度环境的研究较为缺乏。目前尚无文献探究高管海外经历对企业风险承担决策的影响，本书从这一视角丰富了企业风险承担领域的研究，对企业勇于承担风险、提升资源配置效率具有一定的借鉴意义。

9.2 政策建议

基于本书的主要研究结论，提出以下政策建议：

第一，重视人力资本的作用，不断完善人才选拔和考核机制。自改革开放政策实施以来，中国的经济社会发展取得巨大成就，但是人力资本短缺依旧是中国经济纵深发展的关键障碍，如何选聘专业技能和实战经验均丰富的高管人才也是中国企业需要不断探索的重要议题。海外背景是人力资本的表现形式之一，海归高管在海外积累了丰富的科学文化知识和管理经验，在企业长期战略制定和价值提升方面发挥了积极作用。有关部门及中国企业应该充分重视人才的作用，为人才制定合理的薪酬契约激励机制，将专业化人才放置于适合的岗位，并为其发挥聪明才智提供有利平台和充分保障。

第二，完善海归人才引进政策，拓宽海归人才引进主体，发挥企业和民间组织的能动性作用。目前我国人才引进的主体主要为政府部门，特别是创新类海归人才大多进入高校和体制内科研机构，进入企业的比例偏低。同时，我国海归人才的引进范围相对狭窄。部分地方政府在人才引进政策的实施过程中没有充分考虑各地人才需求的不同特点，只是为了争夺人才而在政策上相互博弈，最终导致无序竞争。企业是我国产业自主创新体系的主体，企业家则是企业的灵魂。在人才引进方面，应充分调动和激发企业及民间组织的参与度，使企业依据自己的需求引进人才，从而优化企业的高管团队结构。地方政府充分考虑地区人才需求结构和特点，建立有特色的人才引进机制，避免地区间的盲目攀比和无序竞争。

第三，建立海归人才引进的长效机制，改善海归人才的发展环境，重视对人才的人文关怀。目前我国海归人才引进手段相对单一，大多是给予金钱和住房的物质奖励，忽视了人文环境和家庭生活等方面的人文关怀。政府应充分认识到改善人才发展环境是集聚人才的关键要素，为了优化人才发展环境，需要以解放思想为先导，从思想认识、体制机制和服务观念入手，努力营造"不拘一格降人才"的发展氛围，择天下英才而用之。海归人才回国发展时可能面临一定的文化冲击，也可能产生"水土不服"的现象。因此需要建立引进海归人才的长效机制，摆脱利益格局掣肘，努力打破条条框框限制，建立相对柔性和长期的考核机制，以更具含金量的政策措施为人才发展提供制度支撑和政策保障，不仅要关注人才引进工作，更要重视如何留住人才和用好人才。政府应综合考虑人才的各项需求，营造适合人才发展的人文环境，为人才的子女就学、家属就业等提供各方面的便利。

第四，降低海归人才流动障碍，简化华人华侨回国手续。海归人才回国发展需要办理较为繁杂的手续，虽然相关部门曾多次出台政策，鼓励海外人才以多种形式为国服务，为在华任职的留学归国人员及外籍高层次人才提供出入境便利，强调从"人的回归"转变为"才的回归"。但是该政策在实施中的难度相当大，依据现行的《外国人出境入境管理法实施细则》，华人华侨回国也需经过多重手续审批，这些繁杂的流程在一定程度上削弱了华人华侨回国积极性。为此，应当尽力消除海外高层次人才回国发展的制度障碍，简化出入境手续，提升海归人才为国效力的积极性。

9.3 研究展望

高管海外背景特征的经济后果研究逐渐受到公司治理和公司金融领域学

者的关注。本书深入探讨了高管海外背景特征对企业创新及企业战略转型的影响。但是受到研究方法、自身能力以及其他客观因素的局限，本书的研究不可避免地存在不足之处。不过，这些局限性也暗含未来的研究方向和研究契机。本节总结本书的不足之处，并有针对性地提出对未来研究的展望。

第一，数据采集和研究方法方面存在局限。本研究基于高阶梯队理论，认为海归高管的认知模式会影响高管风险承担意识，并最终作用于企业的风险承担决策，但是囿于数据和研究方法的限制，只能从理论上推断高管的认知模式确实会对其行为选择产生影响，无法对认知模式和思维观念的具体影响方式进行检验。未来研究可以考虑借鉴神经心理学的研究方法进行实验设计，观测人脑的神经反应和动态变化，进而分析海归高管的思维模式和行为选择与本土成长起来的高管的不同之处，为高管认知观及高阶梯队理论领域的研究提供直接证据。此外，因上市公司年报中高管简历信息披露的局限性，本研究很难判断海归高管在海外工作时具体任职的岗位和时长，无法将海归高管按照任职岗位划分为技术性高管或金融型高管等类别。未来研究可以结合相关网络披露内容，尝试搜集海归高管的具体任职岗位和任职时间的数据，详细探讨不同类型的海归高管对企业创新和企业风险承担等领域的差异化影响。

第二，实证研究中对内生性问题的处理存在一定的局限。内生性问题是实证研究中无法回避的难题，即使是在国内外权威期刊上发表的文献也无法完全克服内生性问题的干扰，只能在一定程度上缓解内生性问题的影响。本书在研究高管海外背景对企业转型创新的影响时，虽然采用了工具变量法、Heckman两阶段方法以及倾向评分匹配法等较为经典的计量方法缓解内生性问题的干扰，但是也无法彻底解决内生性问题。通过查阅现有文献和书籍发现，国内外学者也大多采用较为传统的计量方法处理，未能找到特别完美的处理方法。未来研究可以更多关注内生性问题，在研究场景的选择和计量方法应用等方面进行创新，以缓解内生性的干扰。

第三，指标选取和度量方法方面存在局限性。在度量企业风险承担时，由于无法精确了解企业各个投资项目的真实风险情况，因而本研究借鉴国内外学者的现行做法，选择盈余波动性指标间接衡量企业的风险承担水平，但这与企业实际风险水平可能存在一定差异。企业价值的度量指标也存在一定的局限，本研究借鉴国外学者的通用做法，采用托宾 Q 值度量企业市场价值，但是由于中国资本市场尚且处于发展阶段，该指标在中国市场的适用性问题还需进一步考虑。

附　录

附表　高管海外背景获取国家（或地区）经济发展程度和投资者法律保护水平

国家（或地区）	经济发展程度	投资者法律保护指数	国家（或地区）	经济发展程度	投资者法律保护指数
阿尔及利亚	发展中	3.3	墨西哥	发展中	6
阿富汗	发展中	1.2	南非	发展中	7
阿联酋	发展中	7.5	南斯拉夫	发展中	未公布
爱尔兰	发达	7.3	挪威	发达	7.5
奥地利	发达	6.5	葡萄牙	发达	5.7
澳大利亚	发达	5.8	日本	发达	6
巴布亚新几内亚	发展中	5.3	瑞典	发达	7.2
巴基斯坦	发展中	6.7	瑞士	发达	5
巴西	发展中	6.5	塞尔维亚	发展中	5.7
比利时	发达	5.8	斯里兰卡	发展中	6.3
波兰	发展中	6.3	斯洛文尼亚	发达	7.5
伯利兹	发展中	4.7	苏丹	发展中	2.8
丹麦	发达	7.2	泰国	发展中	6.7
德国	发达	6	突尼斯	发展中	4.7
俄罗斯	发展中	6	土耳其	发展中	7
法国	发达	6.5	委内瑞拉	发展中	3.2
菲律宾	发展中	4.2	乌干达	发展中	5
芬兰	发达	5.7	乌克兰	发展中	5.7
冈比亚	发展中	3.5	乌拉圭	发展中	4.5
刚果	发展中	4	西班牙	发达	6.5
哈萨克斯坦	发展中	8	新加坡	发达	8.3
韩国	发达	7.3	新西兰	发达	8.3

续表

国家（或地区）	经济发展程度	投资者法律保护指数	国家（或地区）	经济发展程度	投资者法律保护指数
荷兰	发达	5.7	匈牙利	发展中	5.5
加拿大	发达	7.7	伊拉克	发展中	4.5
捷克	发达	6	以色列	发达	7.5
克罗地亚	发展中	6.7	意大利	发达	6.3
利比亚	发展中	2.5	印度	发展中	7.3
卢森堡	发达	4.5	印度尼西亚	发展中	5.7
马达加斯加	发展中	4.8	英国	发达	7.8
马来西亚	发展中	8	越南	发展中	5.3
美国	发达	6.5	中国澳门	发达	未公布
蒙古	发展中	6.8	中国台湾	发达	7
摩洛哥	发展中	5.3	中国香港	发达	8

参考文献

[1] 边燕杰,邱海雄. 企业的社会资本及其功效. 中国社会科学,2000,(2):87-99+207.

[2] 曹春方,林雁. 异地独董、履职职能与公司过度投资. 南开管理评论,2017,20(1):16-29.

[3] 陈丽蓉,韩彬,杨兴龙. 企业社会责任与高管变更交互影响研究——基于A股上市公司的经验证据. 会计研究,2015(8):57-64.

[4] 陈钦源,马黎珺,伊志宏. 分析师跟踪与企业创新绩效——中国的逻辑. 南开管理评论,2017,20(3):15-27.

[5] 褚剑,方军雄. 中国式融资融券制度安排与股价崩盘风险的恶化. 经济研究,2016,51(05):143-158.

[6] 代昀昊,孔东民. 高管海外经历是否能提升企业投资效率. 世界经济,2017,40(1):168-192.

[7] 邓建平,曾勇. 金融生态环境、银行关联与债务融资——基于我国民营企业的实证研究. 会计研究,2011,(12):33-40.

[8] 邓新明,熊会兵,李剑峰,侯俊东,吴锦峰. 政治关联、国际化战略与企业价值——来自中国民营上市公司面板数据的分析. 南开管理评论,2014,(1):26-43.

[9] 董红晔. 财务背景独立董事的地理邻近性与股价崩盘风险. 山西财经大学学报,2016,38(03):113-124.

[10] 杜兴强,陈韫慧,杜颖洁. 寻租、政治联系与"真实"业绩——基于民营上市公司的经验证据. 金融研究,2010,(10):135-157.

[11] 高勇强,陈亚静,张云均. "红领巾"还是"绿领巾":民营企业慈善捐赠动机研究. 管理世界,2012(8):106-114.

[12] 韩洁,田高良,李留闯. 连锁董事与社会责任报告披露——基于组织间模仿的视角. 管理科学,2015 (1):18-31.

[13] 何威风,刘巍,黄凯莉. 管理者能力与企业风险承担. 中国软科学,2016,(5):107-118.

[14] 何威风,刘巍. 公司为什么选择法律背景的独立董事?. 会计研究,2017,(4):45-51.

[15] 何贤杰,孙淑伟,朱红军,牛建军. 证券背景独立董事、信息优势与券商持股. 管理世界,2014,(3):148-162.

[16] 胡奕明,唐松莲. 独立董事与上市公司盈余信息质量. 管理世界,2008,(9):149-160.

[17] 贾明,张喆. 高管的政治关联影响公司慈善行为吗?. 管理世界,2010 (4):99-113+187.

[18] 贾兴平,刘益. 外部环境,内部资源与企业社会责任. 南开管理评论,2014 (6):13-18+52.

[19] 姜付秀,黄继承. CEO财务经历与资本结构决策. 会计研究,2013,(5):27-34.

[20] 姜付秀,石贝贝,马云飙. 董秘财务经历与盈余信息含量. 管理世界,2016b,(9):161-173.

[21] 姜付秀,石贝贝,马云飙. 信息发布者的财务经历与企业融资约束. 经济研究,2016a,(6):83-97.

[22] 姜付秀,张敏,陆正飞,陈才东. 管理者过度自信、企业扩张与财务困境. 经济研究,2009,(1):131-143.

[23] 姜军,申丹琳,江轩宇,伊志宏. 债权人保护与企业创新. 金融研究,2017,(11):128-142.

[24] 赖黎,巩亚林,马永强. 管理者从军经历、融资偏好与经营业绩. 管理世界,2016,(8):126-136.

[25] 赖黎,巩亚林,夏晓兰,马永强. 管理者从军经历与企业并购. 世界经济,2017,(12):141-164.

[26] 李文贵,邵毅平. 高管的银行背景、所有权性质与企业现金持有决策. 财经论丛,2016,(4):72-80.

[27] 李文贵,余明桂. 民营化企业的股权结构与企业创新. 管理世界, 2015,(4):112-125.

[28] 李文贵,余明桂. 所有权性质、市场化进程与企业风险承担. 中国工业经济,2012,(12):115-127.

[29] 李小荣,刘行. CEO vs CFO:性别与股价崩盘风险. 世界经济,2012, 35(12):102-129.

[30] 李增泉,叶青,贺卉. 企业关联、信息透明度与股价特征. 会计研究, 2011,(1):44-51+95.

[31] 梁权熙,曾海舰. 独立董事制度改革、独立董事的独立性与股价崩盘风险. 管理世界,2016,(3):144-159.

[32] 林乐,郑登津. 退市监管与股价崩盘风险. 中国工业经济,2016, (12):58-74.

[33] 刘浩,唐松,楼俊. 独立董事:监督还是咨询？——银行背景独立董事对企业信贷融资影响研究. 管理世界,2012,(1):141-156.

[34] 罗进辉,黄泽悦,朱军. 独立董事地理距离对公司代理成本的影响. 中国工业经济,2017,(8):100-119.

[35] 罗进辉,李雪,向元高. 军人高管是积极的创新者吗？——来自中国家族控股上市公司的经验证据. 管理学季刊,2017,(3):91-118+173.

[36] 罗思平,于永达. 技术转移,"海归"与企业技术创新——基于中国光伏产业的实证研究. 管理世界,2012,(11):124-132.

[37] 吕文栋,刘巍,何威风. 管理者异质性与企业风险承担. 中国软科学,2015,(12):120-133.

[38] 潘越,潘健平,戴亦一. 公司诉讼风险,司法地方保护主义与企业创新. 经济研究,2015,50(3):131-145.

[39] 权小锋,吴世农,尹洪英. 企业社会责任与股价崩盘风险:"价值利器"或"自利工具"？. 经济研究,2015,(11):49-64.

[40] 全怡,陈冬华. 法律背景独立董事:治理、信号还是司法庇护？——基于上市公司高管犯罪的经验证据. 财经研究,2017,43(2):34-47.

[41] 全怡,姚振晔. 法律环境、独董任职经验与企业违规. 山西财经大学学报,2015,37(9):76-89.

[42] 邵帅,吕长江. 实际控制人直接持股可以提升公司价值吗?——来自中国民营上市公司的证据. 管理世界,2015,(5),134-146+188.

[43] 邵新建,洪俊杰,陈可桢,廖静池. 离职官员独董是否能为企业创造价值. 世界经济,2016,39(9):149-173.

[44] 宋淑琴,代淑江. 管理者过度自信、并购类型与并购绩效. 宏观经济研究,2015,(5):139-149.

[45] 孙亮,刘春. 公司为什么聘请异地独立董事?. 管理世界,2014,(9):131-142.

[46] 唐建新,程晓彤. 法律背景独立董事与中小投资者权益保护. 当代经济管理,2018,录用待发

[47] 王海妹,吕晓静,林晚发. 外资参股和高管、机构持股对企业社会责任的影响——基于中国A股上市公司的实证研究. 会计研究,2014,(8):81-87.

[48] 王化成,曹丰,高升好,李争光. 投资者保护与股价崩盘风险. 财贸经济,2014,(10):73-82.

[49] 王化成,曹丰,叶康涛. 监督还是掏空:大股东持股比例与股价崩盘风险. 管理世界,2015,(2):45-57.

[50] 王化成,王裕,胡静静,崔倚菁. 独立董事的海外背景与高管薪酬契约. 东南大学学报:哲学社会科学版,2015,(3):67-75.

[51] 王凯,武立东,许金花. 专业背景独立董事对上市公司大股东掏空行为的监督功能. 经济管理,2016,(11):72-91.

[52] 王文龙,焦捷,金占明,朱斌. 企业主宗教信仰与企业慈善捐赠. 清华大学学报(自然科学版),2015,(4):443-451.

[53] 王裕,任杰. 独立董事的海外背景、审计师选择与审计意见. 审计与经济研究,2016,31(4):40-49.

[54] 温军,冯根福. 异质机构,企业性质与自主创新. 经济研究,2012,(3):53-64.

[55] 吴祖光,万迪昉,康华. 客户集中度、企业规模与研发投入强度. 研究与发展管理,2017,(5):43-53.

[56] 肖华,李建发,张国清. 制度压力、组织应对策略与环境信息披露.

厦门大学学报(哲学社会科学版),2013,(3):33-40.

[57]许家云,孙文娜. 海外留学经历促进了企业出口吗?. 国际贸易问题,2017,(10):37-48.

[58]许年行,江轩宇,伊志宏,徐信忠. 分析师利益冲突、乐观偏差与股价崩盘风险. 经济研究,2012,47(07):127-140.

[59]许言,李哲,许年行. 通才vs专才:高管工作经历与企业并购行为. 2017,经济研究工作论文.

[60]叶康涛,孙苇杭,李有华. 独立董事海外背景与国际四大审计师聘请——基于认知观的视角. 财会通讯,2017,(33):3-13.

[61]叶康涛,祝继高,陆正飞,张然. 独立董事的独立性:基于董事会投票的证据. 经济研究,2011,(1):126-139.

[62]叶青,赵良玉,刘思辰. 独立董事"政商旋转门"之考察:一项基于自然实验的研究. 经济研究,2016,51(6):98-113.

[63]易靖韬,张修平,王化成. 企业异质性、高管过度自信与企业创新绩效. 南开管理评论,2015,18(6):101-112.

[64]易开刚. 企业社会责任的多重价值博弈与长效实现机制——基于公司治理的视角. 经济理论与经济管理,2011,(12):61-67.

[65]于传荣,方军雄,杨棉之. 上市公司高管因股价崩盘风险受到惩罚了吗? 经济管理,2017,39(12):136-156.

[66]余明桂,李文贵,潘红波. 管理者过度自信与企业风险承担. 金融研究,2013,(1):149-163.

[67]袁建国,后青松,程晨. 企业政治资源的诅咒效应——基于政治关联与企业技术创新的考察. 管理世界,2015,(1):139-155.

[68]张川,杨玉龙,高苗苗. 首任高管去职,继任者选择和会计信息质量变化. 财经研究,2013,39(1):134-144.

[69]张敏,童丽静,许浩然. 社会网络与企业风险承担——基于我国上市公司的经验证据. 管理世界,2015,(11):161-175.

[70]张娆. 高管境外背景是否有助于企业对外直接投资. 宏观经济研究,2015,(6):107-116+151.

[71]张兆国,靳小翠,李庚秦. 企业社会责任与财务绩效之间交互跨期影

响实证研究. 会计研究,2013,(8):32-39.

[72]赵子夜,杨庆,陈坚波. 通才还是专才:CEO 的能力结构和公司创新. 管理世界,2018,(2):123-143.

[73]周楷唐,麻志明,吴联生. 高管学术经历与公司债务融资成本. 经济研究,2017,(7):169-183.

[74]周泽将,刘文惠,刘中燕. 女性高管对公司财务行为与公司价值的影响研究述评. 外国经济与管理,2012,(2):73-80.

[75]周泽将,刘中燕,伞子瑶. 海归背景董事能否促进企业国际化?. 经济管理,2017,(7):104-119.

[76] Acemoglu, D., & Zilibotti, F. (1997). Was Prometheus unbound by chance? Risk, diversification, and growth. *Journal of Political Economy*, 105(4), 709-751.

[77] Acharya, V. V., & Subramanian, K. V. (2009). Bankruptcy codes and innovation. *Review of Financial Studies*, 22(12), 4949-4988.

[78] Acharya, V. V., Amihud, Y. & Litov, L. (2011). Creditor rights and corporate risk-taking. *Journal of Financial Economics*, 102(1), 150-166.

[79] Adams, R. B., & Ferreira, D. (2009). Women in the boardroom and their impact on governance and performance. *Journal of Financial Economics*, 94(2), 291-309.

[80] Aghion, P., Reenen, J. V., & Zingales, L. (2013). Innovation and institutional ownership. *American Economic Review*, 103(1), 277-304.

[81] Agrawal, A., & Chadha, S. (2005). Corporate governance and accounting scandals. *Journal of Law & Economics*, 48(2), 371-406.

[82] Agrawal, A., & Knoeber, C. R. (1996). Firm performance and mechanisms to control agency problems between managers and shareholders. *Journal of Financial & Quantitative Analysis*, 31(3), 377-397.

[83] Aguinis, H., & Glavas, A. (2012). What we know and don't know about corporate social responsibility a review and research agenda. *Journal of Management*, 38(4):932-968.

[84] Ahmed, A. S., & Duellman, S. (2013). Managerial overconfidence

and accounting conservatism. *Journal of Accounting Research*, 51(1), 1 – 30.

[85] Almeida, H., & Campello, M. (2007). Financial constraints, asset tangibility, and corporate investment. *Review of Financial Studies*, 20(5), 1429 – 1460.

[86] Amihud, Y., & Lev, B. (1981). Risk reduction as a managerial motive for conglomerate mergers. *Bell Journal of Economics*, 12(2), 605 – 617.

[87] Anderson, R. C., & Reeb, D. M. (2003). Founding – family ownership and firm performance: evidence from the S&P 500. *The Journal of Finance*, 58(3), 1301 – 1328.

[88] Arif, S., & Lee, C. M. C. (2014). Aggregate investment and investor sentiment. *The Review of Financial Studies*, 27(11), 3241 – 3279.

[89] Attig, N., Ghoul, S. E., Guedhami, O., & Rizeanu, S. (2013). The governance role of multiple large shareholders: Evidence from the valuation of cash holdings. *Journal of Management & Governance*, 17(2), 419 – 451.

[90] Baer, M. (2012). Putting creativity to work: the implementation of creative ideas in organizations. *Academy of Management Journal*, 55(5), 1102 – 1119.

[91] Balsmeier, B., Fleming, L., & Manso, G. (2017). Independent boards and innovation. *Journal of Financial Economics*, 123, 536 – 557.

[92] Baranchuk, N., Kieschnick, R., & Moussawi, R. (2014). Motivating innovation in newly public firms. *Journal of Financial Economics*, 111(3), 578 – 588.

[93] Barber, B. M., & Odean, T. (2001). Boys will be boys: gender, overconfidence, and common stock investment. *Quarterly Journal of Economics*, 116(1), 261 – 292.

[94] Beasley, M. S. (1996). An empirical analysis of the relation between the board of director composition and financial statement fraud. *The Accounting Review*, 71(4), 443 – 465.

[95] Becker – Blease, J. R. (2011). Governance and innovation. *Journal of Corporate Finance*, 17(4): 947 – 958.

[96] Benmelech, E., & Frydman, C. (2015). Military CEOs. *Journal of Financial Economics*, 117(1), 43–59.

[97] Benmelech, E., Kandel, E., & Veronesi, P. (2010). Stock-based Compensation and CEO (dis) Incentives. *The Quarterly Journal of Economics*, 125, 1769–1820.

[98] Bereskin, F. L., & Hsu, P. H. (2014). Bringing in changes: The effect of new CEOs on innovation. Working paper. University of Delaware and University of Hong Kong.

[99] Bernile, G., Bhagwat, V., & Rau, P. R. (2017). What doesn't kill you will only make you more risk-loving: Early-life disasters and CEO behavior. *The Journal of Finance*, 72(1), 167–206.

[100] Bertrand, M., & Schoar, A. (2003). Managing with style: The effect of managers on firm policies. *The Quarterly Journal of Economics*, 118(4), 1169–1208.

[101] Bhattacharya, S., & Ritter, J. R. (1983). Innovation and communication: Signalling with partial disclosure. *The Review of Economic Studies*, 50(2), 331–346.

[102] Blundell, R., Griffith, R., & Van Reenen, J. (1999). Market share, market value and innovation in a panel of British manufacturing firms. *The Review of Economic Studies*, 66(3), 529–554.

[103] Boden Jr, R. J., & Nucci, A. R. (2000). On the survival prospects of men's and women's new business ventures. *Journal of Business Venturing*, 15(4), 347–362.

[104] Boubakri, N., Cosset, J. C., & Saffar, W. (2013). The role of state and foreign owners in corporate risk-taking: Evidence from privatization. *Journal of Financial Economics*, 108(3), 641–658.

[105] Bowen, R. M., Call, A. C., & Rajgopal, S. (2010). Whistle-blowing: target firm characteristics and economic consequences. *The Accounting Review*, 85(4), 1239–1271.

[106] Brav, A., Jiang, W., Ma, S., & Tian, X. (2017). How does hedge

fund activism reshape corporate innovation? *Journal of Financial Economics*, forthcoming.

[107] Brown, S. J., & Warner, J. B. (1985). Using daily stock returns: The case of event studies. *Journal of Finance and Economics*, 14, 3 – 31.

[108] Byrd, D. T., & Mizruchi, M. S. (2005). Bankers on the board and the debt ratio of firms. *Journal of Corporate Finance*, 11(1 – 2), 129 – 173.

[109] Cain, M. D., & McKeon, S. B. (2016). CEO personal risk – taking and corporate policies. *Journal of Financial and Quantitative Analysis*, 51(1), 139 – 164.

[110] Callen, J. L., & Fang, X. (2015). Religion and Stock Price Crash Risk. Journal of *Financial and Quantitative Analysis*, 50, 169 – 195.

[111] Campbell, J. L. (2007). Why would corporations behave in socially responsible ways? An institutional theory of corporate social responsibility. *Academy of Management Review*, 32(3): 946 – 967.

[112] Chang, X., Fu, K., Low, A., & Zhang, W. (2015). Non – executive employee stock options and corporate innovation. *Journal of Financial Economics*, 115(1), 168 – 188.

[113] Chava, S., & Roberts, M. R. (2008). How does financing impact investment? The role of debt covenants. *Journal of Finance*, 63(5), 2085 – 2121.

[114] Chava, S., Oettl, A., Subramanian, A., & Subramanian, K. V. (2013). Banking deregulation and innovation. *Journal of Financial Economics*, 109(3), 759 – 774.

[115] Chemmanur, T. J., Loutskina, E., & Tian, X. (2014). Corporate venture capital, value creation, and innovation. *Review of Financial Studies*, 27(8), 2434 – 2473.

[116] Chemmanur, T. J., Shen, Y., & Xie, J. (2017). Innovation beyond firm boundaries: Common blockholders, strategic alliances, and corporate innovation. Working paper. Boston College, Baruch College, Hong Kong Polytechnic University.

[117] Chen, J., Chan, K. C., Dong, W. & Zhang, F. (2017). Internal

Control and Stock Price Crash Risk: Evidence from China. *European Accounting Review*, 26, 125 – 152.

[118] Chen, Y., & Puttitanun, T. (2005). Intellectual property rights and innovation in developing countries. *Journal of Development Economics*, 78(2), 474 – 493.

[119] Chen, Y., Podolski, E. J., & Veeraraghavan, M. (2015). Does managerial ability facilitate corporate innovative success? *Journal of Empirical Finance*, 34, 313 – 326.

[120] Chen, Z., Xiong, P. (2002). The illiquidity discount in China. International center for financial research. *University of Hongkong, Beijing University*.

[121] Cho, C., Halford, J., Hsu, S., Ng, L. (2016). Do managers matter for corporate Innovation? *Journal of Corporate Finance*, 36, 206 – 229.

[122] Cho, T. S., Hambrick, D. C., & Chen, M. J. (1994). Effects of top management team characteristics on competitive behaviors of firms. *Academy of Management Annual Meeting Proceedings*, 1994(1), 12 – 16.

[123] Christensen, D. M., Dhaliwal, D. S., Boivie, S., & Graffin, S. (2015). Top management conservatism and corporate risk strategies: Evidence from managers' personal political orientation and corporate tax avoidance. *Strategic Management Journal*, 36(12), 1918 – 1938.

[124] Chu, Y., Tian, X., & Wang, W. (2017). Corporate Innovation along the Supply Chain. *Management Science*, forthcoming.

[125] Coles, J. L., Daniel, N. D., & Naveen, L. (2006). Managerial incentives and risk – taking. *Journal of Financial Economics*, 79(2), 431 – 468.

[126] Cornaggia, J., Mao, Y., Tian, X., & Wolfe, B. (2015). Does banking competition affect innovation? . *Journal of Financial Economics*, 115(1): 189 – 209.

[127] Custódio, C., Ferreira, M. A., & Matos, P. (2013). Generalists versus specialists: lifetime work experience and chief executive officer pay. *Journal of Financial Economics*, 108(2), 471 – 492.

[128] Custódio, C., Ferreira, M. A., & Matos, P. (2017). Do general

managerial skills spur innovation? *Management Science*, forthcoming.

[129] Dahl, M. S., & Pedersen, C. Ø. (2005). Social networks in the R&D process: the case of the wireless communication industry around Aalborg, Denmark. *Journal of Engineering and Technology Management*, 22(1), 75 –92.

[130] Davis, K. (1973). The case for and against business assumption of social responsibilities. *Academy of Management Journal*, 16(2): 312 –322.

[131] Dechow, P. M., Sloan, R. G., & Sweeney, A. P. (1995). Detecting Earnings Management. *The Accounting Review*, 70(2), 193 –225.

[132] Dewenter, K. L., & Malatesta, P. H. (2001). State – owned and privately owned firms: an empirical analysis of profitability, leverage, and labor intensity. *American Economic Review*, 91(1), 320 –334.

[133] Dimson, E. (1979). Risk Measurement When Shares Are Subject to Infrequent Trading. *Journal of Financial Economics*, 7, 197 –226.

[134] Donaldson, T., & Dunfee, T. W. (1999). Ties that bind: a social contracts approach to business ethics. *Boston, Harvard Business Press*, 93 –96.

[135] Dong, Z., Wang, C., & Xie, F. (2010). Do executive stock options induce excessive risk taking? *Journal of Banking & Finance*, 34 (10), 2518 –2529.

[136] Doukas, J. A., & Petmezas, D. (2007). Acquisitions, overconfident managers and self – attribution bias. *European Financial Management*, 13(3), 531 –577.

[137] Ederer, F., & Manso, G. (2013). Is pay for performance detrimental to innovation? *Management Science*, 59, 1496 –1513.

[138] Elder, G. & Clipp, E. (1989). Combat experience and emotional health: Impairment and resilience in later life. *Journal of Personality*, 57(2), 311 –341.

[139] Elder, G. H. (1986). Military times and turning points in men's lives. *Developmental Psychology*, 22(2), 233 –245.

[140] Faccio, M., Marchica, M. T., & Mura, R. (2011). Large shareholder diversification and corporate risk – taking. *Review of Financial Studies*, 24

(11): 3601 - 3641.

[141] Faccio, M. , Marchica, M. T. , & Mura, R. (2016). CEO gender, corporate risk - taking, and the efficiency of capital allocation. *Journal of Corporate Finance*, 39, 193 - 209.

[142] Faleye, O. , Kovacs, T. , & Venkateswaran, A. (2014). Do better - connected CEOs innovate more? *Journal of Financial & Quantitative Analysis*, 49 (5 - 6), 1201 - 1225.

[143] Fama, E. F. , & Jensen, M. C. (1983). Separation of Ownership and Control. *The Journal of Law and Economics*, 26, 301 - 325.

[144] Fan, J. P. H. , Wong, T. J. , & Zhang, T. (2007). Politically connected CEOs, corporate governance, and the post - IPO performance of china's partially privatized firms. *Journal of Applied Corporate Finance*, 84(2), 330 - 357.

[145] Fang, V. W. , Tian, X. , & Tice, S. (2014). Does stock liquidity enhance or impede firm innovation? *The Journal of Finance*, 69(5), 2085 - 2125.

[146] Fisher, F. M. , & McGowan, J. J. (1983). On the misuse of accounting rates of return to infer monopoly profits. *The American Economic Review*, 73(1), 82 - 97.

[147] Francis, B. , Hasan, I. , Park, J. C. , & Wu, Q. (2015). Gender differences in financial reporting decision making: Evidence from accounting conservatism. *Contemporary Accounting Research*, 32(3), 1285 - 1318.

[148] Francis, J. R. , & Wang, D. (2008). The Joint Effect of Investor Protection and Big 4 Audits on Earnings Quality around the World. *Contemporary Accounting Research*, 25, 157 - 191.

[149] Francis, J. , & Smith, A. (1995). Agency costs and innovation: Some empirical evidence. *Journal of Accounting and Economics*, 19(2 - 3), 383 - 409.

[150] Friedman M. (1970). The social responsibility of business is to increase its profits. *The New York Times Magazine*, September (13): 122 - 126.

[151] Frynas, J. G. (2006). Corporate social responsibility in emerging economies. *Journal of Corporate Citizenship*, 24 (winter), 16 - 19.

[152] Galaskiewicz, J. (1991). Making corporate actors accountable: Institution – building in Minneapolis – St. Paul. *The New Institutionalism in Organizational Analysis*, Chicago: University of Chicago Press, 293 – 310.

[153] Galasso, A., & Simcoe, T. S. (2011). CEO overconfidence and innovation. *Management Science*, 57(8), 1469 – 1484.

[154] Gayle, P. G. (2001). Market concentration and innovation: new empirical evidence on the Schumpeterian hypothesis. Working paper. University of Colorado at Boulder.

[155] Giannetti, M., Liao, G., & Yu, X. (2015). The brain gain of corporate boards: Evidence from China. *The Journal of Finance*, 70(4), 1629 – 1682.

[156] Goldman, E., Rocholl, J., & So, J. (2013). Politically connected boards of directors and the allocation of procurement contracts. *Review of Finance*, 17(5), 1617 – 1648.

[157] Gonzalez – Uribe, J., & Xu, M. (2015). Corporate innovation cycles and CEO contracts. Working paper. London School of Economics.

[158] Greening, D. W., & Gray, B. (1994). Testing a model of organizational response to social and political issues. *Academy of Management Journal*, 37(3): 467 – 498.

[159] Gu, Y., Mao, C. X., & Tian, X. (2018). Bank interventions and firm innovation: Evidence from debt covenant violations. *Journal of Law and Economics*, forthcoming.

[160] Guadalupe, M., Kuzmina, O., & Thomas, C. (2012). Innovation and Foreign Ownership. *The American Economic Review*, 102(7), 3594 – 3627.

[161] Güner, A. B., Malmendier, U., & Tate, G. (2008). Financial expertise of directors. *Journal of Financial Economics*, 88(2), 323 – 354.

[162] Hambrick, D. C. (2007). Upper echelons theory: an update. *Academy of Management Review*, 32(2), 334 – 343.

[163] Hambrick, D. C., & Mason, P. A. (1984). Upper echelons: The organization as a reflection of its top managers. *Academy of Management Review*, 9(2), 193 – 206.

[164] Han, S., Kang, T., Salter, S., & Yoo, Y. K. (2010). A cross-country study on the effects of national culture on earnings management. *Journal of International Business Studies*, 41(1), 123-141.

[165] Haniffa, R. M., & Cooke, T. E. (2005). The impact of culture and governance on corporate social reporting. *Journal of Accounting and Public Policy*, 24(5): 391-430.

[166] Hayward, M. L. A., & Hambrick, D. C. (1997). Explaining the premiums paid for large acquisitions: evidence of CEO hubris. *Administrative Science Quarterly*, 42(1), 103-127.

[167] He, J., & Tian, X. (2013). The dark side of analyst coverage: The case of innovation. *Journal of Financial Economics*, 109(3), 856-878.

[168] Heckman, J. J. (1979). Sample selection bias as a specification error, *Econometrica*, 47(1): 153-161.

[169] Hirshleifer, D., Angie, L., & Siew, H. T. (2012). Are overconfident CEOs better innovators? *Journal of Finance*, 67(4), 1457-1498.

[170] Holmstrom, B. (1989). Agency costs and innovation. *Journal of Economic Behavior & Organization*, 12(3), 305-327.

[171] Hribar, P., & Yang, H. (2015). CEO overconfidence and management forecasting. *Contemporary Accounting Research*, 33(1), 204-227.

[172] Hsu, P. H. (2009). Technological innovations and aggregate risk premiums. *Journal of Financial Economics*, 94(2), 264-279.

[173] Huang, H., Lee, E., Lyu, C., & Zhu, Z. (2016). The effect of accounting academics in the boardroom on the value relevance of financial reporting information. *International Review of Financial Analysis*, 45, 18-30.

[174] Huang, J., & Kisgen, D. J. (2013). Gender and corporate finance: Are male executives overconfident relative to female executives?. *Journal of Financial Economics*, 108(3), 822-839.

[175] Hutton, A. P., Marcus, A. J., & Tehranian, H. (2009). Opaque Financial Reports, R2, and Crash Risk. *Journal of Financial Economics*, 94, 67-86.

[176] Hutton, I., Jiang, D., & Kumar, A. (2014). Corporate policies of Republican managers. *Journal of Financial and Quantitative Analysis*, 49(5-6), 1279-1310.

[177] Jensen, M. C. (2002). Value maximization, stakeholder theory, and the corporate objective function. *Business Ethics Quarterly*, 12(02): 235-256.

[178] Jensen, M. C., & Meckling, W. H. (1976). Theory of the firm: Managerial behavior, agency costs and ownership structure. *Journal of Financial Economics*, 3-4, 305-360.

[179] Jia, N., Tian, X., & Zhang, W. (2016). The holy grail of teamwork: Management team synergies and firm innovation. Working paper. Tsinghua University.

[180] Jin, L., & Myers, S. C. (2006). R2 around the World: New Theory and New Tests. *Journal of Financial Economics*, 79, 257-292.

[181] Jiraporn, P., Chatjuthamard, P., Tong, S., & Kim, Y. S. (2015). Does corporate governance influence corporate risk-taking? Evidence from the Institutional Shareholders Services (ISS). *Finance Research Letters*, 13, 105-112.

[182] John, K., Litov, L., & Yeung, B. (2008). Corporate governance and risk-taking. *The Journal of Finance*, 63(4), 1679-1728.

[183] Jones, T. M., & Wicks, A. C. (1999). Convergent stakeholder theory. *Academy of Management Review*, 24(2): 206-221.

[184] Kahneman, D. (2003). A perspective on judgment and choice: mapping bounded rationality. *American Psychologist*, 58(9), 697-720.

[185] Kennedy, P. A. (1988). *Guide to Econometrics*. 4th Edition. New Jersey, Wiley-Blackwell, 213.

[186] Khan, A., Muttakin, M. B., & Siddiqui, J. (2013). Corporate governance and corporate social responsibility disclosures: Evidence from an emerging economy. *Journal of Business Ethics*, 114(2): 207-223.

[187] Killgore, W. D., Cotting, D. I., Thomas, J. L., Cox, A. L., Mcgurk, D., & Vo, A. H., et al. (2008). Post-combat invincibility: violent combat experiences are associated with increased risk-taking propensity following

deployment. *Journal of Psychiatric Research*, 42(13), 1112 –1121.

[188] Kim, E. H., & Lu, Y. (2011). CEO ownership, external governance, and risk-taking. *Journal of Financial Economics*, 102(2), 272 –292.

[189] Kim, J. B., Li, Y., & Zhang, L. (2011a). CFOs versus CEOs: Equity Incentives and Crashes. *Journal of Financial Economics*, 101, 713 –730.

[190] Kim, J. B., & Zhang, L. (2014). Financial Reporting Opacity and Expected Crash Risk: Evidence from Implied Volatility Smirks. *Contemporary Accounting Research*, 31, 851 –875.

[191] Kim, J. B., & Zhang, L. (2016). Accounting Conservatism and Stock Price Crash Risk: Firm-level Evidence. *Contemporary Accounting Research*, 33, 412 –441.

[192] Kim, J. B., Li, Y. & Zhang, L. (2011b). Corporate Tax Avoidance and Stock Price Crash Risk: Firm-level Analysis, *Journal of Financial Economics*, 100, 639 –662.

[193] Kim, J. B., Wang, Z. & Zhang, L. (2016). CEO Overconfidence and Stock Price Crash Risk. *Contemporary Accounting Research*, 33, 1720 –1749.

[194] Koerniadi, H., Krishnamurti, C., & Touranirad, A. (2013). Corporate governance and risk-taking in New Zealand. *Australian Journal of Management*, 39(2), 227 –245.

[195] Kreiser, P. M., Marino, L. D., Dickson, P., & Weaver, K. M. (2010). Cultural influences on entrepreneurial orientation: The impact of national culture on risk taking and proactiveness in SMEs. *Entrepreneurship Theory and Practice*, 34(5), 959 –983.

[196] Krolikowski, M. & Yuan, X. (2017). Friend or foe: Customer-supplier relationships and innovation. *Journal of Business Research*, 78, 53 –68.

[197] La Porta, R., Lopez-de-Silanes, F., Shleifer, A., & Vishny, R. (2000). Investor Protection and Corporate Governance. *Journal of Financial Economics*, 58, 3 –27.

[198] Lane, K., & Pollner, F. (2008). How to address China's growing talent shortage. *McKinsey Quarterly*, 3, 33 –40.

[199] Lawrence, A., MInutti-Meza, M., & Zhang, P. (2011). Can big 4 versus non-big 4 differences in audit-quality proxies be attributed to client characteristics? *The Accounting Review*, 86 (1): 259-286.

[200] Li, J. & Tang, Y. (2010). CEO hubris and firm risk taking in china: the moderating role of managerial discretion. *Academy of Management Journal*, 53 (1), 45-68.

[201] Li, K., Griffin, D., Yue, H., & Zhao, L. K. (2013). How does culture influence corporate risk-taking? *Journal of Corporate Finance*, 23, 1-22.

[202] Lin, C., Lin, P., Song, F. M., & Li, C. (2011). Managerial incentives, CEO characteristics and corporate innovation in china's private sector. *Journal of Comparative Economics*, 39(2), 176-190.

[203] Lindenberg, E. B., & Ross, S. A. (1981). Tobin's q ratio and industrial organization. *Journal of Business*, 54(1), 1-32.

[204] Lindgreen, A., Swaen, V., & Campbell, T. T. (2009). Corporate social responsibility practices in developing and transitional countries: Botswana and Malawi. *Journal of Business Ethics*, 90(3): 429-440.

[205] Low, A. (2009). Managerial risk-taking behavior and equity-based compensation. *Journal of Financial Economics*, 92(3), 470-490.

[206] Lumpkin, G. T., & Dess, G. G. (1996). Clarifying the entrepreneurial orientation construct and linking it to performance. *Academy of Management Review*, 21(1), 135-172.

[207] Luong, H., Moshirian, F., Nguyen, L., Tian, X., & Zhang, B. (2017). How do foreign institutional investors enhance firm innovation? *Journal of Financial & Quantitative Analysis*, 52(4), 1449-1490.

[208] Malmendier, U., & Tate, G. (2005). CEO overconfidence and corporate investment. *The Journal of Finance*, 60(6), 2661-2700.

[209] Malmendier, U., & Tate, G. (2008). Who makes acquisitions? CEO overconfidence and the market's reaction. *Journal of Financial Economics*, 89(1), 20-43.

[210] Malmendier, U., Tate, G., & Yan, J. (2011). Overconfidence and early-life experiences: the effect of managerial traits on corporate financial policies. *Journal of Finance*, 66(5), 1687-1733.

[211] Manso, G. (2011). Motivating innovation. *The Journal of Finance*, 66(5): 1823-1860.

[212] March, J. G., & Simon, H. A. (1958). *Organizations*, New York: John Wiley and Sons.

[213] Margolis, J. D, & Walsh, J. P. (2003). Misery loves companies: rethinking social initiatives by business. *Administrative Science Quarterly*, 48(2): 268-305.

[214] Masulis, R. W., Wang, C., & Xie, F. (2012). Globalizing the boardroom—the effects of foreign directors on corporate governance and firm performance. *Journal of Accounting & Economics*, 53(3), 527-554.

[215] Masulis, R. W., Wang, C., Xie, F. & Zhang, S. (2017). Older and Wiser, or Too Old to Govern? Working paper. University of New South Wales, China Europe International Business School, University of Delaware, Jinan University

[216] Mclean, R. D., & Zhao, M. X. (2014). The business cycle, investor sentiment, and costly external finance. *Journal of Finance*, 69(3), 1377-1409.

[217] Mcwilliams, A., & Siegel, D. (2001). Corporate social responsibility: a theory of the firm perspective. *Academy of Management Review*, 26(1): 117-127.

[218] Megginson, W. L., Nash, R. C., & Randenborgh, M. V. (1994). The financial and operating performance of newly privatized firms: an international empirical analysis. *Journal of Finance*, 49(2), 403-452.

[219] Miletkov, M. K., Poulsen, A. B., & Wintoki, M. B. (2013). A multinational study of foreign directors on non-US corporate boards. Durham: University of New Hampshire, Working paper. 1-51.

[220] Miriam, S. Z. (2017). Gender and board activeness: the role of a critical mass. *Journal of Financial & Quantitative Analysis*, 52(2), 751-780.

[221] Morck, R., Shleifer, A., & Vishny, R. W. (1988). Management ownership and market valuation: an empirical analysis. *Journal of Financial Economics*, 20(88), 293–315.

[222] Muller, A., & Kolk, A. (2010). Extrinsic and intrinsic drivers of corporate social performance: Evidence from foreign and domestic firms in Mexico. *Journal of Management studies*, 47(1), 1–26.

[223] Nakano, M., & Nguyen, P. (2012). Board size and corporate risk taking: further evidence from Japan. *Corporate Governance: An International Review*, 20(4), 369–387.

[224] Nanda, R., & Rhodes-Kropf, M. (2013). Investment cycles and startup innovation. *Journal of Financial Economics*, 110(2), 403–418.

[225] Nelson, R. R., & Winter, S. G. (1985). *An Evolutionary Theory of Economic Change*. Harvard University Press.

[226] Peltomäki, J., Swidler, S., & Vähämaa, S. (2016). Age, gender, and risk-taking: Evidence from the S&P 1500 executives and firm riskiness. Working paper. Stockholm University, Auburn University, University of Vaasa.

[227] Piekkari, R., Oxelheim, L., & Randøy, T. (2015). The silent board: How language diversity may influence the work processes of corporate boards. *Corporate Governance: An International Review*, 23(1), 25–41.

[228] Piotroski, J. D., Wong, T. J. & Zhang, T. (2010). Political Incentives to Suppress Negative Financial Information: Evidence from State-controlled Chinese Firms, Working paper.

[229] Porter, M. E. (1992). Capital disadvantage: America's failing capital investment system. *Harvard Business Review*, 70(5), 65–82.

[230] Richardson, S. (2006). Over-Investment of free cash flow. *Review of Accounting Studies*, 11(2–3), 159–189.

[231] Romer, Paul. (1986). Increasing returns and long-run growth. *Journal of Political Economy*, 94, 1002–1037.

[232] Rosenberg, N. (2004). Innovation and economic growth. OECD 1–6

[233] Roussanov, N., & Savor, P. (2014). Marriage and managers' atti-

tudes to risk. *Management Science*, 60(10), 2496 –2508.

[234] Sanders, W. G., & Hambrick, D. C. (2007). Swinging for the fences: the effects of CEO stock options on company risk taking and performance. *Academy of Management Journal*, 50(5), 1055 –1078.

[235] Schneiberg, M. (1999). Political and Institutional Conditions for Governance by Association: Private Order and Price Controls in American Fire Insurance. *Politics & Society*, 27(1), 67 –103.

[236] Schoar, A., & Zuo, L. (2017). Shaped by booms and busts: How the economy impacts CEO careers and management styles. *The Review of Financial Studies*, 30(5), 1425 –1456.

[237] Schrand, C. M., & Zechman, S. L. C. (2012). Executive overconfidence and the slippery slope to financial misreporting. *Journal of Accounting & Economics*, 53(1 –2), 311 –329.

[238] Schwenk, C. R. (1984). Cognitive simplification processes in strategic decision – making. *Strategic Management Journal*, 5(2), 111 –128.

[239] Solow, R. M. (1957). Technical change and the aggregate production function. *The Review of Economics and Statistics*, 39, 312 –320.

[240] Spence, M. (1973). Job market signaling. *Quarterly Journal of Economics*, 87(3), 355 –374.

[241] Su, W., & Lee, C. Y. (2013). Effects of corporate governance on risk taking in Taiwanese family firms during institutional reform. *Asia Pacific Journal of Management*, 30(3), 809 –828.

[242] Taylor, R. N. (1975). Age and experience as determinants of managerial information processing and decision making performance. *Academy of Management Journal*, 18(1), 74 –81.

[243] Tian, X., & Wang, T. Y. (2014). Tolerance for failure and corporate innovation. *Review of Financial Studies*, 27(1), 211 –255.

[244] Tobin, J. (1978). Monetary policies and the economy: The transmission mechanism. *Southern Economic Journal*, 44(2), 421 –431.

[245] Viederyte, R. (2016). How corporate decisions force innovations:

Factors and choices to act. *Procedia Economics & Finance*, 39, 357 - 364.

[246] Wang, L. (2015). Protection or expropriation: Politically connected independent directors in china. *Journal of Banking & Finance*, 55, 92 - 106.

[247] Williams, R. J. (2003). Women on corporate boards of directors and their influence on corporate philanthropy. *Journal of Business Ethics*, 42(1), 1 - 10.

[248] Wolosin, R. J., Sherman, S. J., & Till, A. (1973). Effects of cooperation and competition on responsibility attribution after success and failure. *Journal of Experimental Social Psychology*, 9(3), 220 - 235.

[249] Xie, G., & Hao, Y. (2017). Military experience and corporate social responsibility: evidence from china. Working paper. Chongqing University, Beijing Normal University.

[250] Xu, N., Li, X., Yuan, Q. & Chan, K. C. (2014). Excess Perks and Stock Price Crash Risk: Evidence from China. *Journal of Corporate Finance*, 25, 419 - 434.

[251] Yin, J., & Zhang, Y. (2012). Institutional dynamics and corporate social responsibility (CSR) in an emerging country context: Evidence from China. *Journal of Business Ethics*, 111(2), 301 - 316.

[252] Yun, W. P., & Shin, H. H. (2004). Board composition and earnings management in Canada. *Journal of Corporate Finance*, 10(3), 431 - 457.

[253] Zhang, H. (2009). Effect of derivative accounting rules on corporate risk - management behavior. *Journal of Accounting and Economics*, 47(3), 244 - 264.

[254] Zu, L., & Song, L. (2009). Determinants of managerial values on corporate social responsibility: Evidence from China. *Journal of Business Ethics*, 88(1): 105 - 117.

[255] Zweig, D. (2006). Competing for Talent: China's Strategies to Reverse the Brain Gain. *International Labour Review*, 145, 65 - 90.

重要术语索引表

C

创新驱动战略　1

创新型行业　23

财务杠杆　34

F

风险规避　32

风险容忍　61

G

高管异质性　10

高阶梯队理论　2

股价崩盘风险　4

股权制衡　49

工具变量法　8

H

海归高管　2

Heckman 两阶段方法　8

J

机构投资者　42

K

会计业绩　6

L

劳动力市场　1

理性人假设　2

利益相关者　4

累积超额回报率　186

M

明星效应　21

N

内生性问题　8

Q

企业创新　3

企业风险承担　4

企业社会责任　4

企业价值　4

倾向评分匹配法　8

R

人才发展规划纲要 1

S

社会网络资源 3
事件研究法 8
市场价值 6

T

投资者法律保护 9

W

委托代理理论 2

X

行为经济学理论 6
信号传递理论 6
信息不对称 2

Y

研发支出 5
业绩波动性 46
一带一路 2

Z

智力流失 2
智力回流 2
资产周转率 66
专利申请 5

后　记

　　本书是在我的博士论文与几篇已发表的期刊论文的基础上修改完成的。首先，我要感谢我的母校中国人民大学的培养。从2009年9月踏入人大的校园起，我在人大度过了九年本、硕、博的学习时光。九载青春时光，我熟悉这里的一砖一瓦、一草一木，这方校园教给我的不仅仅是知识和文化，更是实事求是的价值观念和严谨踏实的治学态度。能成为母校的学子是我一生的骄傲，母校的培育之恩永不忘！其次，我要感谢我的工作单位北京外国语大学。北外为青年教师的科研发展提供了卓越的平台，本书的出版得到了北外一流学科建设项目的大力支持，能成为北外的一名教师是我莫大的荣幸。

　　衷心感谢我的导师宋建波教授多年来的悉心教导。导师给予我最大的包容和理解，不仅教会我做学问，也手把手教会了我做人、做事的道理和本领。也非常感激老师能将我带入师门大家庭，同师门的师兄师姐师弟师妹相互关爱，让我倍感温暖。特别感谢我在加拿大滑铁卢大学访学期间的导师Jeong‐bon Kim教授。虽然导师是公司财务学领域的顶尖学者，但是他却始终平易近人，从不会吝惜对青年学生的鼓励和帮助。在访学期间，导师多次与我讨论学术研究选题，并给予我耐心的指导，让我收获颇丰。特别感谢香港城市大学朱鑫东教授引领我走进会计实证研究的大门。朱老师不嫌弃我天资愚钝，在大学本科阶段几乎是手把手地教会我实证研究的基本方法，并指导我完成了我的第一篇会计实证论文。在朱老师转任香港城市大学讲师之后，他又给我提供到香港担任研究助理的学习机会，并在我想要申请出国访学时给予最大的帮助与支持。朱老师为人乐观谦和，他的品质也一直深深感染着我，非常希望成为像朱老师一样的优秀学者。特别感谢袁蓉丽教授多年来对我学术上的指导和栽培。袁老师治学严谨，思维缜密。和袁老师的合作交流，让我受益匪浅，使我在学术研究中迅速成长。还要感谢孟焰教授、吴少平教授、廖冠民教授、赵西卜教授和张博教授在博士论文答辩环节提出的宝贵意见和建议。

我还很想感谢与我"并肩作战"的论文合作者们——香港浸会大学的周高光老师、复旦大学的施海娜老师、对外经济贸易大学的刘雪娇老师、北京第二外国语学院的孙乾坤老师、北京物资学院的黄雨婷老师、University of Texas at El Paso 的柯云老师、Asian Growth Research Institute 的孙晓男老师，还有我的同学陈胤默、张晓亮、童丽静、谢露、申丹琳、乔菲、陈黎明等，与他们的合作探讨让我在学术研究过程中更加精益求精，他们的优秀也一直激励着我不断前行。

我还要感谢中国经济出版社的牛慧珍老师在书稿完善过程中的诸多宝贵建议。感谢我的师妹张海晴、冯晓晴以及我的学生李静澜、徐傲源等在专著校对和完善过程中提供的帮助。

最后，特别感谢我的家人们，是家人们永远无条件的爱和期盼让我走到了今天。爸爸妈妈从不在意女儿飞得多高多远，他们最关心的是女儿飞得累不累。"快乐学习，快乐生活"是爸爸妈妈给我的"八字方针"。每当学业和工作上的困难和挫折让我觉得彷徨和失落时，爸爸妈妈在电话中温柔和鼓励的话语总能让我倍感安心和坚强。感谢外婆从小将我带大，老人家善良淳朴的品质深深影响着我。感谢爱人自始至终的鼓励和无微不至的照顾。拥有家人的健康、平安和欢笑，是我此生最大的幸福！

书稿中可能存在一些疏忽和不足之处，恳请各位读者海涵。非常欢迎各位读者提出宝贵建议，在此深表感谢！

文雯

2019 年 11 月